U0089583

古代歷史文化研究輯刊

二一編

王明蓀主編

第33冊

咫尺天下：古代輿圖研究論稿

王耀著

國家圖書館出版品預行編目資料

咫尺天下：古代輿圖研究論稿／王耀 著 — 初版 — 新北市：
花木蘭文化事業有限公司，2019〔民108〕
序2+目2+192面；19×26公分
（古代歷史文化研究輯刊 二一編；第33冊）
ISBN 978-986-485-751-7（精裝）
1. 古地圖 2. 文物研究
618 108001550

古代歷史文化研究輯刊
二一編 第三三冊 ISBN：978-986-485-751-7

咫尺天下：古代輿圖研究論稿

作　者 王　耀
主　編 王明蓀
總編輯 杜潔祥
副總編輯 楊嘉樂
編　輯 許郁翎、王筑 美術編輯 陳逸婷
出　版 花木蘭文化事業有限公司
發行人 高小娟
聯絡地址 235 新北市中和區中安街七二號十三樓
電話：02-2923-1455／傳眞：02-2923-1452
網　址 http://www.huamulan.tw 信箱 hml 810518@gmail.com
印　刷 普羅文化出版廣告事業
初　版 2019年3月
全書字數 114244字
定　價 二一編49冊（精裝）台幣122,000元

咫尺天下：古代輿圖研究論稿

王耀 著

作者簡介

王耀，1982 年生，山東人，北京大學歷史系歷史地理學碩士，中國社會科學院中國邊疆史地研究中心歷史學博士。目前任職於中國社會科學院民族所新疆研究室，副研究員，碩士生導師，主要從事新疆史地、中國傳統輿圖和水利史研究，已經在《故宮博物院院刊》《中華文史論叢》《歷史檔案》等期刊上發表了二十餘篇學術論文，出版專著《水道畫卷：清代京杭大運河輿圖研究》《輿圖世界中的新疆故事》與古籍整理《〈黃運河口古今圖說〉圖注》。

提　　要

本書是作者從事古地圖研究十餘年間的階段性總結，主要涉及總圖、運河圖和海圖等的版本、圖系、繪圖觀念和地圖背後的歷史等內容。

自　序

轉瞬間，我從事古地圖研究已有 13 年了。之前主要專注於清代京杭大運河輿圖的研究，並已出版相關書籍兩部。這期間，我還零散撰寫了一些古地圖方面的文章，主要涉及總圖、運河圖和海圖等，研究了它們的版本、圖系、繪圖觀念和地圖背後的歷史。古地圖的類型眾多，數量龐大，雖然這本書關注到的僅是古地圖研究這棵大樹上的幾個枝杈，但是自信每篇文章在專、深上尚有可取之處。古地圖研究具有共通性，希望從事相關研究的有心人看到這本書時，能有所收穫。

這些文章的撰寫，大部分是機緣巧合，小部分是爲了深化之前的運河圖研究。

《廣輿圖》和《太平天國萬歲全圖》的研究以及清代大運河全圖初探這三篇文章，完成於我的碩士階段。其中清代大運河全圖初探這篇文章，開啓了我的古地圖研究，目前看來，在專題性上仍有可參閱之處。《〈太平天國萬歲全圖〉考釋》是碩士階段選修課的一篇作業，探討了繪圖觀念和地圖傳統的中外、古今差異。此外，明代大運河地圖研究的基本內容撰寫於碩士階段，但是直到清代大運河輿圖研究的專著出版後，才最終定稿，可視爲延伸性研究。另外兩篇關於《運河圖》和《大運河地圖》的文章，則是發現新材料後的個案探討。

2013 年進入中國社科院民族所工作後，我對民族所圖書館藏圖進行了整理和研究，首次披露了館藏總體情況，並就彩繪《天下全圖》撰寫了專題文章。2016 年，受中國文化遺產研究院邀請，對其庋藏的兩幅海圖進行研究。這個過程中，先後撰寫了三篇文章，首先進行了圖系總體狀況的研究，在此基礎上，具體對文研院藏圖和新會博物館藏圖進行了闡釋。而對《江海全圖》的研究則出於偶然，當時對於海圖很有熱情，恰巧瀏覽到這幅身世未明的地圖，深入探討後發現，這幅地圖暗含著豐富的歷史信息，涉及漕運、黃河、海運、南北黃豆貿易等。

目前，我的研究興趣已經轉到新疆古地圖領域，今後一段時間的主要精力也將用於這個新領域。在研究中，我將更加注重古地圖史料價值的挖掘，綜合運用文獻、檔案、古地圖等，進行圖文並茂地歷史研究。在開啓新的研究領域前，編輯這本文集，也算是對過往讀書生活的一個階段性總結，留下一份凝固的記憶。

2018 年 10 月 20 日記於京北回龍觀

彩圖一：《天下全圖》之《天下總輿圖》（中國社科院民族所藏圖）

彩圖二：《運河圖》（大英圖書館藏圖）

彩圖三：《沿海全圖》之《四海總圖》（廣東新會博物館藏圖）

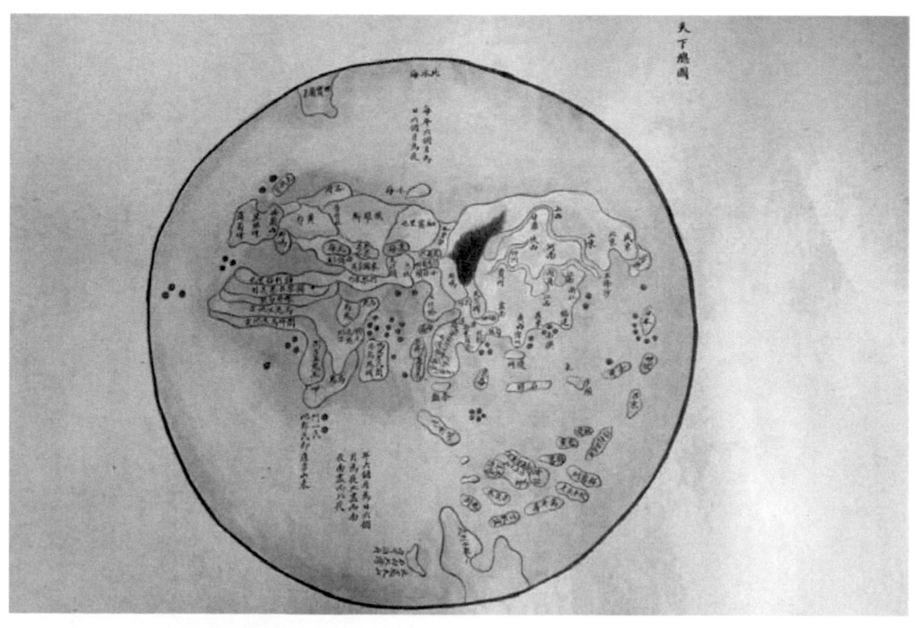

彩圖四：《沿海疆域圖》之《天下總圖》（中國文化遺產研究院藏圖）

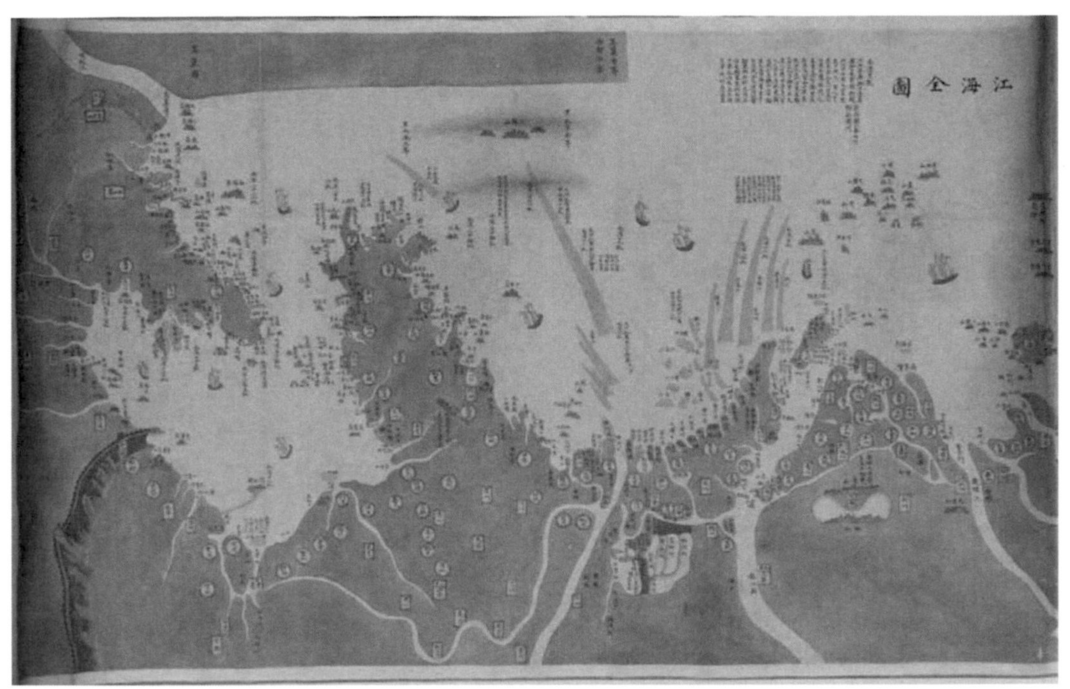

彩圖五：《江海全圖》（美國國會圖書館藏圖）

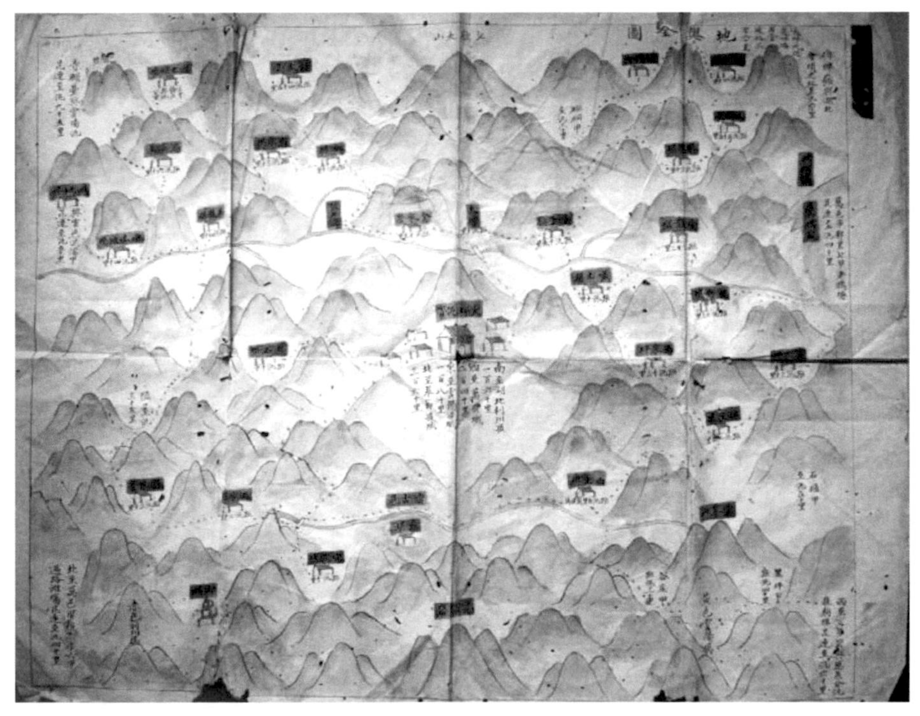

彩圖六：《右營大坪汛輿圖》（中國社科院民族所藏圖）

目次

一、萬曆本與嘉慶本《廣輿圖》辨識補遺

摘要：《廣輿圖》是明人編繪的重要全國總圖，自問世後多次翻刻重刊，存在多種刊本。本文在前人研究基礎上，新指出萬曆本和嘉慶本輿圖各自獨有的幾處地名，可作為版本辨識的新依據。

關鍵詞：羅洪先、《廣輿圖》、版本

明嘉靖年間羅洪先依據元人朱思本《輿地圖》增廣分幅而成的《廣輿圖》，因為準確實用，問世後多次翻刻重刊，今存八種明清刊本。對於不同刊本的辨識，任金城〔註1〕作了細緻深入的研究。筆者在研究萬曆本和嘉慶本《廣輿圖》時，發現了幾處任先生未注意到的版本特徵，在此寫出，增加版本辨識的依據。

在萬曆本《重刻廣輿圖敘》中，錢岱云：「視舊本稍加展拓，增建而未入者入之，圖說有未詳者詳之」，可知萬曆本較以前的不同，主要在於行政沿革與圖幅中文字注記的增加，《北直隸輿圖》中將「隆慶」更名為「延慶」即為明證。依循這一規則，筆者發現四處隆慶元年之後的地名更置，均體現在圖幅中，具體如下：

〔註 1〕任金城：《〈廣輿圖〉的學術價值及其不同的版本》，《文獻》1991 年第 1 期，第 118～133 頁。

年　代	原　因	新地名	所在圖幅
隆慶三年（1569）	新置	長寧〔註 2〕、永安〔註 3〕	《廣東輿圖》
萬曆五年（1577）	新置	東安〔註 4〕、西寧〔註 5〕	《廣東輿圖》

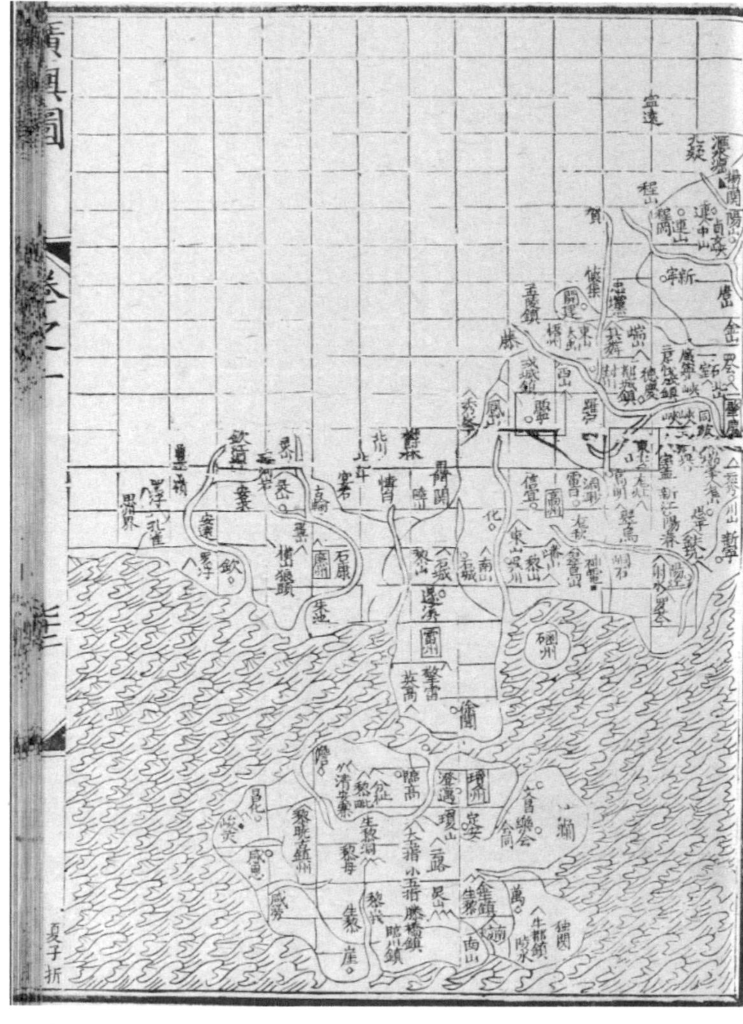

圖 1：中國國家圖書館藏萬曆本《廣輿圖》之《廣東輿圖》（紅框中爲「東安」「西寧」）

〔註 2〕《明史》卷四十五・志二十一《地理六》，中華書局，1974 年，第 1140 頁，「長寧：府西。隆慶三年正月以歸善縣鴻雁洲置，析韶州府英德、翁源二縣地益之。萬曆元年徙治君子峰下」。

〔註 3〕《明史・地理六》，第 1140 頁，「永安：府東北。隆慶三年正月以歸善縣安民鎮置，析長樂縣地益之」。

〔註 4〕《明史・地理六》，第 1148 頁，「東安：州東。萬曆五年十一月以瀧水縣東山黃姜峒置，析德慶州及高要、新興二縣地益之」。

〔註 5〕《明史・地理六》，第 1148 頁，「西寧：州西。萬曆五年十一月以瀧水縣西山大峒置，析德慶州及封川縣地益之」。

除《明史》地理志中記載，錢岱在《廣東建置》的文字中，也有述及新建情況。「東安，即東山西鄉新建全設」，「西寧，即西山大峒新建全設」〔註6〕，「長寧，舊鴻雁州新設裁減」，「永安，舊安民鎮新設裁減」〔註7〕。因此，這四處新增地名可以視爲萬曆本《廣輿圖》區別於以往刊本的標識。

清嘉慶章學濂刊本《廣輿圖》直接上承萬曆刊本，坊間商賈將章學濂序略掉而仿冒萬曆本，來謀取高利。嘉慶本的《漕運圖》在北京附近有三處地名分別爲「看舟口」、「濟寧閘」和「閘閘」，經過比對，與萬曆本標注的「看丹口」、「濟浬閘」和「開閘」相異。

經過筆者查閱，明弘治九年刊本《漕河圖志》卷一《諸河源委》:「桑乾河，源出山西大同府桑乾山，流至宛平縣盧溝橋南看丹口分爲二」〔註8〕；明萬曆刻本《順天府志》第一卷《地理志・山川》中「渾河」條，記載「經宛平至盧溝，水至看丹口分而爲二」〔註9〕。可知稱爲「看丹口」由來已久，所以清嘉慶版本中的地名「看舟口」爲刊刻錯誤，應該寫作「看丹口」。

另外兩處，從明萬曆刻本的《三才圖會》中的相應圖幅，可以印證稱爲「濟浬閘」和「開閘」，這兩處也應該是嘉慶本刊刻時候出現的錯誤。這三處刊刻錯誤可以視爲嘉慶本的特徵，作爲版本辨識的新依據。

（原載《文獻》2008 年第 4 期）

〔註 6〕中國國家圖書館藏萬曆本《廣輿圖》，頁七十四。

〔註 7〕中國國家圖書館藏萬曆本《廣輿圖》，頁七十五。

〔註 8〕（明）王瓊撰，姚漢源、譚徐明點校：《漕河圖志》，水利電力出版社，1990 年影印本，第 15 頁。

〔註 9〕（明）沈應元、張元芳：《順天府志》，北京圖書館藏明萬曆刻本，《四庫全書存目叢書》史部 208 冊，齊魯書社，1996 年，第 30 頁。

二、《太平天國萬歲全圖》考釋

摘要：本文從中國古代地圖思想和傳統文化出發，重新解讀了《太平天國萬歲全圖》的繪製內容、地圖思想及時代特色等，澄清了近代西方人及當代學者的部分認知錯誤。通過研究指出，這幅地圖不能使用近代西方繪圖觀念和已經「西化」的當代地圖觀念來判讀，要回歸到中國古代繪圖技法和思想下，方才更能貼近歷史。該圖雖然摻雜了太平天國政權的思想意識，但仍是根植於中國傳統繪製技法和繪圖觀念的傳統地圖。

關鍵詞：古地圖、繪圖思想、文化、《太平天國萬歲全圖》

經過筆者爬梳，發現在研究太平天國的諸多文獻中，都沒有提到今天還存在太平天國繪製的地圖實物〔註1〕。而記錄這一時期地圖狀況的文獻材料也極其有限，對於相關史料，羅爾綱先生在《太平天國史》〔註2〕和《太平天國散佚文獻勾沉錄》〔註3〕兩書中有專節介紹。羅氏根據文獻記載，一共列出三幅地圖，分別爲《地理圖》、《太平天國萬歲全圖》和《天下大觀圖》。其他研究該時期地圖的著作，在文獻材料的運用上均未超出這一範圍。

〔註1〕筆者對於太平天國地圖的界定：即作爲清朝對立面的太平天國繪製的地圖，不包括這一時期清朝繪製的關於太平天國的地圖。

〔註2〕羅爾綱:《太平天國史》卷三十五·志第十四《地理》,「太平天國繪製的地圖」,中華書局，1991年，第1410～1411頁。

〔註3〕羅爾綱、羅文起輯錄《太平天國散佚文獻勾沉錄》，貴州人民出版社，1993年，第18～20頁。

根據文獻中的隻言片語，我們能瞭解到曾經存在過《地理圖》和《天下大觀圖》，至於這兩幅圖的表現手法、內容等細部特徵，已無從稽考。《太平天國萬歲全圖》雖也已經被毀，但是有一段關於地圖內容的描述卻流傳下來。這段史料在論述太平天國地圖的著作〔註4〕中，被屢屢提及。但是當前研究者對於這段史料的解讀過於浮泛，未能看到《太平天國萬歲全圖》與中國古代地圖的傳承關係，未能準確地挖掘出地圖背後蘊含的思想。

筆者研讀的關於《太平天國萬歲全圖》的描述，是英國外交官富禮賜〔註5〕（Fonert）寫下的。他曾到訪過天王府，關於這幅地圖的話語留在其著作《天京遊記》中：

> 聖天門之右有小屋，內有桌椅，駐有天軍。……我們再不能進去，只好坐下休息。於此，我們看見一幅《太平天國萬歲全圖》。這眞是一張極奇異可笑的圖籍。中有大方地，四周是洋海，地即中國；中又有四方地，圍有四牆，是爲天京。香港沒有存在；日本只是一小點，北京也沒有存在，在西北方有兩小島名爲英吉利及法蘭西。其他歐洲諸國大概都爲天條所屈服了，而全個亞細亞洲——中國除外——大概已被龍吞去了〔註6〕。

可以與之相印證的另一則史料是陳慶甲所撰寫的《金陵紀事詩》中的一首詩：

> 皇天門接聖天門，殿號眞神體勢尊。幾幅輿圖嵌四壁，鳴鐘伐鼓鬧黃昏。
>
> 注說：頭門爲皇天門，門內僞殿爲眞神殿，殿後爲聖天門。四壁嵌磚鐫地理圖，旁列龍鳳鐘鼓〔註7〕。

通過這首詩可以知道，當時聖天門四壁有多幅地圖，《太平天國萬歲全圖》僅是其中一幅。

〔註4〕焦潔：《洪秀全與天王府》，南京出版社，2001年，第20頁；盛巽昌：《太平天國文化大觀》，廣西民族出版社，2000年，第24頁；聶伯純：《天朝宮殿考》，載郭毅生主編《太平天國歷史與地理》，中國地圖出版社，1989年，第54～60頁。

〔註5〕王慶成：《太平天國的文獻和歷史——海外新文獻刊布和文獻史事研究》，社會科學文獻出版社，1993年，第438頁，「1861年駐南京活動的英國副領事富禮賜同太平天國諸王多有往來」。

〔註6〕轉引自羅爾綱、羅文起輯錄的《太平天國散佚文獻勾沉錄》，貴州人民出版社，1993年，第18頁～19頁。

〔註7〕《太平天國散佚文獻勾沉錄》，第18頁。

圖一：天王府鳥瞰圖〔註8〕

雖然從少量文字中很難對太平天國地圖的總體概況有一個準確把握，但是通過研讀這段史料，筆者覺得這段史料對於瞭解該時期的地圖狀況，還是很有價値的。這段史料之所以具有較高價値，是因爲其描述的《太平天國萬歲全圖》所處的位置特殊，在天王府聖天門內（參閱圖一）。天王府在天京城中的地位，自然是至高無上的。其中聖天門的地理位置，還需稍作介紹。據《太平天國史》志第十七《建築》中關於天王府的記載：

> 內外兩重，外重稱爲太陽城，內重稱爲金龍城。太陽城向南開門，稱爲眞神榮光門。門內左右有鼓吹亭，高出牆外，蓋以琉璃瓦，四柱盤五色龍，昂首曳尾，有攫拿之勢。由亭而北，爲金龍城門，稱爲**眞神聖天門**，兩旁列大鼓二，這是天朝宮殿所設的登聞鼓。門內爲朝房，東西各數十間。歷甬道數十步，中樹木牌坊，上下雕雲龍獅象，飾以金彩。過坊又行數十步爲正殿，稱爲金龍殿，尤高廣，

〔註8〕郭毅生主編《太平天國歷史地圖集》，中國地圖出版社，1989年，第61頁。按：圖中天朝門是眞神榮光門的別稱，榮光大殿是金龍殿的別稱。

> 梁棟俱塗赤金，文以龍鳳，光耀射目。四壁畫龍虎獅象，禽鳥花草，設色極工。正殿後有長穿廊。穿廊後爲後殿〔註 9〕。

可知，聖天門爲通往內城金龍城的正門，過此，通到正殿金龍殿。聖天門爲天王府重要門禁，地位自然很高。因此，位於天王府聖天門內牆壁上的地圖，不會是隨意之作，而應是匠人精心製作，是體現當時人們的地圖繪製及地理觀念的作品，應該是較爲可信的地圖資料。

看到過這幅地圖的富禮賜認爲這是「極奇異可笑」的圖籍。從其留下的關於地圖內容的描述來看，富禮賜是以西方人的視角觀察地圖的，是受其已有的近代西方地圖製作知識和西方文化所影響的。比如，作爲西方人，在觀察地圖時，關注其祖國英國，關注鄰國法國以及當時已經淪爲英國殖民地的香港。而其他一些關於地圖表現方式的描述，實際上是中國古代繪製地圖時常常使用的一些技法。當時的中國人看來，不會有什麼隔閡。作爲西方人，在其已有觀念的影響下，對於迥異於西方的中國古地圖，自然會感到新奇詫異而留下這段文字。

至於羅爾綱先生在評價這幅圖時所說：

> 在當時的歷史情況下，這是一幅顯示中國爲泱泱大國藐視英、法侵略者的示意圖。……而侵略分子卻來肆行謾罵，不過顯露出他侵略中國的狂妄意圖吧了〔註 10〕。
>
> 太平天國這一張《太平天國萬歲全圖》，受了當時對世界地理的知識與繪畫地圖的技術限制當然是有缺陷的。……這一張地圖，貫徹著太平天國的鮮明的反封建反侵略的立場，當然就不免被侵略分子譏笑爲『極奇異可笑的圖籍』了〔註 11〕。

也許是過於浮泛，其中摻雜了部分的民族感情。並且就現代人看來，富禮賜所描寫的這幅地圖，也許是不太符合常規的。比如，無統一比例尺，域外很少繪入圖中，日本只是一小點。這或許也是羅爾綱先生的觀感。其實，就現代地圖製作方法和地理觀念而言，得出這樣的看法也是可以理解的。

筆者認爲，之所以產生以上不同觀感，是由觀者所持地圖觀念和文化差異（中西、古今）造成的。這幅地圖繪製在天王府中，應該是爲當時的人們

〔註 9〕羅爾綱：《太平天國史》卷三十八《建築》，中華書局，1991 年，第 1443～1444 頁。
〔註 10〕《太平天國史》，第 1411 頁。
〔註 11〕《太平天國散佚文獻勾沉錄》，第 19 頁。

所接受的，可以體現當時被人們普遍接受的地圖繪製方式。比如，陳慶甲在詩中僅說「幾幅輿圖嵌四壁」，並未對地圖內容發出什麼感慨或做具體描述。因爲在當時人看來，這就是一幅普通地圖而已。也就是說，當時人所持有的地圖觀念是與近代西方和當代有差異的。

這種不同，應該是與中國古代特殊的地圖繪製傳統有關。因此，要更好的解讀這幅地圖，需要借助中國古代地圖學史的一些知識。當然，也應顧及和考慮到當時的時代背景以及太平天國的因素。中國古代地圖的顯著特點之一，就是地圖不僅表示路程遠近、地物相對位置，同時還具有很強的主觀色彩。正如余定國在其著作《中國地圖學史》中所說：

> 中國傳統地圖是中國傳統學術的產物，在中國獨有的概念之下，地圖具有知識的價值。在這些概念下，『好』地圖不一定是要表示兩點之間的距離，它還可以表示權力、責任和感情〔註 12〕。

基於中國古地圖的這一特性，筆者也試圖從文化的角度來分析地圖。爲便於分析《太平天國萬歲全圖》，後面會穿插著對圖二、圖三這兩幅地圖作簡單介紹和解讀。

下面筆者將對《天京遊記》中所提及的地圖內容及其中思想，運用地圖學史的知識做一簡單的分析和解讀。爲了敘述方便，現將《天京遊記》中關於地圖內容的記述大致分爲兩類：一類是中國，一類是域外。根據這種分類，下面將分別逐條闡述各條體現的繪製技法和蘊含的地理思想、文化及政治心理。

一、地圖中的中國部分

（一）「中有大方地，四周是洋海，地即中國」

「中」字說明中國佔據圖幅的中央部分（相同繪製技法參看圖二、圖三），體現了中國爲天下之中的傳統文化心理和中國人的優越感。

「大方地」，從現存的一些明清典籍中的地圖來看，有種常見的繪製方法，就是將中國本部畫成方形，而不太注重追求地圖表達的準確性（參看圖二、圖三）。這一方面與中國傳統的天圓地方觀念有關，是地爲方形思想在地圖繪製中的具體體現。另外也與太平天國崇尙的狹隘民族觀念有關，滿漢對立體現在地圖上，漢族主要聚居地域成爲地圖的繪製重點。

〔註 12〕余定國：《中國地圖學史》，北京大學出版社，2006 年，第 45 頁。

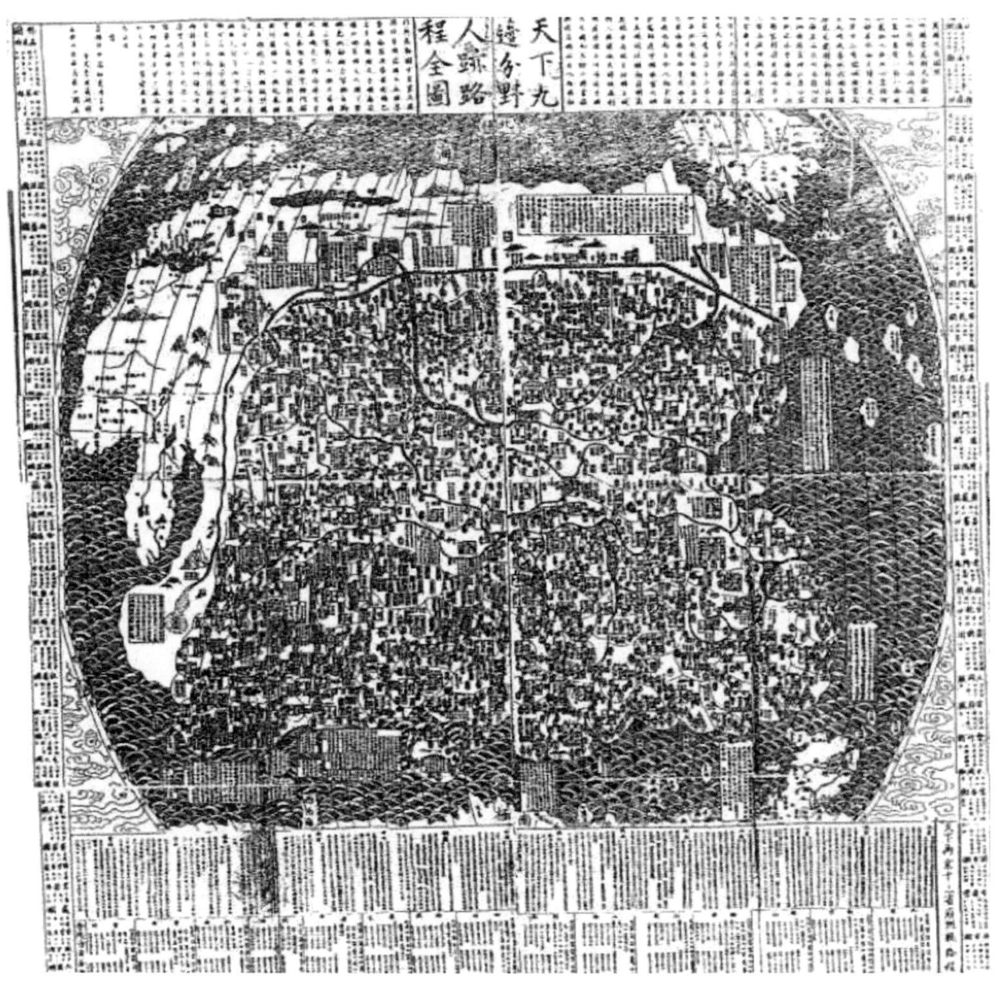

圖二：崇禎十七年（1644 年）金陵曹君義刊行
《天下九邊分野　人跡路程全圖》〔註 13〕

〔註 13〕李孝聰：《歐洲收藏部分中文古地圖敘錄》，圖幅 2，國際文化出版公司，1996 年。具體研究參見《歐洲收藏部分中文古地圖敘錄》，第 6～7 頁。

圖三：乾隆初木刻本《今古輿地圖》〔註 14〕

〔註 14〕《歐洲收藏部分中文古地圖敘錄》，圖幅 19。具體研究參見《歐洲收藏部分中文古地圖敘錄》，第 125 頁。

（二）「中又有四方地，圍有四牆，是為天京」。

其「中」繪製天京，體現了天子擇天下之中而居之的傳統心理。

富禮賜看到的「圍有四牆」的「四方地」，應該是中國古地圖中常見的方形城牆符號，即用方形城牆符號來表示城池的繪製技法（如圖四、圖五所示）。在一定程度上，這種技法是受中國古代城市已有形制的影響。中國王朝時期建造城市，多遵循《周禮・考工記》中「匠人營國，方九里，旁三門。國中九經九緯，經涂九軌」的原則。其中關於方形城址的要求，自然在現實中得到遵行，使得重要州縣城的形狀多為方形。另外，明清時期的重要城市普遍築有城牆。因此，現實中存在的方形城市和城牆，折射到地圖繪製中，出現運用方形城牆符號表現城市的技法也是應有之義。在《太平天國萬歲全圖》中出現這種技法，是受長期以來繪製地圖習慣的影響。

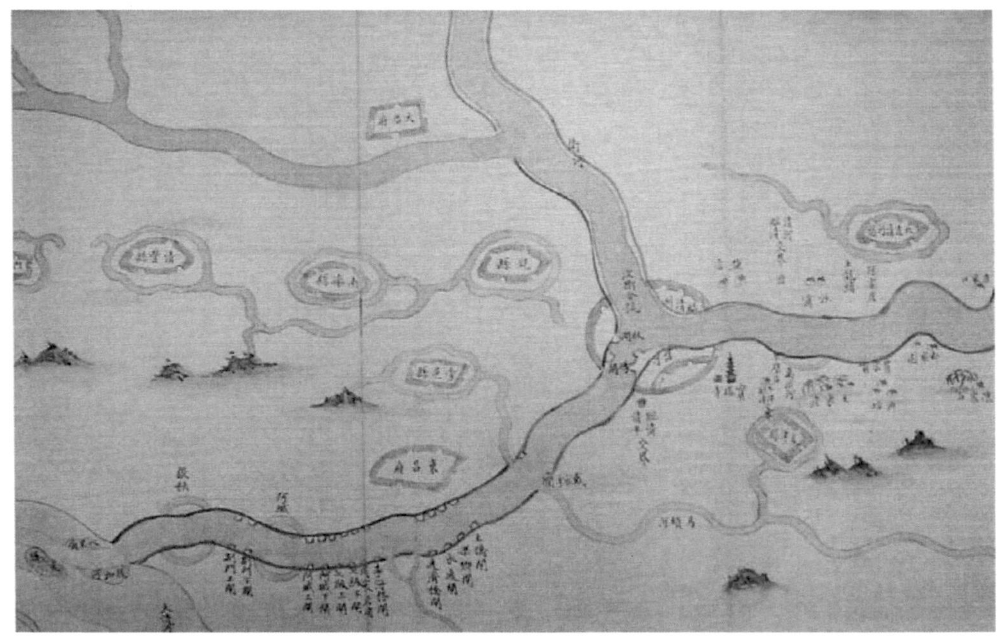

圖四：清光緒十年（1884 年）繪製的《全漕運道圖》（局部）〔註 15〕

〔註 15〕李孝聰：《美國國會圖書館藏中文古地圖敘錄》，彩圖三十一，文物出版社，2004 年。

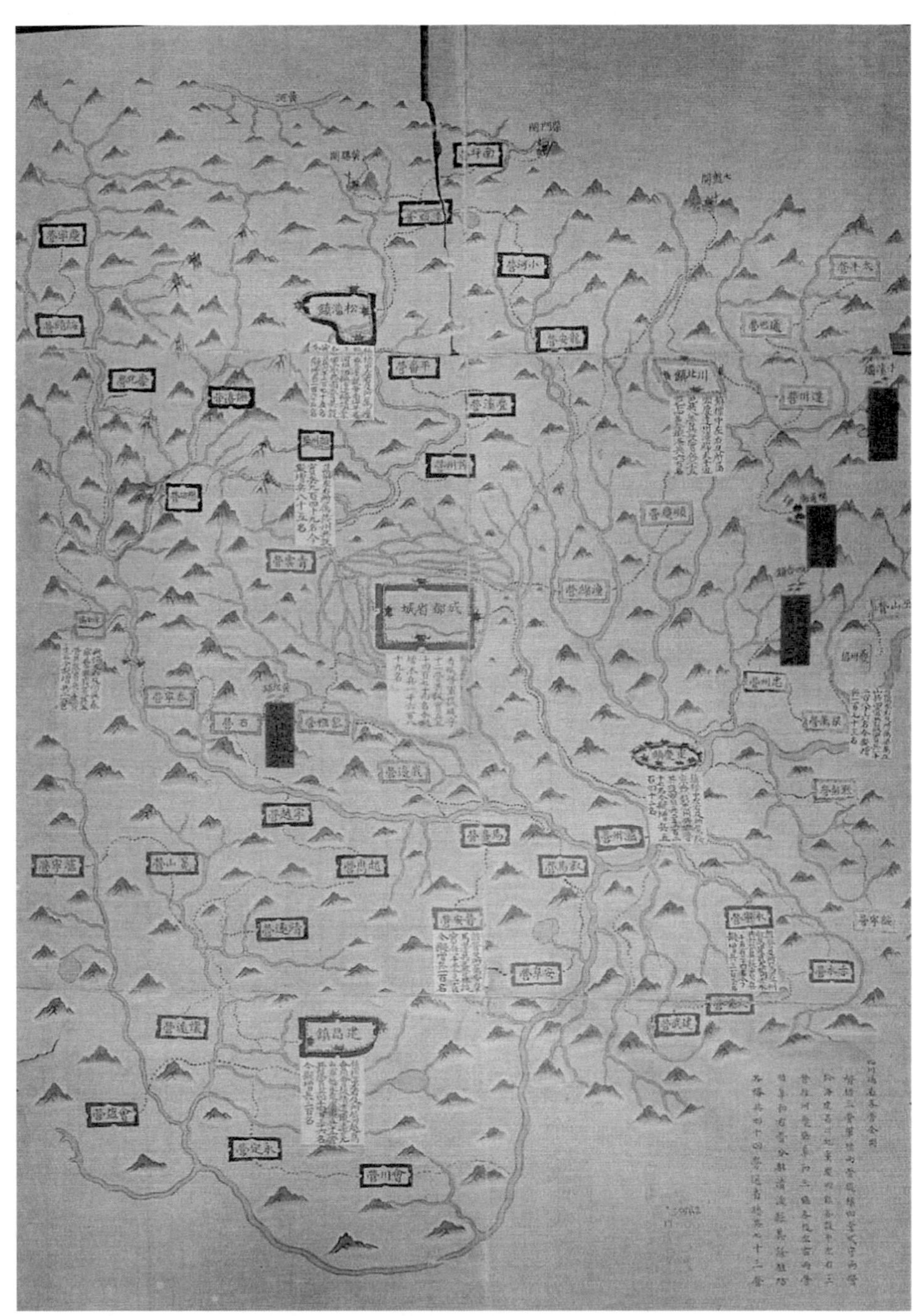

圖五：全川營汛增兵圖〔註 16〕

〔註 16〕《美國國會圖書館藏中文古地圖敘錄》，彩圖三。

（三）「香港沒有存在；……北京也沒有存在」

其一：從英國人的視角觀察中國地圖，提到自己熟悉的香港，是十分自然的。而從地圖製作者和時代背景來考慮，沒有繪出香港也無可厚非。一方面，此幅地圖為世界地圖，即萬國全圖，繪製重點不在城市。另一方面，當時英國人佔領下的香港，在全國的地位不高。即使繪製城市，各省政治中心、名城大邑也會被優先選中。在不是體現中外矛盾或繪製詳盡的地圖上，沒有出現香港是容易理解的。

其二：「北京沒有存在」。從一個側面可以傳遞出太平天國對於「清妖」的態度，也可以體現出太平天國構建的地理觀念中北京所處的地位。據《貶妖穴為罪隸論》卷首錄《天王詔旨》：

> 貶北燕地為妖穴，是因妖現穢其地，妖有罪，地亦因之有罪。……天下萬國朕無二，京亦無二，天京而外，皆不得僭稱京。故特詔清胞速行告諭守城出軍所有兵將共知，朕現貶北燕為妖穴。俟滅妖後，方復其名為北燕〔註 17〕。

探究地圖中「北京沒有存在」的原因，從詔旨中可以看出兩點。其一，「天無二日，國無二主」的傳統思想。具體體現於詔書中，就是「天下萬國朕無二」；而帝都作為天子居所，亦是獨一無二的，即「京亦無二」。所以，在太平天國將士心目中，天京是帝都，捨此無他。其二，詔旨中明確指出「滅妖後，方復其名為北燕」。因此，當時太平天國內部以「妖穴」作為北京的稱謂，北京或者京師等稱呼清帝都的詞匯，已經被「妖穴」等革命化詞匯取代。從此兩點，約略能看出地圖中沒有繪製北京的原因。

二、地圖中的域外部分

（一）「在西北方有兩小島名為英吉利及法蘭西。其他歐洲諸國大概都為天條所屈服了」

基於宗教上的感情，太平天國將信仰基督教的西方人稱為「洋兄弟」。英國、法國作為西方強國，當時已經與中國有了較為密切的聯繫。他們與太平天國的關係，也較早的建立了。如 1853 年「美國駐華公使馬沙利上校乘美國巡洋艦『色奎哈那』號去的，英國全權公使文翰（G.Bonham）爵士乘英國軍

〔註 17〕《太平天國散佚文獻勾沉錄》，貴州人民出版社，1993 年，第 19 頁。

艦『海爾姆斯』號，法國駐華公使布爾布隆（A.de Bourboulon）乘法國炮艦『賈西義』號去的」〔註 18〕天京。而在此之前，洪秀全曾在廣州學習基督教，對英國及法國，應該也有接觸或者耳聞〔註 19〕。據此分析，在地圖中繪製出英國和法國，也是在情理之中的。

另一方面，是否如富禮賜所言「其他歐洲諸國大概都爲天條所屈服了」？是否太平天國的世界地理知識就僅限於此？筆者不這樣認爲，比如，上面提到的美國公使以及「美國傳教士羅孝全，被稱爲洪秀全的宗教老師」〔註 20〕，都可以說明太平天國已經和美國接觸，並且有關於美國的地理知識。另外，太平天國研讀《聖經》，其中的一些地理知識也必定爲他們所熟知，比如《奉天誅妖渝》中就曾提到過「以色列」。可以看出，太平天國的世界地理知識並不限於英、法兩國。

至於不繪製其他國家的原因，筆者認爲，與中國古地圖的繪製傳統有一定關係。中國古代繪製地圖時，在一定程度上受域外地理知識缺乏的限制，繪製域外時往往較爲簡略。有一種規律：越是熟悉的地方繪製的越詳盡，反之，則繪製的十分簡略。這在繪製的表現形式上，造成了中外比例不統一的現象。具體就這幅圖而言，出現歐洲地區不被重視，應該是受到這種傳統的影響。這一繪製傳統，在上面提到的崇禎年間和乾隆年間的地圖中也可以看出（參看圖二、圖三）。

（二）「日本只是一小點，……全個亞細亞洲——中國除外——大概已被龍吞去了」

上面論述的，有一類中國古代地圖在繪製域外時會出現比例不統一的現象，這對於理解地圖中的日本和亞洲也是有幫助的。關於深層次的文化因素，也許從日本人小島晉治闡述的中國華夷思想的特點中可以看出部分端倪：

> 華夷思想是前近代中國對外觀念的基本內容。
>
> 中國華夷思想的第一個特徵是：無論哪個國家都與『天下』這

〔註 18〕《太平天國史譯叢》第 3 輯，第 71 頁。轉引自王承仁《太平天國研究論文集》，武漢大學出版社，1994 年，第 32 頁。

〔註 19〕王慶成：《太平天國的文獻和歷史——海外新文獻刊布和文獻史事研究》，社會科學文獻出版社，1993 年，第 400 頁，「洪秀全、洪仁玕在羅孝全教堂中，見過其他傳教士」。

〔註 20〕《太平天國的文獻和歷史——海外新文獻刊布和文獻史事研究》，第 398 頁。

個觀念不可分地結合在一起。所謂『天下』，意味著世界整體。……在這裡，沒有談論各個主權國家的存在、各國行使主權的範圍以及領土諸概念的餘地。中國華夷思想的第一個特徵就在於缺乏主權國家、國境、領土相區別的明確概念〔註 21〕。

從中可以看出，在中國古代，國家觀念淡漠，缺乏一定的內外之別，這種觀念也許影響到中國古地圖的繪製。並且在華夷觀念中，重華輕夷也久已有之。繪製地圖時，重華輕夷的觀念可能會造成地圖圖幅的大部分用來繪製中國，而很少繪製域外。雖然這種現象的出現會在一定程度上是受到域外地理知識缺乏的影響，但也許更多的是一種傳統文化心理在地圖中的體現。

通過上面的分析可以看到，《太平天國萬歲全圖》雖然摻雜了部分太平天國的時代特色，但其主體還是繼承了中國古代地圖的傳統。這種傳統，一方面體現在不太成比例的繪製技法等上面；另一方面，體現在地圖作爲文化載體，其所傳遞出的文化和時代信息。

（原載《紫禁城》2007 年第 9 期）

〔註 21〕（日）小島晉治《太平天國對外觀念的演變——從變相的華夷思想（中華思想）到萌芽的民族主義》，載《太平天國學刊》第五輯，中華書局，1987 年，第 46～47 頁。

三、清代彩繪《天下全圖》文本考述
——兼釋海內外具有淵源關係的若干地圖

摘要：中國社科院民族所藏彩繪《天下全圖》爲首次披露，前人尚未關注和研究。該圖應該爲清末坊間爲謀利而繪製，成圖年代應該在咸豐五年之後，主要展現乾隆四十三年至嘉慶十六年間的疆域政區和山川形勢，其中後補入的《新疆輿圖》則表現了乾隆二十四年至乾隆四十六年間的新疆狀況。根據繪製內容、繪製技法等信息，推測《天下全圖》與歐洲藏《各省輿圖便覽》、美國國會圖書館藏《大清分省輿圖》和《天下總輿圖》、中國國家圖書館藏《清直省分圖》、英國皇家地理學會藏《天下總輿圖》和中國科學院圖書館藏《清分省輿圖》等海內外藏圖具有一定的淵源關係，最初有可能源於某一官繪本地圖冊，早期摹刻本應該在乾隆年間已經在坊間出現，之後在民間因襲翻刻，流播甚廣，直至分別流入上述各大藏圖機構。

關鍵詞：清代、古地圖、《天下全圖》

近年來，海內外各大藏圖機構先後披露了大量的明清時期的中文古地圖，爲研究提供了極大便利，推動了相關學術研究的開展。中國社會科學院民族所藏有若干幅明、清時期以及民國年間的古地圖，這部分古地圖少人問津，基本處於束之高閣的狀態。筆者根據館藏卡片，對其進行了整理和校訂，現以其中較爲珍貴的《天下全圖》〔註1〕爲研究對象，就其圖幅內容、繪製技

〔註1〕中國社會科學院民族所圖書館藏《天下全圖》，索書號：22.6.131。民族所圖書館對該圖僅在卡片上有簡單著錄信息，因爲圖幅是首次披露，所以學界尚未對該圖有所關注或研究。

法、圖幅年代及其與海內外藏圖的淵源關係等進行考證，力圖較爲全面深入的展現這套地圖的特徵和價值。

一、圖幅內容

清後期刊本，未注繪者，彩繪本地圖集，摺頁裝，無比例尺，亦無畫方，無圖例，各圖幅方位均爲上北下南。圖集共計二十幅地圖，依序分別爲《天下總輿圖》（如圖一）《直隸輿圖》《江南輿圖》《江西輿圖》《浙江輿圖》《福建輿圖》《湖北輿圖》《湖南輿圖》《河南輿圖》《山東輿圖》《山西輿圖》《陝西輿圖》《甘肅輿圖》《新疆輿圖》《四川輿圖》《廣東輿圖》《廣西輿圖》《雲南輿圖》《貴州輿圖》《外藩輿圖》。

圖一：《天下全圖》之《天下總輿圖》

該圖是民族所藏圖中少有的幾幅彩繪地圖，採用傳統的形象畫法繪製，針對河流、山脈等自然地物和府廳州縣等行政建置，用不同顏色填充表現。總圖中的不同省份、分省圖中的不同府廳州縣均採用不同顏色填充，以示區別。就圖幅整體而言，線條簡單，著色隨意浮豔。就地圖的繪製內容和手法而言，圖幅繪製內容簡略，圖幅比例失真較大，字跡稚拙，不似該時期精美的官方繪本地圖，推測應該是坊間爲謀利出售而刻印編繪。根據該圖的圖幅和著色來看，其製作流程應該是先有墨刻本，後施以不同顏色。

卷首《天下總輿圖》的四至爲：北邊繪製長城，長城以北標注「沙漠」、「瀚海」及「俄羅斯」字樣，同時出現「喀爾喀」、「翁牛特」等蒙古部落名稱，在今東北地區則標注「寧古塔」、「墨爾根」等。西邊在今新疆地區標注「巴里坤」、「鎮西」、「伊犁」等地名，以西標注有域外中亞地名「撒馬爾罕」，再西則直接繪製海洋，標注「荷蘭國」、「大西洋」、「小西洋」字樣，在圖幅繪製上不成比例，僅起到示意作用。南邊則出現域外地名「暹羅」、「車裏」、「老撾」、「安南」等字樣，同時在今南海範圍內繪製有小島，其上標注「萬里長沙」、「萬里石塘」字樣。東邊則標注「琉球」、「日本」、「朝鮮」。整幅地圖的域內部分與域外部分基本不成比例，域內較爲準確，域外失真較大，這與中國古代地圖繪製的主觀性有關，同時也體現了古地圖的實用性特徵。圖幅的中間部分則繪製內地各行省，同時標注各省內主要地名。

如圖一所示，《天下總輿圖》中自然地物的繪製較爲鮮明，山川塗以紅色，標注有「衡山」、「嵩山」、「華山」、「泰山」、「恒山」這五嶽名山及「崑崙山」等。長江則塗以灰色，沿江在洞庭湖標注「洞」、鄱陽湖標注「鄱」。黃河則塗以黃色，黃河源標注爲「星宿海」，延續錯誤的傳統地理觀念而繪製，入海口標注在奪淮入海的今江蘇境內。然而，整幅圖集中關於黃河入海口的標注並不統一。在《江南輿圖》中標注黃河奪淮入海，而如圖二所示，在《山東輿圖》中則在圖幅南部繪製有「黃河故道」，同時在大清河河道上標注「新黃河」，這是相互矛盾的，因爲咸豐五年（1855 年）黃河決溢，改變了幾百年的奪淮入海的局面，改由大清河河道自山東入海。因此，圖集中既標注舊黃河又標注新黃河的繪製方式，是不嚴謹的，不過這也符合該圖集屬於清末坊間商賈爲謀利而繪製的基本判斷。

圖集的各分區域圖中，基本以標注境內行政區劃名稱爲主。比如《直隸輿圖》中，保定府以方框表示，其下轄「望都」、「博野」等則以橢圓形表示，字在圖形之中。唯一不同的是《新疆輿圖》，其在繪製內容、表現重點和繪製手法上異於其他各幅，除標注行政地名外，同時繪出各城之間的交通路線及沿路驛站名稱等，且在各城下標注與鄰近地區的里程，數字精確到十里。與其他各區域圖相比，《新疆輿圖》可能具有不同來源。並且，在新疆圖中出現了「英阿雜爾」、「喀爾沙爾」這兩處地名，在乾隆四十六年（1781 年），諭旨將兩處分別改名爲「英吉沙爾」「喀喇沙爾」，可見新疆圖所參照的舊圖應該是乾隆四十六年之前的輿圖。

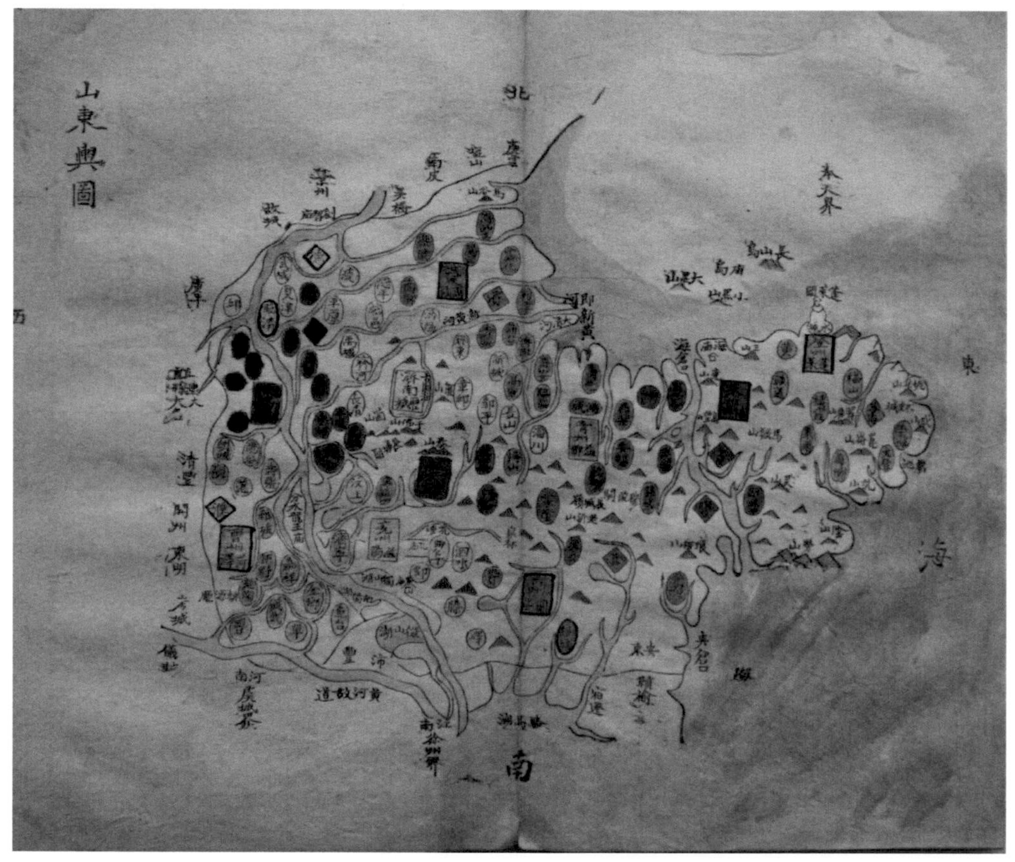

圖二：《天下全圖》之《山東輿圖》

二、繪製技法

傳統繪製技法下產生的中國古地圖，是與中國古代地理知識、空間觀念、皇權思想以及傳統繪畫藝術等密切相關，脫離開當時的經濟社會狀況和文化思想背景，是無法真正認識和理解中國古地圖的。中國古地圖在繪製精準度上、圖例使用和地圖方向等方面，是與現代測繪地圖有差異的。

比例尺是近代測繪地圖的產物，極大提高了地圖繪製的準確性，在當代人使用地圖的習慣中，比例尺是一個不可或缺的地圖要素。然而，在中國古代地圖的繪製中，尤其是使用中國傳統繪製技法制作的地圖中，雖然也存在繪製精度較高的古地圖，但是並未出現比例尺這一與近代測繪相關聯的事物。它的出現是在近代西方測繪地圖傳入中國後，才在中國地圖中出現的。

爲提高地圖繪製的精準度，中國古代地圖中常使用計里畫方的方式，即繪製方格網，以「十里一方」、「百里一方」等不同里數來標注方格網的邊框，類似於近代的比例尺。比如明代著名的《廣輿圖》在繪製時使用了計里畫方，大大提高了地圖繪製的準確性，成圖後因爲準確實用，在明清兩代多次翻刻，流傳影響極廣。因爲民族所藏《天下全圖》「無比例尺，亦無畫方」，所以圖幅失眞較大、比例失調也是可以理解的。

《天下全圖》的圖幅繪製雖然與現代人心目中測繪地圖相去甚遠，但是在中國古地圖中，這種現象非常常見。古地圖對於繪製精準度的追求是不一樣的，因使用目的不同而存在差異，比如運河工程圖、道路里程圖等實用性較高的地圖中，往往會在地圖上附注有大量文字，說明距離遠近、裏數多少等，彌補了地圖繪製上的失準問題；而像讀史地圖、坊間繪圖等，則不太注重準確性，傾向於強調示意性。《天下全圖》推測應該是坊間商賈爲謀利而編繪，顯示各地物之間的大體位置即能夠滿足其流通之功用。從其使用目的、從古地圖繪製的常態來看，該套地圖的失眞問題就容易理解了。

關於地圖中圖例問題，這套圖集雖然沒有專門標注圖例，但是在每幅區域圖中對於同級別的府廳州縣還是分別使用方框、橢圓等不同圖形來進行區分的，並且各區域圖中在使用上述圖例時是統一的。

至於地圖的方向問題，這套圖集與現代地圖中「上北下南」的慣例是一致的。一般而言，在中國古地圖的不同類型之中，全國總圖類古地圖基本上是上北下南的方向，而其他的諸如運河圖、沿海圖等地圖的方向則極少是上北下南，有時以東爲上、有時以西爲上，往往隨運河、海岸的延展而時有變化，即使在同一幅地圖內，也不見得是在統一方位之下。這套圖集在類型上屬於全國總圖序列，符合這類地圖在方向指示上的慣例。

三、圖幅年代

古地圖的成圖年代和表現年代是有區別的，成圖年代如無注記等，很難斷定，諸如此類的坊間繪本，爲兜售謀利亦有可能仿造，所以成圖年代不能輕易下定論。上文已述，在《山東輿圖》中出現了咸豐五年改道山東入海的「新黃河」，僅從這一點上看，成圖年代肯定在咸豐五年之後。

而表現年代則可以根據圖幅內容表現出來的時代特點等，加以推斷。這套地圖主要標注各處行政地名，在歷史時期，地名往往會因爲避諱、慶典、皇帝欽賜、區劃調整等因素發生名稱變更等現象，這些變更的地名往往可以用以判斷地圖的表現年代。

道光皇帝旻寧即位後，爲避諱而在地名中出現「寧」字者一律改寫爲「甯」，但是各幅地圖中均未出現避諱道光皇帝名諱的現象。同樣，雍正皇帝胤禛即位後，爲避諱而有多處地名變更，比如「儀真」改稱「儀徵」、「真定」改稱「正定」，圖幅中均出現的是避諱後的地名。由上述兩條粗略推知，這套地圖大致的表現年代可能在雍正朝至道光朝之間。考慮到這套地圖屬於坊間繪本，尤其是清晚期的坊間繪本，在遵循避諱原則等方面有可能未必嚴格，需要更有力的證據加以證明。

經過筆者比對，雍正、乾隆年間因爲改名、新置、裁置等原因而出現的地名變動，共計有 18 處體現在各幅地圖中（參見表一）。比如表一中 3，乾隆十一年「慶都」改名爲「望都」這一變化即體現在《直隸輿圖》中，地圖中出現的是變更後的「望都」二字。參見表一，其中 18 處「新地名」均替代「原地名」出現在地圖中，由此可以推知《天下全圖》的表現年代應該在乾隆中後期之後，至少是乾隆四十三年（1778 年）之後。

表一：新、舊地名更置對照表〔註 2〕

序號	變更時間	所在圖幅	原地名	新地名	變化情況
1	乾隆四十三年	《直隸輿圖》	塔子溝直隸廳	建昌	改名
2	乾隆四十三年	《直隸輿圖》	喀喇河屯直隸廳	灤平	改名
3	乾隆十一年	《直隸輿圖》	慶都	望都	改名

〔註 2〕本表參考牛平漢《清代政區沿革綜表》，中國地圖出版社，1990 年。

4	雍正九年	《江南輿圖》	無	阜寧縣	新置
5	雍正四年	《湖北輿圖》	景陵縣	天門縣	改名
6	雍正十三年	《湖北輿圖》	五峰石寶長官司（裁撤）	長樂縣	裁置
7	雍正十三年	《湖北輿圖》	容美宣撫司（裁撤）	鶴峰州	裁置
8	雍正十三年	《湖北輿圖》	無	咸豐縣	新置
9	雍正十三年	《湖北輿圖》	無	來鳳縣	新置
10	雍正十三年	《湖北輿圖》	無	利川縣	新置
11	雍正十二年	《山東輿圖》	成山衛（裁撤）	榮成縣	裁置
12	雍正十二年	《山東輿圖》	大嵩衛（裁撤）	海陽縣	裁置
13	乾隆四十二年	《甘肅輿圖》	莊浪縣（裁撤）	隆德縣	裁置
14	乾隆二十四年	《甘肅輿圖》	無	玉門縣	新置
15	乾隆二十四年	《甘肅輿圖》	無	敦煌縣	新置
16	乾隆三十八年	《甘肅輿圖》	無	昌吉縣	新置
17	乾隆四十一年	《甘肅輿圖》	無	阜康縣	新置
18	乾隆四十三年	《甘肅輿圖》	無	綏來縣	新置

嘉慶十六年（1811 年），清遠縣析置佛岡直隸廳，在《廣東輿圖》中並未出現這一變化，仍舊標注的是「清遠」；嘉慶十七年在松江府新置川沙廳，在《江南輿圖》中並未出現這一變化；嘉慶二十一年，芷江縣析置晃州廳，在《湖南輿圖》中僅出現「芷江」，並未體現這一變化；道光二年，置古丈坪廳，《湖南輿圖》中亦未反映；道光十二年裁撤新安縣，併入安州，在《直隸輿圖》中亦未顯現，仍標示「新安」。由上述幾條地圖中未出現的地名變化來看，圖幅表現年代的下限應該截止到嘉慶十六年。

綜合上述分析來看，這套《天下全圖》反映的行政建置等內容應該是乾隆四十三年至嘉慶十六年間（1778～1811）的狀況。唯一不同的是《新疆輿圖》，前文已述，該圖與其他圖幅相比，可能具有不同來源。新疆圖幅中並未出現乾隆四十六年後的新地名「英吉沙爾」和「喀喇沙爾」，而沿用「英阿雜爾」和「喀爾沙爾」，表現內容反映的應該是乾隆二十四年至乾隆四十六年間（1759～1781）的狀況。

四、淵源與譜系

通過查閱相關古地圖圖錄，發現在海內外各大藏圖機構收藏有一些與民族所藏《天下全圖》在繪製內容、繪製技法上極其相似的地圖集。大致包括：歐洲藏《各省輿圖便覽》、美國國會圖書館藏《大清分省輿圖》和《天下總輿圖》、中國國家圖書館藏《清直省分圖》、英國皇家地理學會藏《天下總輿圖》、中國科學院圖書館藏《清分省輿圖》。這些地圖之間的關聯與淵源關係前人並沒有進行專題研究，以下分別論述。

（一）美國國會圖書館藏《大清分省輿圖》

美國國會圖書館藏《大清分省輿圖》，據著錄：「和順齋製，清中葉（1754～1782），紙本彩繪，19幅分省地圖冊。該圖集用藍布封套，貼中英文簽：『大清分省輿圖，和順齋製』，爲坊間售賣者所補。該圖集由總圖、盛京和直隸等十八省圖組成，各圖均不具圖名，表現清朝的疆域政區與山川形勢。江南省獨爲一幅，未分作江蘇、安徽兩省，但是省城標在蘇州。圖內江西寧都縣已升州，臺灣諸羅縣未改嘉義，陝西興安州尚未升府，因此推測該圖反映乾隆年間（1754～1782）的政區狀況」〔註3〕。

兩相比較，就圖幅數量而言，民族所藏圖共計二十幅，而美國國會圖書館藏圖共計十九幅。就繪製技法而言，山川等自然地物的表現手法基本一致。就繪製內容而言，民族所藏圖卷首《天下總輿圖》與美國國會圖書館藏圖的卷首圖繪製內容不同，而其他分區域圖則大致相同，對於分區域圖的繪製內容，美國國會圖書館藏圖注記內容要更爲豐富，不僅標注府廳州縣等行政地名，同時標注域內山名、水名等，民族所藏圖則顯粗疏。

具體以圖三、圖四爲例，兩幅地圖繪製的均是甘肅。其一、整體來看，兩幅地圖在長城走向、河流繪製和表現技法以及地名標注等大的方面，極爲相似。其二、在圖例符號的使用上基本相同，比如「蘭州」、「鞏昌」、「涼州」等地名均用長方形符號括注，「寧遠」、「定安」等用橢圓形括注，「固原」、「靜安」等則用菱形括注。其三、就細部特徵來看，美國國會圖書館藏圖在「蘭州」北部用形象化城牆符號組成的大方框十分醒目，其中注記「秦王川」，而民族所藏圖在同樣位置繪製大體相同的大方框。這一相似度極高且不易重複的特徵，一定程度上能夠證明兩者之間具有某些關聯性。

〔註3〕李孝聰：《美國國會圖書館藏中文古地圖敘錄》，文物出版社，2004年，第15頁。

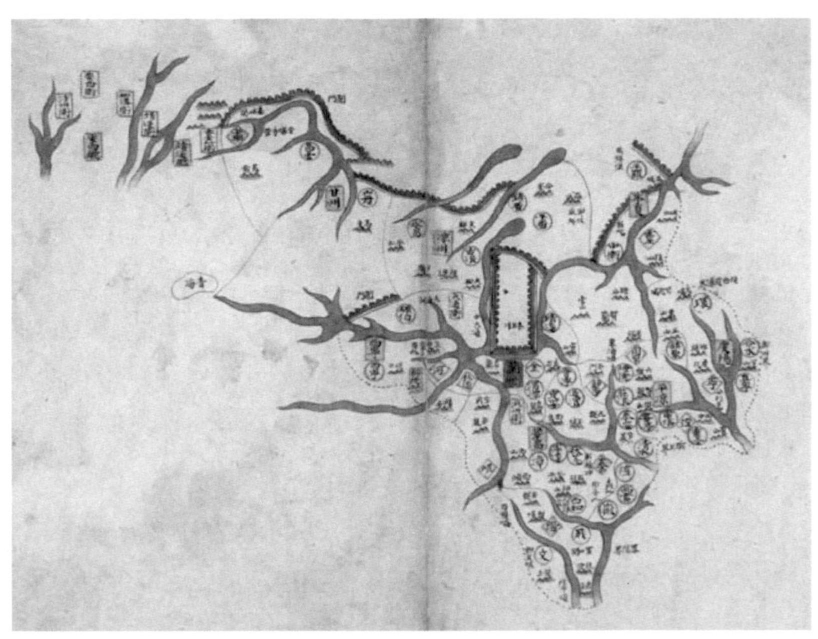

圖三：《大清分省輿圖》之《甘肅輿圖》〔註4〕

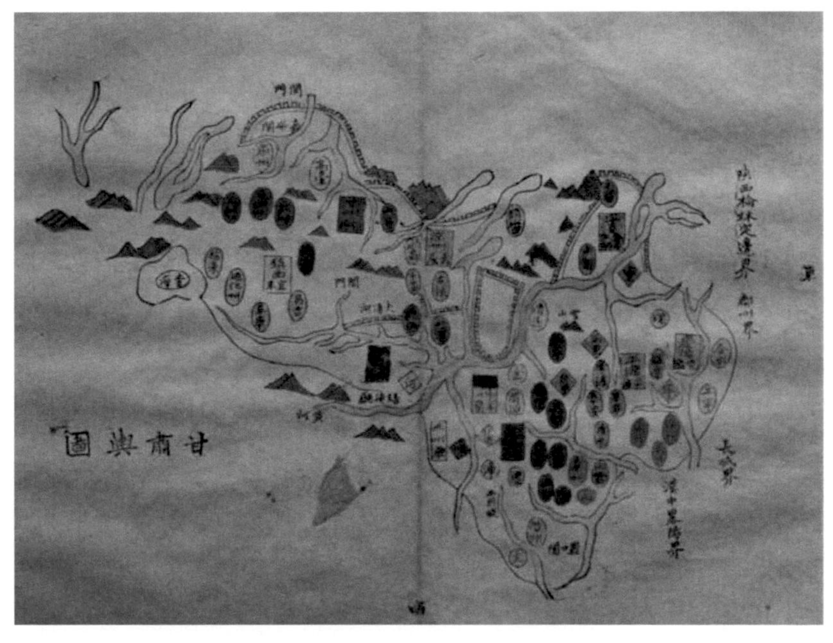

圖四：《天下全圖》之《甘肅輿圖》

〔註 4〕美國國會圖書館藏《大清分省輿圖》，索書號：G2305.D35 1760。甘肅部分圖幅見網站：http://www.loc.gov/resource/g7820m.gct00229/跡 sp=8，2015 年 2 月 19 日。

兩圖之間也存在諸多差異，其一、在地圖施色上，美國國會圖書館藏圖更爲自然，民族所藏圖略顯浮豔。其二、在山名標注上，美國國會圖書館藏圖在山形符號邊注記山名，如「金山」、「祁連」、「大松」、「積石」、「西山」、「臥龍」、「祁山」等，而民族所藏圖僅有符號而無文字。其三、在黃河河道標注上，美國國會圖書館藏圖僅標注奪淮入海的黃河河道，而民族所藏圖則標注「黃河故道」、「新黃河」，同時畫出改道前的黃河，推測《天下全圖》的繪製者在參閱、仿製並基本承襲舊有版本基礎上，略有增注。其四、在地名上大同小異，差異主要體現在新疆部分。美國國會圖書館藏圖標注有「沙州衛」、「安西衛」、「柳溝衛」、「靖逆衛」、「安西廳」、「靖逆廳」、「赤金所衛」，而民族所藏圖標注有「敦煌」、「安西州」、「玉門」、「奇臺」、「鎮西」、「昌吉」、「迪化州」、「綏來」。據記載：「（安西州屬）舊爲靖逆、赤金、柳溝、安西、沙州五衛地，設安西鎮。乾隆二十四年，西域平，以其地置安西府，統縣三：淵泉、敦煌、玉門。三十八年，裁府，以淵泉縣地，改安西州，統縣二：敦煌、玉門」〔註 5〕；又據載「雍正三年，始設安西鎮，領靖逆、赤金、柳溝、安西、沙州五衛」〔註 6〕。綜合上述兩條記載來看，靖逆等五衛始設於雍正三年，終於乾隆二十四年，由此推知，美國國會圖書館藏圖在新疆部分的地名注記反映的是清統一新疆前的雍正三年至乾隆二十四年之間（1725～1759）的行政建置情況。而根據民族所藏圖中「安西州」、「敦煌」及「玉門」三處地名，可以推知民族所藏圖在新疆部分的注記應該是反映乾隆三十八年之後的狀況。

雖然其他各區域圖之間亦存在或多或少的差異點，但是在整體構圖、河流流向、地名注記等方面基本相同。總體來說，兩套地圖是大同小異，推測兩者之間存在一定的內在聯繫。

（二）歐洲藏《各省輿圖便覽》

據研究，《大清分省輿圖》在繪製手法上與嘉慶年間坊間常見的刻本《各省輿圖便覽》相似，均可能摹自某一個官繪本圖冊〔註 7〕。歐洲各地藏《各省輿圖便覽》，「清嘉慶十年（1805），陽城劉堃鐫板並識語，木刻墨印上色，19

〔註 5〕鍾興麒、王豪、韓慧校注《西域圖志校注》卷八《疆域一》，新疆人民出版社，2002 年，第 164 頁。

〔註 6〕《西域圖志校注》卷八《疆域一》，第 165 頁。

〔註 7〕《美國國會圖書館藏中文古地圖敘錄》，第 15 頁。

幀地圖冊裝。圖幅中以通過京師北京爲零度經線的經緯度與計里畫方並用，每方 250 里。由天下總圖、盛京和直隸等 17 省圖組成，表現清朝直省的省域、山川形勢及府、州、縣的分佈。江蘇、安徽未分，標作『江南省』，陝西省和西安府被標作『西安省興安府』。據劉堃識語，該圖摹自舊圖，而增加經緯度及各府城的附郭縣名，圖內文字注記的避諱不甚嚴格，乃坊間私刻本常見」〔註 8〕。

（三）中國科學院圖書館藏《清分省輿圖》

該圖未注繪者，彩繪本地圖冊，木封，摺頁裝，裱糊，共二十幅，無比例尺，亦無畫方，無圖例，各圖均爲上北下南。圖集包括天下總圖、直隸、江南、江西、浙江、福建、湖北、湖南、四川、河南、山東、山西、陝西、甘肅、廣東、廣西、雲南、貴州十七省和外藩、新疆輿圖。該圖使用傳統的形象畫法繪製，用綠色線條代表河流（黃河用黃色），河流的寬度被嚴重誇張；用青色山形符號表示山脈；用棕色帶雉堞形狀的線條表示長城〔註 9〕。

在圖幅著色上，與民族所藏圖有所差異。兩者在其他特徵上大體一致，圖幅同樣爲 20 幅，圖題相同；山川河流、行政建置等基本一致；長城、沙漠的表現方式基本一致。

具體可以參閱圖五和圖六，兩幅地圖均是繪製的新疆地區，在河流走向、湖泊形狀、地名注記等方面大致相同。另外值得注意的是，孫靖國在研究中科院藏圖時曾指出「圖中多有舛誤」，並舉例「《四川輿圖》西界只到岷山——打箭爐——剌紅瓦山一線，其西標爲『西番界』」，另外在《天下總圖》中「崆峒」訛爲「空東」〔註 10〕。這兩處比較明顯的錯誤在民族所藏圖中同樣出現了，在《天下總輿圖》中的確出現了「空東」字樣。由上述比對發現，兩幅地圖在圖幅數量、圖題、繪製內容、表現方式等方面基本一致，甚至文字錯訛也一致。據此推測民族所藏圖與中科院藏圖之間具有關聯關係。

〔註 8〕李孝聰：《歐洲收藏部分中文古地圖敘錄》，國際文化出版社公司，1996 年，第 190 頁。書中未注明《各省輿圖便覽》的館藏地，僅述「此圖流傳較廣，各地均有收藏」，故而此處籠統的稱之爲歐洲藏。

〔註 9〕孫靖國：《輿圖指要：中國科學院圖書館藏中國古地圖敘錄》，中國地圖出版社，2012 年，第 38 頁。

〔註 10〕《輿圖指要：中國科學院圖書館藏中國古地圖敘錄》，第 38 頁。

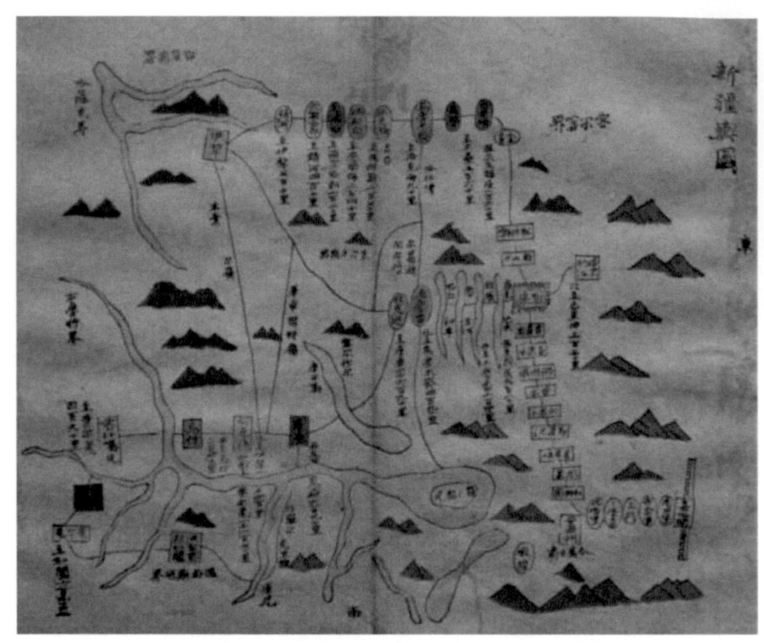

圖五：《天下全圖》之《新疆輿圖》

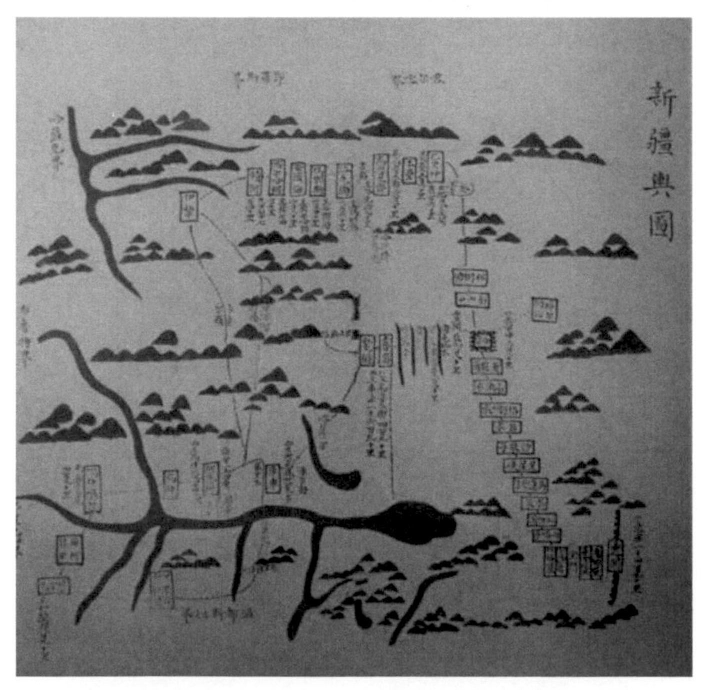

圖六：《清分省輿圖》之《新疆輿圖》〔註 11〕

〔註 11〕《輿圖指要：中國科學院圖書館藏中國古地圖敘錄》，第 41 頁。

（四）美國國會圖書館藏《天下總輿圖》

該圖集由恒慕義（A.W.Hummel）於 1930 年 6 月 24 日購入美國國會圖書館地圖部，「清後期木刻本，藍墨刷印，20 幅地圖冊裝，27×30 釐米。絹絲套封，墨書圖題。圖集由天下總輿圖、17 幅分省圖及新疆輿圖、外藩輿圖（長城外蒙古諸部落）組成，江蘇、安徽二省仍作江南省一幅，沒有盛京、吉林和黑龍江地區。展現清朝的疆域政區和山川形勢，內容簡略，失眞較大。雖然圖內反映的行政區劃爲清朝嘉慶年間（1801～1820）的建置，但是表現手法和常見的清晚期刻本或繪本的形式、尺寸及頁數均相仿，推知此圖集可能仍是清後期坊間爲售賣而摹刻」〔註 12〕。

與民族所藏《天下全圖》相比，兩者如出一轍，基本可以推定兩者極有可能出自同一摹刻本。具體理由如下：其一、同樣由 20 幅相同圖題的地圖組成；其二、山川、河流、海洋、長城等地物的表現方式一致；其三、圖幅內文字注記一致，且字跡幾近相同。

以下面圖七、圖八爲例，兩圖分別爲總圖的南部區域，兩者的細部特徵幾乎完全一致。具體而言，其一、臺灣島的外部輪廓一致且同樣繪製三個山形符號，澎湖的位置與輪廓一致；其二、「萬里長沙」、「萬里石塘」的文字注記的字跡基本相同，且島嶼呈現的長條形狀和島嶼南部的細部紋路基本一致；其三、偏西的海南島的輪廓、文字一致，「廣南本安南地」的注記與島嶼輪廓一致，「爛泥尾」的注記和輪廓一致，「大崑崙」和「小崑崙」的注記和山形符號一致；其四、大陸部分的海岸線、河流、文字注記的內容和位置等幾乎相同。

圖七：《天下全圖》之《天下總輿圖》局部

〔註 12〕《美國國會圖書館藏中文古地圖敘錄》，第 28～29 頁。

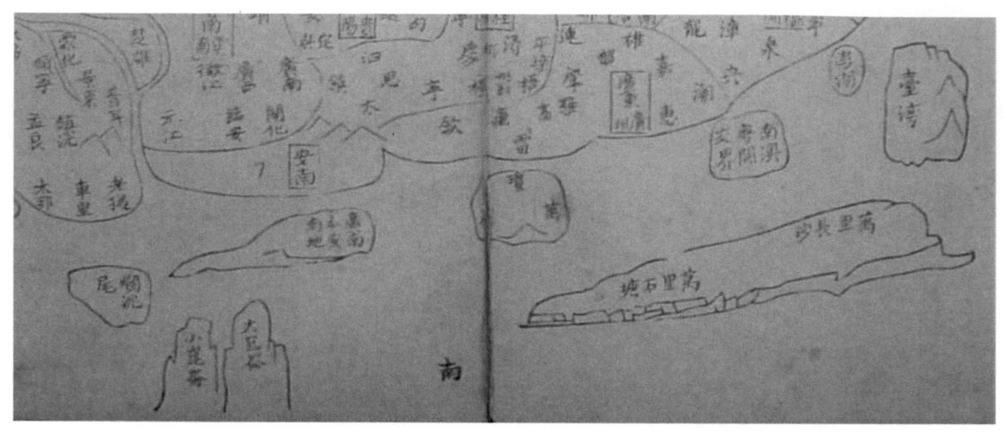

圖八：《天下總輿圖》局部〔註 13〕

再以圖幅中文字「天下總輿圖」爲例，圖九上半部爲民族所藏圖文字部分，下半部爲美國國會圖書館藏圖文字部分，字跡如出一轍。綜合上述比對，可以基本推定兩者極有可能具有同源性，可能出自相同的摹刻版本，同樣是坊間爲售賣而製作，並在民間流傳而流入不同收藏機構。兩者的細微差別僅在於民族所藏圖在墨刻本基礎上，施以顏色。

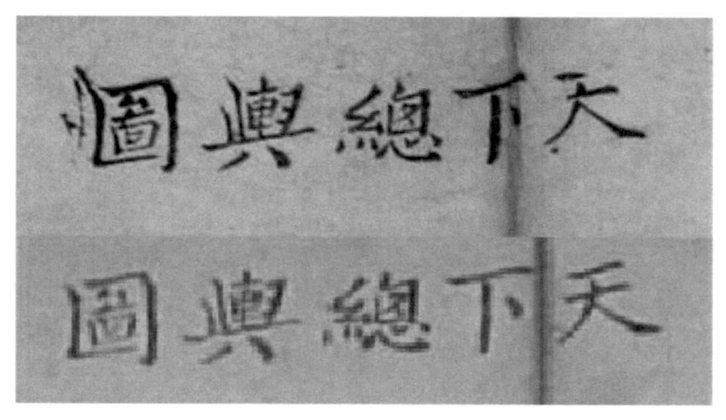

圖九：文字注記「天下總輿圖」

（五）中國國家圖書館藏《清直省分圖》與英國皇家地理學會藏《天下總輿圖》

中國國家圖書館藏《清直省分圖》，據著錄：「刻印本，未注比例，清光緒年間，1 冊，彩色，27.2×31.2 釐米。圖凡 19 幅，內有『天下總輿圖』1 幅，分省圖 16 幅，外蕃圖 1 幅，新疆圖 1 幅。尚缺青海、西藏圖。總圖中已繪出

〔註 13〕《美國國會圖書館藏中文古地圖敘錄》，圖十七。

『萬里長沙』和『萬里石塘』。採用傳統畫法繪圖，較粗略」〔註 14〕。據著錄信息推測，該圖集與民族所藏圖在繪製內容、技法等方面應該具有關聯性。

英國皇家地理學會藏《天下總輿圖》為 1869 年入藏，據著錄：「清後期，稿云女史畫，彩繪絹本地圖集，20 幅圖冊裝，木板封面，每幅 25×30cm。圖集由天下總輿圖、新疆圖、外藩全圖（長城外蒙古諸部落）和 17 幅各省分圖組成，沒有盛京、吉林和黑龍江地區。用傳統的形象畫法展現清朝的疆域政區和山川形勢。內容簡略，失真較大」〔註 15〕。據著錄信息中圖幅數量、圖題等推測該圖集同樣與民族所藏圖具有關聯性。

綜合上述分析和比對來看，就各幅藏圖間的淵源和譜系大體可得出如下幾點認識：

其一、美國國會圖書館藏《大清分省輿圖》和《天下總輿圖》、歐洲藏《各省輿圖便覽》、中科院藏《清分省輿圖》、中國國家圖書館藏《清直省分圖》、英國皇家地理學會藏《天下總輿圖》以及民族所藏《天下全圖》，雖然散佈海內外且圖名各異，但是在表現內容、繪製技法等方面具有很多相同點，相互之間應該具有一定的關聯關係。

其二、民族所藏《天下全圖》、美國國會圖書館藏《天下總輿圖》、中國國家圖書館藏《清直省分圖》、英國皇家地理學會藏《天下總輿圖》與中科院藏《清分省輿圖》，在繪製內容、繪製技法等方面基本一致，主要是在著色上存在有無的區別。

其三、美國國會圖書館藏《大清分省輿圖》和歐洲藏《各省輿圖便覽》與其他藏圖有一定區別。一方面體現在圖幅內容上，比如《大清分省輿圖》的總圖部分不同於民族所藏圖，《各省輿圖便覽》中增繪有經緯度；另一方面體現在圖幅數量上，這是較為關鍵的區別。這兩幅圖集均為 19 幅地圖，而其他藏圖均為 20 幅地圖，20 幅地圖是在原有 19 幅基礎上，刪掉了盛京圖並新增了外藩圖與新疆圖而形成的。民族所藏圖中《新疆輿圖》為後補入的結論在第一部分圖幅內容中已做論述，符合通過比對眾多圖集後所得出的結論。而在上段結論二中將五幅圖集認定為「基本一致」，主要依據也是它們在圖幅數量、增刪內容方面的一致性。

〔註 14〕北圖善本特藏部輿圖組：《輿圖要錄》，北京圖書館出版社，1997 年，第 46 頁，第 0455 號。

〔註 15〕《歐洲收藏部分中文古地圖敘錄》，第 206 頁。

總之，《天下全圖》爲清末坊間商賈爲謀利而編繪，成圖年代應該在咸豐五年之後，而圖幅表現年代應該是在乾隆四十三年至嘉慶十六年間，其中後補入的《新疆輿圖》則集中表現了乾隆二十四年至乾隆四十六年間新疆的道路、城鎮等狀況。《天下全圖》與散佈海內外的圖名各異的若干圖集，在繪製內容、繪製技法及細部特徵等方面，相互之間應該具有關聯性，最初有可能源自某一官繪本地圖冊，早期摹刻本應該在乾隆年間即已在坊間出現，之後在民間因襲翻刻，流播甚廣，直至分別流入上述各大藏圖機構。

（附記：在此對中國社科院民族所圖書館的烏雲格日勒、周新亞兩位老師表達眞摯的謝意，感謝她們在查閱和拍攝地圖方面予以的便利和幫助。）

（原載《中國國家博物館館刊》2016 年第 10 期）

四、清代京杭大運河全圖初探

摘要：本文將收集到的國內外清代京杭大運河全圖作爲史料處理，結合相關文獻一一解讀各幅運河圖本身蘊涵的信息。在此基礎上，挖掘出清代在繪製運河全圖時常用的一些繪製手法，並就運河圖的載體、裝訂形式做了分析。進而根據繪製風格等的差異，將清代運河全圖劃分爲前期和後期；依據用途和內容的不同，劃分爲運河河工圖、漕運圖、運河泉源圖和運河景觀圖四種類型。通過分析論證，筆者希望挖掘出地圖的史料價值，使地圖成爲瞭解歷史的窗口，同時，提供一個利用地圖學視角觀察運河圖的路徑。

關鍵詞：清代、京杭大運河、運河圖

京杭大運河與歷史時期的政治、經濟密切相連，對於大運河的研究是相關歷史研究很好的切入點。在運河研究上，一方面可以運用流傳下來的豐富文獻資料，另一個方面現存的運河地圖也是重要的信息傳遞載體。兩者相比，地圖更加直觀生動，同時可以利用地圖與文獻相互比對，去僞存眞，使研究更加接近史實。

現存的明代運河地圖不是很多，推測可能由於年代較爲久遠已經毀壞；或者因爲各種原因沒有披露出來，不爲世人所見。這種狀況無形中給研究增添了困難，透過少量地圖的研究，我們很難對明代運河地圖的狀況有一個全面準確的認識。清代運河地圖今天可以見到的較多，有些保存在國外博物館，有些散存在中國國家圖書館、各地博物館以及一些大學圖書館之中。現存的清代運河地圖，有相當部分是官方繪製的隨摺上奏材料。這種繪製的正式性，使得清代運河地圖具有較高的史料價值。

爲了研究需要，筆者根據圖幅承載內容和表現範圍的差異，粗略地將運河地圖分爲運河全圖和局部運河圖兩種。運河全圖指圖幅內容和範圍覆蓋大運河全程的地圖，局部運河圖即僅選取運河的一段爲表現對象。就研究價值而言，運河全圖更能給我們提供一個總體全面的認識，僅僅研究局部運河圖，很難對運河圖的發展脈絡有一個清晰瞭解。因此，筆者的研究對象選定爲清代運河全圖。

關於清代大運河地圖的研究，任金城先生 1990 年發表的《關於清代的京杭運河地圖》〔註 1〕一文是這方面的代表作。文章運用文獻資料，展現了運河的形成過程和運河重點區域的狀況，將運河地圖做了四種分類。研究方法上，文章利用文獻來還原運河狀況，缺乏地圖學研究的視角，很少挖掘地圖中蘊含的信息，沒有將地圖作爲史料來應用。另外，文章從宏觀角度入手，可以提供清代運河地圖的整體狀況，但是對於一些具體問題和分類運河圖的研究分析還不夠深入。

基於以上狀況，筆者力圖運用地圖學的方法，將運河地圖作爲史料來處理，解讀地圖中蘊含的歷史信息，進而總結出清代運河全圖中常用的一些繪製技法和裝訂特點。並依據不同標準，將運河地圖細分，在此基礎上，指出各類運河地圖的特點，加深人們對於清代運河全圖的認識。

下面列舉若干種作者寓目的清代運河全圖，結合文獻略作考述。

一、佛利爾美術館（Freer Gallery of Art）藏《運河全圖》和紐約大都會博物館（The Metropolitan Museum of Art）藏《運河全圖》〔註 2〕

兩幅地圖大同小異，在覆蓋區域、繪製重點、細部特徵等很多方面一致，但也存在一些差異。下面將兩者相同之處及差異之處具體指出，並做簡要的分析：

（清）康熙後期（1703～1722），彩繪，未注比例，大致以運河的西岸爲上，不太考慮實際的方位。採用平立面結合的山水畫形象畫法，描繪運河沿線的地理景致。兩幅地圖中的大運河，起自北京，南到揚州，止於長江。圖幅描繪了運河沿途的城池、重要水利工程以及運河支渠和重要湖泊。其中，

〔註 1〕曹婉如主編《中國古代地圖集》（清代），文物出版社，1990 年，第 126～130 頁。
〔註 2〕承蒙李孝聰先生供圖

位於濟寧州、臨清州、南旺湖、駱馬湖周圍的水利工程，描繪較爲細緻；而當時，江蘇省境內黃河與運河交匯地區和黃河入海口的堤、壩、閘、埽情況，也明顯是繪製的重點區域。

在兩幅地圖中，黃河區別於其他河流，用黃色來表現。圖幅中，黃河從河南境內的中牟縣、原武縣開始出現，沿途的重要城市、河堤和險要地段的防洪工程一一體現在圖中。

需要強調的是，由於受卷軸地圖圖幅寬度的限制，使得呈南北流向的運河和呈東西流向的黃河下游河段，在地圖上呈現平行流淌的局面。具體而言，在兩幅圖中，黃河從河南境內一直到徐州，一般來說是以黃河的南岸爲上；徐州以下至黃河入海口，一般來說和運河一樣，以黃河的西岸爲上。因而，在徐州以上的黃河和運河並行的畫卷中，整幅地圖不是在統一的方位限定之下。

兩幅地圖中出現的城市，都用較爲規則的城牆圍繞，城牆四周繪有城門，並在城中簡單畫出衙署等建築符號。而對於京城北京的表現方式則較爲特別，幾組巍峨華麗的宮殿矗立在祥雲環繞之中，採用象徵的手法。

下面就兩幅地圖中重點表現區域的相同注記，做一簡單介紹和分析：

（一）通州及其周圍水利工程

通州石壩：在州城北門外，明嘉靖七年置，每年正兌京糧，自此搬入通惠河〔註 3〕。

土壩：在通州東門外，明制改兌通糧自此起。萬曆二十二年，郎中于仕廉查舊建閘，通隍濟漕以省車挽之資〔註 4〕。

（二）安山湖及其周圍水利工程

表一：安山湖及其周圍水利工程一覽表

圖上注記	文獻記載	建築時間	工程目的	其他狀況	出處
安山湖今淤成地	順治中，河決荊隆，泛張秋，安山湖淤成平地			雍正三年，建閘挑河。雍正十三年，湖水無來源不堪復作水櫃	（清）《東平州志》卷四《漕渠》

〔註 3〕光緒十年《畿輔通志》卷八十九《河渠十三・堤閘二》，商務印書館影印本，第 3525 頁。

〔註 4〕《畿輔通志》卷八十九《河渠十三・堤閘二》，第 3525 頁

安山閘	在(東平)州西十二里	明成化十八年			同上
通湖閘			減水		同上
戴家廟閘	在（東平）州西四十里。安山閘北三十里	明景泰五年		舊有進水二口曰安濟，曰似蛇溝	同上
八里灣閘		明景泰五年（徐有貞）建			同上

通過圖表可以看出，安山湖是在順治年間，因爲河決而淤成平地，到雍正年間挑濬但是不成功。地圖中標明『安山湖今淤成地』，應該是反映這一時間段的狀況。圖中其他水利工程多是始建於明代。

（三）「舊邳州」標為湖面，說明已經被洪水所湮

根據文獻記載：「康熙七年，州圮於水，二十八年遷治於艾山，是爲新邳州。而謂故州治爲舊城」〔註5〕。地圖中標明『舊邳州』字樣，說明邳州被淹不久，地圖這一部分應該反映的是康熙中期的狀況。

（四）宿遷及橋樑

兩幅地圖中都可以看到西寧橋在西寧橋引河兩岸各有一段殘存，是毀壞的痕跡。根據《宿遷縣志》的記載：「五花橋，在治北，連支河，凡六橋，東南曰東奠，曰德遠，曰鎮宣，西北曰西寧，曰澄泓，曰錫成，長二百二十丈，俗統謂之五花。康熙二十二年，靳輔建，二十六年，開中河，東奠三橋遂廢，西寧三橋次亦失修，俄全圮」〔註6〕。

可以推知地圖上的這一部分反映的應該是康熙二十六年以後的狀況。

（五）中河流域

康熙十九年，總河靳輔開皀河四十里，由於皀河口爲黃水倒灌，容易淤積。故而，於次年，挑新河三千餘丈，並移運口於張家莊，即張莊運口。康熙二十五年，靳輔加築清河縣之西黃河北岸遙堤〔註7〕，後於遙、縷堤〔註8〕

〔註5〕（清）董用威等修，魯一同纂《邳州志》，咸豐元年刻本，成文出版社影印，第40頁。

〔註6〕（清）嚴型等修，馮煦等纂《宿遷縣志》卷四《建置》，民國二十四年鉛印本，成文出版社，第47頁。

〔註7〕遙堤：築在縷堤外，距河岸較遠處，用以防範特大洪水的堤。

〔註8〕縷堤：臨河處所築的小堤。因連綿不斷，形如絲縷，故名「縷堤」。縷堤堤身低薄，僅可防禦尋常洪水，在特大洪水時不免漫溢。

之間挑挖中河，此即舊中河。康熙三十九年初，于成龍以中河南逼黃河，難以築堤，於中河下段，改鑿六十里，名曰新中河〔註 9〕。上述較早期水利工程和康熙三十九年後開挖的新中河，可以與圖中所繪內容一一對應。因此，此段地圖主要展現了康熙中後期駱馬湖周圍的水利工程狀況。

圖中反映的中河與黃河交匯段，特別是三義壩周圍的中河狀況，可以與《清史稿》卷一二七《河渠志二・運河》中的記載對照：「(張）鵬翮見新中河淺狹，且盛家道口河頭灣曲，輓運不順，因於三義壩築攔河堤，截用舊中河上段、新中河下段合爲一河，重加修濬，運道稱便」〔註 10〕。從圖中可以較爲直觀地看到這些工程。這段地圖反映的是康熙三十九年前後的狀況。

（六）黃運交匯地帶水利工程

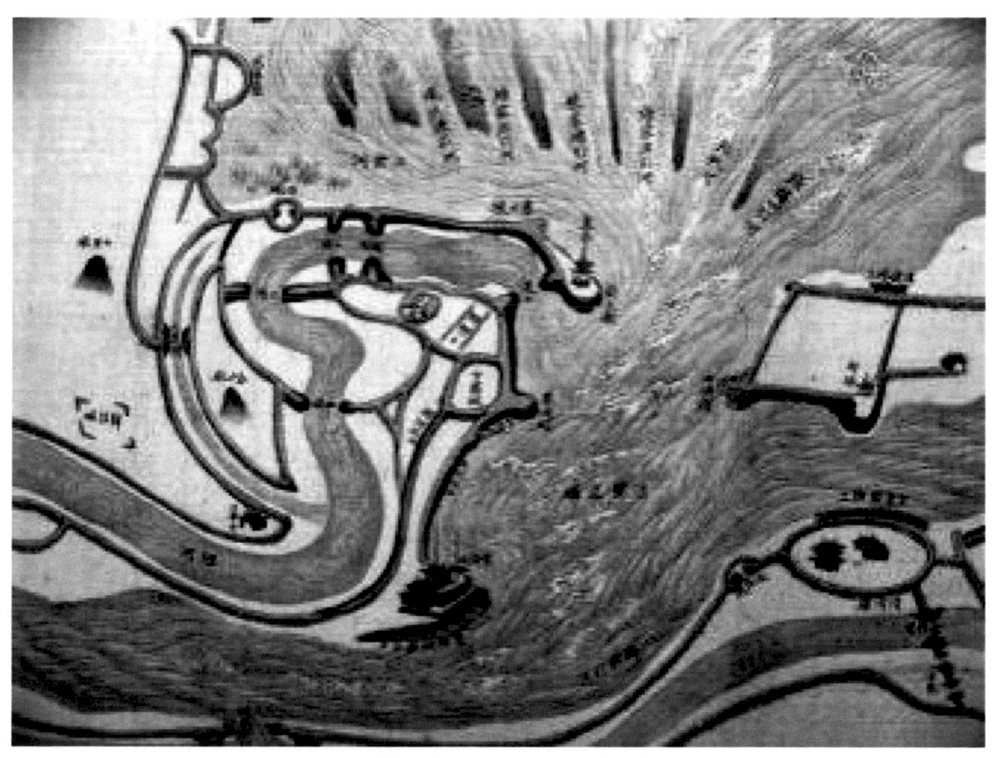

圖一：佛利爾藏圖之清口地區

〔註 9〕《清史稿》卷一二七《河渠志二》，中華書局，1976 年，第 3775 頁。

〔註 10〕《清史稿》卷一二七《河渠志二》，第 3775～3776 頁。

圖二：紐約博物館藏圖之清口地區

表二：黃運交匯的清口地區水利工程一覽表

修築時間	注記名稱	文獻記載	出處	工程目的	說明
康熙十七年	張福口引河	「聖祖以河道弊壞已極，乃罷總河王光裕……開張福口、帥家莊、裴家場、爛泥淺引河四道，引清敵黃」	麟慶：《黃運河口古今圖說》之康熙十五年後河口圖，道光二十年（1840）刊本	束緊洪澤湖湖水進入黃河的水道，以防止黃河水倒灌入運道	
	裴家場引河		同上	同上	
	帥家莊引河		同上	同上	
	爛泥淺引河		同上	同上	

康熙三十年	天妃壩工	「（康熙）三十年，建天妃壩臨黃石工，長三百四十七丈，後又接建至大營房止，長一百六十二丈」	同上		紐約藏圖中畫出，未用文字標明
康熙三十二年	舊大墩	「（康熙）三十二年，建大墩於運口以挑湖水」	衛哲治等纂修《淮安府志》頁 587，清乾隆十三年修，清咸豐二年（1852）重刊本。成文出版社影印〔註 11〕	收緊湖水進入黃河的水道	
康熙三十四年	金門閘	「雙金門閘 康熙三十四年建，泄水入鹽河」	《淮安府志》頁 658	泄水入鹽河	紐約藏圖中稱爲雙金門閘
	小石閘	「雙金門北小閘一座三十四年建，泄水入鹽河」	同上，頁 659	泄水入鹽河	
康熙三十七年	東壩、西壩	「（康熙）三十七年，建東、西壩於風神廟前，以束清禦黃」	麟慶《黃運河口古今圖說》之康熙三十四年後河口圖說	束緊洪澤湖湖水進入黃河的水道，以防止黃河水倒灌入運道	
康熙三十八年	御壩	「（康熙）三十八年，聖祖仁皇帝南巡臨視河口……立即於其處建挑水大壩，挑流北趨，土人感戴至今，呼爲御壩」	同上	迫使水流向北	
康熙三十九年	惠濟祠後石工	「惠濟祠石堤 舊係埽工，康熙三十九年改建石工」	《淮安府志》頁 634		
康熙四十年	天然引河	「天然引河 康熙四十年開」	同上，頁 643		

〔註 11〕以下所引用《淮安府志》無特別說明，即爲此刊本。

	張家莊引河	「張家莊引河，康熙四十年開」	同上，頁 644		
	新大墩	「（康熙）四十年……築新大墩於舊墩之西，逼清七分，敵黃三分」	麟慶《黃運河口古今圖說》之康熙三十四年後河口圖說	束緊洪澤湖湖水進入黃河的水道，以防止黃河水倒灌入運道	
	卞家汪石工	「卞家汪石工 舊係埽工。康熙四十年改建石工」	《淮安府志》頁 613		紐約圖中畫出，未用文字標明
康熙四十一年	三岔河引河	「三岔引河 康熙四十一年開」	同上，頁 644		
	石磡	「（康熙）四十一年……（在三汊河處）建石磡一座，名濟運閘，相時啓閉，引三汊河之水由文華寺入運河濟運」	麟慶《黃運河口古今圖說》之康熙三十四年後河口圖說	引（洪澤湖）水濟運	紐約圖中畫出，未用文字標明
	龍王閘	「（康熙）四十一年，建造天妃閘、龍王閘……舊築大墩一座，置頭、二、三、四草壩束水濟運」	《淮安府志》頁 581		
	頭、二、三、四壩	說明〔註 12〕	同上	束緊水口，引水濟運	
康熙四十二年	皇亭	「舊口之南，新口之北，有龍亭一座，康熙四十二年建」〔註 13〕	《淮安府志》頁 645		

〔註 12〕此處頭壩等四壩與文字記載中的頭草壩等四壩是否一致？通過觀察圖中的色彩，一般來說繪製爲藍色的是石質建築，如天妃壩工、陶莊閘、金門閘、七里閘、惠濟祠和清河縣中的建築以及清江浦周圍的龍王閘、月河、王營大壩等，故而推測繪製者用藍色來表示石質建築。而圖中出現的頭壩等四壩爲毛茸茸的形態，與腰鋪埽工、玉皇閣險工等相近，而查閱《漢語大詞典》（上海辭書出版社 1994 年）『埽：舊時治河，將秫秸、石塊、樹枝紮成圓柱形用以堵口或護岸的東西』，從中可以看出埽工不是石質的，而且有一定暫時性。從而推測圖中頭壩等也不是石質的，推測爲草壩較爲合理。

〔註 13〕筆者沒有發現其他材料直接說明皇亭的修築時間。根據此處文字與地圖相對照，兩者位置大體一致且意思相近。故而，推測文獻中提到的龍亭就是圖中皇亭。

	陶莊引河	「四十二年，上諭以仲莊閘緊封清口，有礙行運，又於陶莊閘下挑引河一道，改從楊家莊出口；並建束水草壩三座。至今糧運往來，通行無滯也」	《淮安府志》卷六《河防中河附》		紐約圖中未標明
	楊家莊運口	同上	同上		

此段地圖主要反映了康熙四十年到四十二年之間清口地區的水利工程狀況。而綜合各個工程的修築目的來看，康熙年間治理黃運交匯地帶依舊遵循明代潘季馴等人提出的「蓄清刷黃」、「以堤束水，以水攻沙」的治河方略。

在清口地區，兩幅地圖還存在一些差異需要闡明：

表三：清口地區水利工程（單獨反映在紐約藏圖中）：

修築時間	注記名稱	文獻記載	出處
康熙三十五年	鳳陽廠新閘	「鳳陽廠閘一座：即在五孔橋下，康熙三十五年建」	《淮安府志》頁 648
康熙四十二年	鹽河閘	「鹽河閘一座：康熙四十二年築」	同上，頁 658
	草壩（在楊莊運口內）	「楊莊運口南、北撐堤兩道、頭草壩一座、二草壩一座、三草壩一座：俱康熙四十二年築」	同上，頁 657
	新挑泄水河	「文華寺泄水河……原名永濟新河，又名護城河」	同上，頁 645

反映在紐約圖中的這幾處水利工程，多數修築在康熙四十二年，推測此段地圖反映的應該是康熙四十二年以後不久的狀況。

天妃壩及所在引河的說明，觀察兩幅地圖清口地區的運口部分，可以發現紐約藏圖運口內的天妃閘在一條河中，而佛利爾圖只是在大致位置的陸地上標明天妃閘，沒有出現一條引河。

通過查對資料（參照下圖）「（康熙）十七年，自新莊閘西南開引河一道至太平草壩（壩在爛泥淺引河東北），並移天妃閘於新河（天妃閘即明萬曆間所建通濟閘）。又自文華寺永濟河頭起挑一道，引而南經七里閘……二十三年，建惠濟閘於舊通濟閘迤南三里，以是閘爲運口，後又建大墩於頭草壩（即太平壩）」〔註 14〕可以知道，這條引河開於康熙十七年，同年，天妃閘移置其中。佛利爾藏圖沒有繪出這條引河，紐約藏圖關於天妃閘及所在引河地區繪畫的較爲準確。

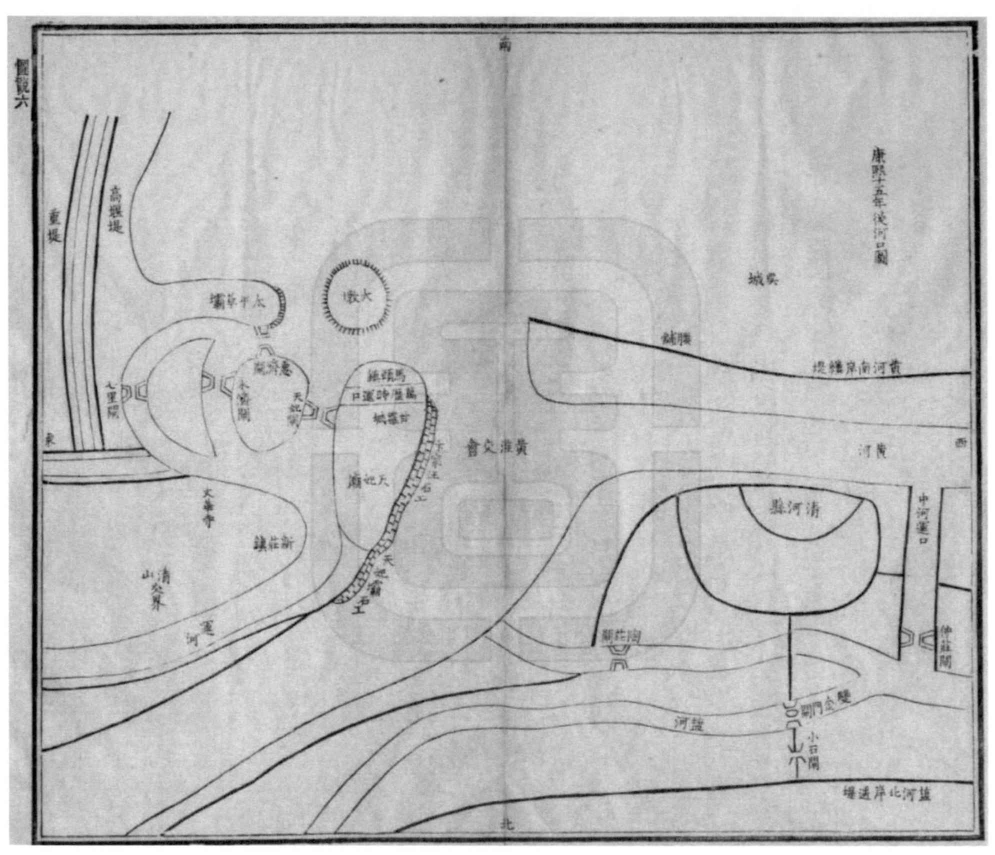

圖三：《黃運河口古今圖說》之康熙十五年後河口圖

〔註 14〕麟慶：《黃運河口古今圖說》之康熙十五年後河口圖，道光二十年（1840）刊本。麟慶（1791～1846），字見亭，完顏氏，滿洲鑲黃旗人。嘉慶十四年進士，授內閣中書，任兵部主事，四年後改爲中允。道光三年，出任安徽徽州知府，一年後調任穎州知府。五年至九年，任河南開、歸、陳、許道巡道。九年至十二年任河南按察使。十二年至十三年任貴州布政使，十三年任湖北巡撫。道光十三年至二十二年（1833 年～1842 年）任江南河道總督（《清史稿》卷一百九十九表三十九《疆臣年表三》，第 7346 頁）。督河期間，麟慶屢受朝廷獎賞，被譽爲「河帥」。道光二十二年，南河在桃北、崔鎮決口，作爲河道總督的麟慶未能事先預防，被革去職務。麟慶留心科技，著有《河工器具圖說》、《黃運河古今圖說》等。

（七）揚州及其周邊水利工程

表四：揚州及其周圍水利工程一覽表

注記名稱	文獻記載	出處
通惠閘	一名四閘，俱在瓜洲鎮	尹會一、程夢星等纂修《揚州府志》卷八《河渠》頁 81，雍正十一年刊本
金灣滾水壩	在金灣閘南瀉湖水，入芒稻河，閘入江	同上，頁 82
廣惠閘	一名頭閘	同上，頁 81
通濟閘	又名中閘	同上
羅泗閘	撤羅泗橋爲之，又名臨江閘	同上
響水閘		同上
東關閘	又名裏河口閘。以上四閘明成化十年，工部侍郎郭升奏置，以便漕運，尋廢。弘治元年，工部尚書施恕復羅泗、東關二閘……國朝康熙三十年知縣馬章玉請帑重建	同上
鳳凰橋	在（儀徵）縣東四十里	同上，頁 92
攔潮閘	弘治十四年，漕運都御史張敷年建，視江潮長落以爲啓閉……國朝康熙二十九年，發帑重建	同上

根據上面表格中所顯示的信息，可以看出此段地圖中出現的閘壩等工程多數是始建於明代，而部分工程在康熙中期重修而恢復作用。

整體來說，這兩幅地圖主要展現了康熙後期運河沿線水利工程，尤其是康熙四十年前後清口地區水利工程狀況。

根據上面的分析，可以知道兩幅地圖中出現最晚的是楊家莊運口、陶莊引河〔註 15〕等水利工程，故而推斷兩幅地圖都應繪於康熙四十二年（1703 年）之後。雍正三年，改天津衛爲天津州，而兩幅地圖中仍標示「天津衛」，因而

〔註 15〕《淮安府志》卷六《河防·中河》，第 584 頁，「四十二年，上諭以仲莊閘緊封清口，有礙行運，又於陶莊閘下挑引河一道，改從楊家莊出口；並建束水草壩三座。至今糧運往來，通行無滯也」。另見《清史稿》志一百二《河渠二·運河》，第 3776 頁，「四十二年，以仲莊徬清水出口，逼溜南趨，致礙運道，詔移中河運口於楊家莊，即大清水故道，由是漕鹽兩利」。

繪製時間應該在此之前；而圖中的『儀眞縣』沒有因爲避雍正帝諱而改稱儀徵縣，推斷應繪於雍正朝（雍正元年 1723 年）之前。故而，這兩幅地圖可能繪製於 1703 年至 1722 年之間。而根據紐約藏圖的風格、顏色、筆法推測，此圖應該不是康熙時期的原作，更像是後世的摹繪之作。

兩幅地圖雖然在很多方面十分相同，但還是存在一些差異。總體而言，根據清口地區靈動的水波紋和祥雲中巍峨大氣的京城宮殿等細部特徵，佛利爾藏圖在繪畫上更爲精美，用筆更加簡潔，無拖沓冗繁之感，藝術價值上較高；而紐約藏圖中有大量沿途河流的文字注記，在文字承載量上勝過佛利爾藏圖，似更便於讀史者所用，兩者各有短長。

表五：紐約藏圖中運河、黃河沿途河流的文字注記：

河流名稱	文字注記
渾河	渾河源出大同桑乾山，至張家灣入潞河
南新河	南新河源自大興縣，流至張家灣與渾河會入潞河
通惠河	通惠河源出昌平州神山泉，會馬眼諸泉至通州與潞河會
富河	富河即沙、榆二河合流至通州與白河會
白河	白河源出？？？
滹沱河	滹沱河出大鐵山，至青縣入漕河
衛河	衛河源出輝縣蘇門山百門泉，引小丹河及淇、洹、漳諸水至臨清與汶水會
伊水 洛水 瀍河 澗河	伊水源出盧氏縣，至偃師與洛河交流。 洛水源出陝西洛南縣，至河南鞏縣入黃河 瀍河縣〔註 16〕出孟津縣，至洛陽入洛河 澗河源出澠池縣，至洛陽入洛河
沁水	沁水出山西沁源縣，至武陟縣入黃河
溴河	溴河水源濟源縣東南流入黃河
濟水	濟水發源王屋山，入黃河
汶河	汶河發源太山諸泉，至汶上縣南旺河口南北分流 泰安、萊蕪、新泰諸泉源入汶河
泗水	泗水源出陪尾山，至兗州與沂水河流，入魯橋閘
洸水	洸水即汶水支流？？？

〔註 16〕此處地圖中縣字爲誤，應爲源字。

二、《運河全圖》

（清）康熙年間（1703～1722），紙本彩繪，未注比例，一冊，28×17.5 釐米。該圖採用中國傳統的山水畫形象畫法，描繪北起北京南達錢塘江之間的運道、閘壩及沿途城池等。圖後附有運河全圖說。濟寧州、臨清州、淮安府一帶繪製的尤爲詳細，沿途湖泊、橋樑、閘壩等一一上圖，地圖中文字注記則較少。

整幅地圖色澤豔麗，用筆工整，爲筆者所看到的幾幅地圖中最爲精美的。地圖中的北京，採用象徵手法表現，幾組宮殿在祥雲環繞之中。沿途用繪製工整的方形城牆符號來表示城池，城門建築及橋樑質地（石質或木質）都一目了然，色彩搭配鮮明醒目。

在整體和局部上的很多地方，此幅地圖和美國佛利爾美術館藏《運河圖》基本一致，尤其清口地區。裏運河中毛茸茸的頭、二、三、四壩及其周圍長堤、閘壩等繪製基本一致，天妃閘也是繪製在陸地上。其略有區別處是佛利爾館藏圖中標「五孔橋閘」處，在《運河全圖》中標爲「新河」；「腰鋪埽工」在《運河全圖》中標爲「腰鋪工」，在仲莊閘附近的標識也略有不同。

總之，《運河全圖》中關於運河的繪畫更爲詳細，而佛利爾藏圖中描繪的黃河部分未在《運河全圖》中體現。就地圖繪製的精美度、觀賞性而言，《運河全圖》更勝一籌。

《運河全圖》在清口地區出現了「陶莊引河」字樣，反映的應該是康熙四十二年（1703）以後的狀況；雍正三年（1725 年），升天津衛爲天津州，地圖中出現「天津衛」字樣，而地圖中的「儀眞縣」也未因爲避諱而改稱，故而在雍正朝以前。因此，推斷此幅地圖應該繪製在 1703～1722 年之間。

康熙四十二年前後出現了大量的運河圖，很可能與康熙皇帝是年的第四次「南巡閱河」〔註 17〕有關。康熙親視河工，要求河臣繪製河圖，南巡時將河圖與實情相互參看。

該圖現藏中國國家圖書館輿圖組，索書號：／034.314／2／1820-2

〔註 17〕《清史稿》本紀八《聖祖本紀三》，第 261 頁，「（康熙）四十二年癸未春正月壬子，大學士諸臣賀祝五旬萬壽，恭進「萬壽無疆」屏。卻之，收其寫冊。壬戌，上南巡閱河」。

三、《京杭道里圖》

清中期，絹本彩繪，未注比例，長卷，78.5×1783.6 釐米。採用平立面結合的鳥瞰式形象畫法，描繪了從北京到杭州的大運河沿途城市、山脈、河流、橋樑、船隻、村莊等地理景致。

圖中出現的城市有城牆環繞，四周標有城門，對於城市中的重要建築和護城河等都在圖上一一繪出。山脈表現爲青色。

河中繪製出航行的船隻，風帆高擎，動力十足。並且，地圖中有人從橋上經過，或騎馬飛馳，或趕著驢車，洋溢著生活氣息。

從書中提供的第二幅地圖，可以看出這是描繪京師北京及其周邊情況的一段圖幅。紫禁城、城牆和南邊的郭城，以及城中的南北中軸線、三大殿建築和城樓及馬面都清晰的顯現在圖上。北京東邊的應該是通州城，靠近運河，航運繁忙。圖幅中通州城西邊的城牆規整，而東邊靠近運河的城牆較爲不規整，是受商業影響，自由發展的結果。

整幅地圖色彩鮮明，繪畫生動細膩，體現了傳統的山水畫形象畫法。而尤爲特殊的是這兩幅圖中未發現文字注記。此幅運河圖是地圖和繪畫的結合，實際功用不同於一般運道圖或漕運圖，是運河全圖中比較特殊、具有觀賞價值的一種。

該圖現藏浙江省博物館，收錄在中國測繪科學研究所編纂的《中華古地圖珍品選集》中，哈爾濱地圖出版社 1998 年版，頁 202～205。

圖四：《京杭道里圖》局部（北京與通州）

四、《全漕運道圖》〔註 18〕

（清）乾隆、嘉慶年間（1786～1805），紙本彩繪，長卷，31×945 釐米，未注比例。採用中國傳統的山水畫形象畫法繪製地圖。全圖將岳陽以下段長江、京杭大運河以及淮安到徐州段的黃河繪製在地圖上。

各條水道沿途的府州縣用較爲規則的方形城牆來象徵性的表現。北京城在祥雲環繞之中，可以看到城牆和城門樓。整幅地圖用色較爲平淡，顏色樸素。

長卷從右往左打開，長江從荊江段和岳州府開始出現在地圖中，一直到入海口。地圖在長江段重點描繪的是江中的沙洲、灘塗、磯頭以及支流、湖泊等，這應當與長江的航運有關。此段地圖以長江的南岸爲上，不太考慮實際方位。長江段的地圖中有較多的黃色貼簽，文字注記豐富，詳細記載了長江沿岸州縣之間的水程；提到淮安運河沿途閘壩名稱及間距，記錄沿途支流的源頭、湖泊面積。另外，有幾處記載重要的人文建築和名人事蹟，體現了地圖的讀史功用，如「南康城，在濮陽湖中，周蓮溪先生曾官於此，今有愛蓮池遺跡在府署西。到白鹿洞二十五里有書院」。

黃河用黃色表現，黃河徐、呂二洪，邳宿運河處都有較爲詳盡的文字注記說明，黃河與運河同時出現在淮安段到徐州之間的地圖中。

大運河從錢塘江南岸的紹興府開始與長江同時出現在地圖上，以運河的東岸爲上，不太注重具體的方位。運河與長江從紹興府到鎮江府同時出現在地圖上。運道沿岸蘇州、杭州的相關內容繪製相當翔實，兩座城市周邊的著名景點都一一在圖上呈現。從杭州到鎮江府這一段江南運河，地圖上主要表現的是橋樑。裏運河段的水利工程較多，淮安段周邊有大量文字注記，水利工程密集。中河段主要就中河開鑿等問題有較爲詳盡的文字描述。地圖中對山東段運河重點描繪的是沿途閘壩，此段閘壩密集，不愧有「閘河」之稱。從臨清開始，進入以衛河爲水源的運河段，此段直至天津入海口，主要繪製沿途的村鎮。

關於年代的判定：「儀徵縣」出現，說明繪製在雍正元年以後，而地圖中出現的「寧」字都未因避道光帝旻寧諱而改寫，故應該爲道光朝以前。下面結合記錄淮安段運河沿岸水利工程狀況的文獻具體分析：

〔註 18〕國家圖書館圖題擬爲《岳陽至長江入海及自江陰沿大運河至北京故宮水道彩色圖》

根據文獻記載：「（乾隆）四十六年，築東西兜水壩於清口風神廟前，夏展冬接……五十年，清口竟爲黃流所奪。欽差阿文成公來江籌勘，議以清口之兜水壩與東清相宜，每年照舊拆築，改名東清壩，其舊有之東西束水壩應再下移三百丈，於惠濟祠後福神庵前建築，名禦黃壩」〔註 19〕。此段描寫可以和地圖相對照，地圖中出現最晚的水利工程應該是禦黃壩，故而推斷地圖反映的應該是乾隆五十年（1786）以後的情況。而在嘉慶九年（1805），東清壩發生了位置變化，「將東清壩移建於頭壩之南」〔註 20〕，在地圖中未出現這一變化。故而，此幅地圖大致反映的是嘉慶九年以前的狀況。綜合以上分析，筆者推測此圖應該反映了 1786～1805 年之間的狀況。

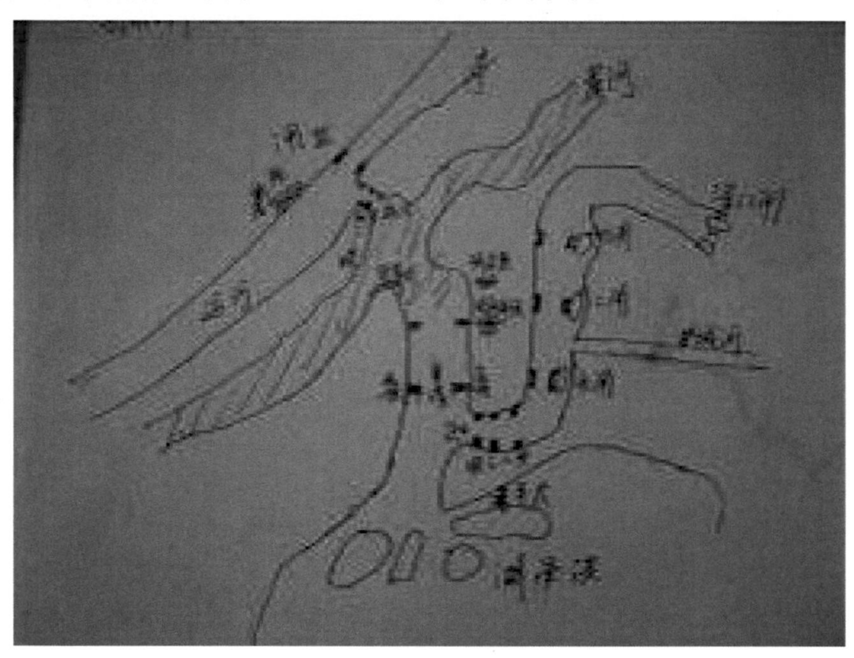

圖五：清口地區運河（根據原圖手繪）

地圖中部分黃色貼簽有殘缺。

文字注記較爲密集之處：鎮江府、揚州府（歷史沿革狀況），濟寧州，東昌府、瓜儀運河、高寶運河，中河（舊、新中河的開鑿等情況），微山湖、昭陽湖、沂河、魯橋、洸河、蜀山湖、馬踏湖、南旺分水口、會通河，附有一篇《泇河考》。

該圖現藏中國國家圖書館輿圖組，索書號：/034.314/20.091/1795。

〔註 19〕麟慶：《黃運河口古今圖說》之《乾隆五十年河口圖說》，道光二十年刊本

〔註 20〕《黃運河口古今圖說》之《嘉慶十三年河口圖說》。

五、《清代京杭運河全圖》

（清）光緒年間（1881 年～1901 年），未注比例和作者，紙本彩繪，19.8×798 釐米，地圖中標明以東爲上。採用平立面結合的形象畫法，描繪南起紹興府北達京師北京的運河沿途地理景致。對於運河沿線的城池、山川、湖泊、堤堰閘壩等一一在圖上表現出來。

地圖中的錢塘江、長江、淤黃河、黃河、濁漳都用黃色來表現，而運河及其沿途支渠、湖泊用淺綠色來表現。沿途城市用方形城牆符號來表示，沒有明顯的城門等建築，表現手法較爲簡潔。

此幅地圖尤爲可貴的是有大量詳盡的文字注記，尤其對各地驛站名稱和間距，水閘之間的里程，運河的支渠和湖泊，沿途湖泊大小和儲水量多少，各河廳交界等狀況，均有豐富的文字說明。

需要強調的是，文字注記由於字體顏色不同，可以分爲兩類，分別爲紅色字體的文字注記和黑色字體的文字注記。就各自內容來看，紅色字體的注記詳盡說明了一條驛路系統，驛路從紹興府到北京崇文門，沿途各個驛站之間的道路里程和名稱都有記錄。而黑色字體的注記，則主要記述運河狀況，一方面是沿途河湖的自然狀況，一方面是運河官員的行政管轄範圍。文字注記的字數超過三千字，蘊含了很多值得解讀的信息。

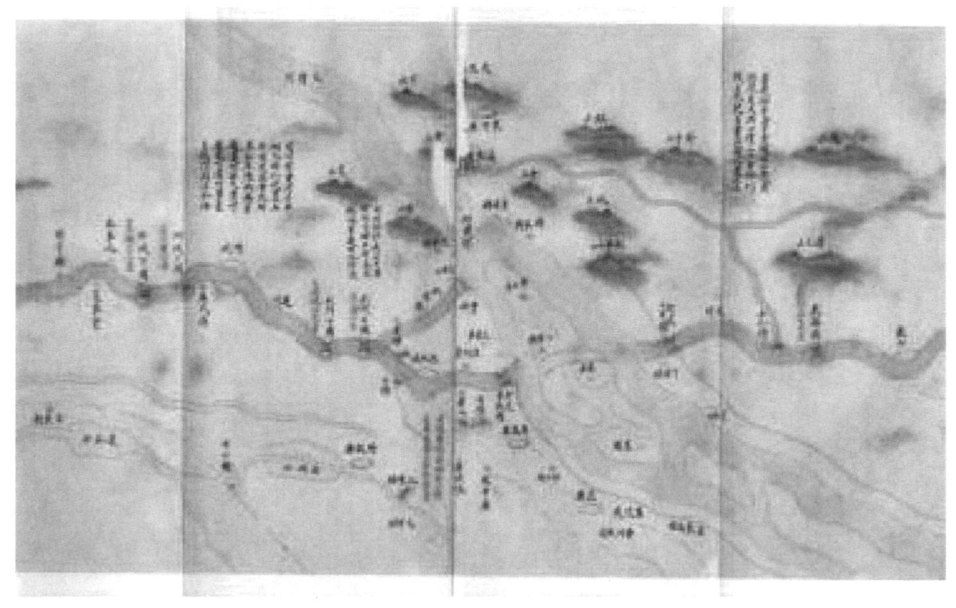

圖六：黃運交匯地帶

根據此幅地圖中的注記「新河頭計長二十里許，於光緒七年春間挑濬，重運由此經過」，可以推斷出此圖繪製在光緒七年（1881 年）之後。宣統元年（1909），改儀徵縣爲揚子縣，而圖中出現「儀徵縣」字樣，所以反映的內容應該是宣統朝之前。而光緒二十七年（1901 年），運河水利由各省分籌，河運遂廢〔註 21〕，所以此幅圖可能反映的是 1881 年至 1901 年之間的運河狀況。

該圖現藏在國家基礎地理信息中心（國家測繪檔案資料館）〔註 22〕。

六、《八省運河泉源水利情形全圖》（湖南、湖北、江西、浙江、安徽、江南、山東、直隸）

（清）光緒年間（1882～1901），紙本彩繪，未注比例，折疊裝，26.8×925 釐米。

長江、錢塘江、改道山東入海的黃河、濁漳用黃色表現，而乾黃河用灰土色來表現，運河用淺青色繪製。整幅地圖用色較爲淺淡。

運用中國傳統的山水畫形象畫法，繪畫從洞庭湖直至長江入海口，主要表現江中的沙洲、磯頭。

運河南邊始於錢塘江，北邊經過通州到達北京的昆明湖。如圖名所示，地圖對於泉源的繪製較爲詳盡，山東段泉源繪製的尤爲詳細，這與山東段運河水源主要依靠泉水的背景是一致的。文字注記較爲集中在北運河、永定河以及山東境內的一些支流上面，從中可以體現出作者繪圖之重點在於運河水源補給。

根據地圖中改道後經過山東的黃河與運河交匯處出現了「改挑新運河，陶城埠」的字樣，時間應該是光緒七年（1882）以後〔註 23〕。而光緒

〔註 21〕《清史稿》卷一二七《河渠志二·運河》，第 3793 頁，「（光緒）二十七年（1901 年），慶親王奕劻、大學士李鴻章言：『漕糧儲積，關於運務者半，因時制宜，請詔各省漕糧全改折色，其採買運解收放儲備各事，分飭漕臣倉臣籌辦。』自是河運遂廢，而運河水利亦由各省分籌矣」。

〔註 22〕國家基礎地理信息中心、中國地圖出版社聯合編製《清代京杭運河全圖》，中國地圖出版社，2004 年。

〔註 23〕周竹生修，靳維熙總纂《續修東阿縣志》，成文出版社，第 29 頁，「光緒六年，河決孫家馬頭，正流趨十里堡，張秋運河南壩頭外八里廟沙灣一帶淤爲平地，漕船無路入運。東撫檄運同張上達會同東昌府知府程繩武籌辦，復於史家橋下游之陶城鋪另開新運河，挑河十二里抵阿城鎮，與舊運河通。七年正月，經始四月竣事」。

二十七年（1901），河運遂廢，運河水利由各省分籌，故而推測應該繪製在此之前，故而推測此幅地圖表現的應該是 1882 年到 1901 年之間的運河泉源狀況。

該圖現藏中國國家圖書館輿圖組，索書號：/034.314/2/1860

七、《漕運全圖》〔註 24〕

（清）光緒元年（1875），紙本彩繪，未注比例，長卷，21×617 釐米。運用平立面結合的山水畫形象畫法，繪出了自洞庭湖經長江、運河至北京的水道路線。

長江段從入海口一直到洞庭湖爲止，重點表現江中的沙洲。運河南起錢塘江，北達北京，其中有「閘河」之稱的山東段運河閘壩密集。此外，雖然黃河已經於咸豐年間（1855 年）改道，但是在淮安段還是詳盡繪製出這一帶的水利工程。此幅地圖基本沒有什麼文字注記。

黃河用黃色來表現，運河用青色來表現。運用方形城牆符號來表示重要州縣，在祥雲環繞的北京描繪出了城牆、城門和宮殿。

地圖中還有一些需要注意的地方：一.此幅地圖雖然是咸豐朝以後的作品，但是圖幅中的「海寧縣」的寧字未避諱道光帝旻寧。二.淮安段運河處標有「舊黃河」字樣，而改道後行經張秋的新黃河卻未在地圖上出現。可見，此幅地圖在繪製時有粗率潦草之嫌，推測此幅地圖可能爲後世摹繪之作。

整幅地圖的色澤較爲清淺，山川的著色也不統一，色澤上不如康乾時期的鮮明。

年代判定摘錄自中國國家圖書館出版的《輿圖要錄》〔註 25〕。

該圖現藏中國國家圖書館輿圖組，索書號：/034.314/2/1875

八、清代運河全圖在繪製技法上的一些特點

根據以上對一些清代運河全圖的分析，筆者總結了清代人繪製運河全圖時常用的一些繪製技法：

〔註 24〕國家圖書館圖題擬爲《長江運河圖》

〔註 25〕北京圖書館善本特藏部輿圖組：《輿圖要錄》，北京圖書館出版社，1997 年，第 72 頁。

（一）**多用方形的城牆符號來表示運河沿途重要的城池**。探究其原因，應該與中國古代城市的特徵有關。中國王朝時期建造城市多遵循《周禮·考工記》中「匠人營國，方九里，旁三門。國中九經九緯，經塗九軌」的原則，因而，現實中重要州縣城的城址形狀多爲方形。另外，經歷了宋代普遍毀壞破除城牆、元代承繼宋朝不修城牆的時期之後，明代大修城牆且清代延續明代對於城牆的重視，故而，明清時期重要城市普遍築有城牆。因此，現實中方形城市和明清大修城牆的背景折射到地圖繪製中，出現了運用方形城牆符號表現城市的繪製技法。

（二）**多用象徵性手法表現北京**。幾組宮殿在祥雲環繞之中，給人仙境瓊樓之感，凸現天子所居之地超凡脫俗幾近仙境，體現高下之分。同時，區別於方形城牆符號表現的其他城市，表現其崇高地位。

（三）**黃河多用黃色來表現**。

（四）**一般採用中國傳統的山水畫形象畫法**。注重山與水的表現，注重地圖與文字注記相結合，不太追求地圖在量度上的精確性，受中國山水畫的影響，有藝術化的傾向。

（五）**一般來說，以運河的西岸或東岸爲地圖的上方，不太考慮實際的地理方位**。

九、清代運河全圖在形制特點上的一些介紹

結合以上分析，筆者就清代運河全圖中的一些與形制相關的問題做一簡要介紹：

（一）**地圖製作方法上**，粗略分爲刻本地圖和繪本地圖兩種。其中刻本地圖較爲程式化，便於大量刻印和流通，但是存在墨色單一的缺點，使得地圖的觀賞性稍差；繪本地圖，一般而言，繪製較爲精美，色彩對比鮮明，便於區分地圖中的不同地物。其中繪製的精美程度與繪製人員的素質有很大關係，但是存在繪製麻煩且產量較少等缺點。

（二）**地圖的載體方面**，常見的有絹本和紙本，實際上應該不限於這兩種。如 1978 年在河北省平山縣出土的戰國時代的《兆域圖》鐫刻在青銅板上，而 1136 年上石的《華夷圖》和《禹跡圖》就刻製在石頭上的。早期地圖的載體多種多樣，發展到清代，地圖多選擇絹帛和紙爲載體。

（三）**裝訂形式上**，可以分爲卷軸、折疊裝和冊裝。在版本學中將書的

裝訂形式分爲卷軸裝、經摺裝和旋風頁裝三種。其中經摺裝，即折疊裝，其得名是因爲印度等地翻譯過來的佛經多是這種裝訂形式。旋風頁裝也就是冊裝，因爲遇風時，紙頁隨風翻飛，宛如旋風一樣，所以稱爲旋風裝〔註 26〕。就產生時間的先後而言，依次是卷軸裝、折疊裝和冊裝。

以紙本和絹本爲載體的地圖，其裝訂形式也無外乎這三種。三種裝訂形式各有利弊，卷軸地圖使用時從右往左打開，看圖者多爲伏案而觀，此種裝幀長度較長，適合表現運河、長江等不局於一隅的地物。而圖幅上下寬度較窄，一般多爲 30 釐米上下，這就造成對沿岸景致包羅不夠，並可能因爲遷就圖幅的寬度，造成地圖中河流等地物之間的相對地理位置不在統一的方位界定之下。折疊裝一般爲紙本，就材質而言，不易保存；同時折疊對於地圖本身損耗較大，會造成折疊部位顏色脫落、字跡模糊甚至圖幅斷裂等狀況。而相比較而言，冊裝比較容易保存，但是與另外兩種相比，冊裝沒有卷軸、折疊裝展開時開闊的視野，可以對長地段的地物有一個總體觀感。冊裝如《運河全圖》，卷軸如《全漕運道圖》，折疊裝如《八省運河泉源水利情形全圖》。

十、清代運河全圖的分類

（一）筆者觀察到，清代運河全圖隨時間推移，體現出風格等方面上的差異。具體而言，筆者認爲，根據不同時代的繪圖風格，可以劃分爲清前期（康乾時期）和清後期（咸豐光緒時期）兩個時間段。

清代康乾時期和咸豐、光緒年間地圖在繪圖風格上存在一些差異。色澤上，前期色澤較爲鮮亮，對比鮮明、極具藝術價值，而後期地圖繪製色澤平淡、質樸。繪畫質量上，後期有時會出現一些錯誤，而前期很少有此種情況。

分析原因，筆者認爲，康乾時期運河全圖繪製精美與皇帝注重運河河工建設有關。河臣借助奏議和隨摺河圖向皇帝彙報運河水利工程的興修等信息，在此過程中，反映運河狀況的地圖是決策中重要的參照材料，故而較爲精美準確。

咸豐同治年間情勢大變，太平天國盤踞長江下游，捻軍橫行於山東、河南等地，運河沿線動亂不堪。加之運河河道泥沙不斷淤高，造成河床容蓄和宣洩洪水能力日漸降低；黃河又決溢無常，改道山東入海，加大了運河治理的難度。同時，清後期，近代輪船海運興起，其效率優於傳統的漕運〔註 27〕，

〔註 26〕奚椿年：《中國書源流》，江蘇古籍出版社，2003 年，第 139～140 頁。

〔註 27〕《清史稿》志九十七《食貨三·漕運》，第 3565～3566，「宣宗採英和、陶澍、

也對運河造成了不小的衝擊。因此，反映在運河地圖繪製上，出現質量下降的情況也就可以理解了。

分析前後期變化的原因，也應該注意到地圖繪製人員的素質問題。康乾時期運河全圖多是因爲水利興修及南巡等官方正式事件而繪製，有一些需要皇帝御覽。此過程中，繪製者有些是宮廷畫師，有些爲河道官員，掌握材料較爲充足準確甚至結合實地考察勘測，這是後期所無法比擬的。而後期雖也存在官繪本，卻出現較多的民間摹繪之作，民間摹繪人在繪畫功底、材料掌握、材質選取等方面都無法與前代相比，難免出現粗疏等現象。從而在總體上，更加重了地圖製作上清後期不如前期的印象。

（二）清代運河圖在實際中廣泛的應用，但是運河地圖往往有不同的用途。根據運河地圖的不同用途，可以粗略地做以下四種類型的劃分：

（1）運河河工圖

據其繪製目的而定名，以運河水利工程爲繪畫重點，地圖的覆蓋範圍一般是北起北京，南達杭州。

運河河工圖所著重表現的一般有如下區域：

其一：明代已經開挖、整修過的重要地段，比如臨清、濟寧、南旺分水口、南旺湖、微山湖等處。山東段運河有「閘河」之稱，其大致規模在明代已奠定，清代多爲疏濬、維護。故而，山東段運河沿線的標識和注記較爲密集，但前後變化不大。

其二：康熙時期工程密集的河段——中河流域〔註 28〕。康熙時期，靳輔開皂河口，其後又有舊中河、新中河的開挖，對於沿線的駱馬湖也進行了集中整修。康熙時期黃運分離，在運河史上具有重要意義。因此，這一段運河在運河全圖上一般是文字注記和標識較爲集中的區域。

其三：黃、運、淮、湖交匯處——清口地區。黃河水濁且善徙，運河係人工河流，相較於黃河，運河水流孱弱，故而清口地區一直面臨著「黃強淮弱」、「黃

賀長齡諸臣議覆海運，遴員集粟，由上海雇商轉船漕京師，民咸稱便。河運自此遂廢。夫河運剝淺有費，過閘過淮有費，催趲通倉又有費。上既出百餘萬漕項，下復出百餘萬幫費，民生日蹙，國計益貧。海運則不由內地，不歸眾飽，無造船之煩，無募丁之擾，利國便民，計無逾此。洎乎海禁大開，輪舶通行，東南之粟源源而至，不待官運，於是漕運悉廢，而改徵折漕，遂爲不易之經」。

〔註 28〕陳璧顯：《中國大運河史》，中華書局，2001 年，第 432 頁，「（中河）自泇口東南經宿遷而至清口，長約 200 餘里」。

水倒灌」的問題。康乾時期採用『蓄清敵黃』的策略治理，興修大量水利工程，閘壩密集，故而此處是當時及後來運河全圖繪製時的重中之重，不吝筆墨。

其四：裏運河沿岸的湖泊較多，如高郵湖、邵伯湖等收蓄河水，以備河水異漲；枯水時提供水源，所以也在圖上體現。與長江交匯的揚州一帶在繪圖時也較爲重視。

其五：江南運河〔註 29〕，此段開鑿人工河流的條件較爲適宜，出現問題較其他河段少〔註 30〕，故而河工圖中一般不會重點表現，一般象徵性的作爲南邊終點而存在。這一點從《全漕運道圖》中杭州到鎮江府段的江南運河只是表現橋樑可以看出，而紐約藏圖和佛利爾藏圖中南邊只是到達長江，未將江南運河繪入，從中也可以看出清代在江南運河的河工水利工程方面著力較小，在以運河河工爲描繪重點的運河全圖中不甚重要。

咸豐、光緒年間運河河工圖也較多，這一時期是運河逐漸馳廢的時期，弊端叢生，清口地區黃河漸漸淤高，迫使嘉慶、道光朝改變以往策略，採用灌塘之法、借黃濟運等辦法，但救近不救遠，只是暫時解決問題，此段運河一直是運河全圖的重點。甚至在黃河改道後，有些地圖依舊將清口地區的水利工程繪出（如《漕運全圖》所示）。這一時期黃河變遷較大，特別是咸豐五年黃河改道也在運河全圖中顯示出來，重點描繪張秋黃運交匯處。

（2）漕運圖

不同於運河河工圖，一般而言，在覆蓋範圍上包括大運河以及洞庭湖以下的長江。多從洞庭湖開始繪製，將長江流域納入繪畫範圍，一般在標注運河河工圖中重點外，還著重標注長江江中的沙洲、磯頭等與航運相關的狀況。

關於此類地圖的定名問題值得商榷，有些收藏部門將此類地圖定名爲長江運河全圖／合圖等，沒有把握住此類地圖的實質。根據《清史稿》志九十七《食貨三・漕運》記載：「順治二年，戶部奏定每歲額徵漕糧四百萬石。其運京倉者爲正兌米，原額三百三十萬石：江南百五十萬，浙江六十萬，江西四十萬，湖廣二十五萬，山東二十萬，河南二十七萬。其運通漕者爲改兌米，

〔註 29〕安作璋：《中國運河文化史》（下冊），山東教育出版社，2001 年，第 1411 頁，「由杭州起，經嘉興、蘇州、無錫、常州至鎮江，因在長江之南，故稱爲江南運河」。

〔註 30〕《清史稿》志一百二《河渠二》，第 3770 頁，「京口以南，運河惟徒、陽、陽武等邑時勞疏濬，無錫而下，直抵蘇州，與嘉、杭之運河，固皆清流順軌，不煩人力。」

原額七十萬石：江南二十九萬四千四百，浙江三萬，江西十七萬，山東九萬五千六百，河南十一萬。其後頗有折改」〔註 31〕。從漕糧的徵集範圍來看，清代的漕運不僅包括大運河流域，也包括長江流域；不僅包括運河沿線省份，也包括長江流域的兩湖、江西等省，故而繪製範圍涵蓋長江和運河的地圖一般來說是漕運之圖，定名爲漕運總圖等更爲貼切。比如《美國國會圖書館藏中文古地圖敘錄》中收錄的《全漕運道圖》〔註 32〕，在題名上就十分貼切。

（3）運河泉源圖

顧名思義，以表現沿途泉源爲主。人工河流多有水源不足、不穩定的狀況，此類圖即爲了補充運河水源而勘察製作。

（4）運河景觀圖

以運河爲綱，將運河沿途的景點名勝繪製在圖上。此類地圖一般而言是地圖和繪畫的結合，不像運河河工圖和漕運圖一樣，強調實際功用。屬於運河全圖中比較特殊的類型，具有藝術欣賞價值。如在運河河工圖中不太受重視的江南運河，在景觀山水圖中則不可缺少。此類圖以一部分康熙、乾隆南巡圖爲代表，南巡圖是皇帝巡遊盛況的再現，突出皇帝南巡駐蹕點、行宮、里程以及名勝，並且多出自宮廷畫師之手，繪製精美，圖幅內容恢宏豐富。《京杭運道圖》也屬於此類。

需要注意的是，運河全圖的功能用途往往不是單一的，有些地圖以表現運河河工爲主，但並不影響在地圖繪製中出現運河泉源和運河沿途景觀等。在做上述四種分類時，以地圖的主要表現內容爲準。

通過對運河地圖的分析和研究，筆者希望挖掘出運河地圖中蘊含的史料價值。進而，透過對於地圖材料的研究，提供一個瞭解歷史上漕運狀況、運河沿途地理狀況等的窗口。同時，通過分析運河全圖的繪製技巧等要素以及細分地圖的類型，提供一個利用地圖學視角觀察運河圖的路徑。

（附記：李孝聰先生審閱過本文初稿和修訂稿，並提出了寶貴意見，謹致謝忱。）

（原載《故宮博物院院刊》2008 年第 2 期）

〔註 31〕《清史稿》志一百二《河渠二》，第 3566 頁。

〔註 32〕李孝聰：《美國國會圖書館藏中文古地圖敘錄》，文物出版社，2004 年，第 137 頁。

五、明代京杭大運河地圖探微

摘要：明代京杭大運河地圖因爲現存多爲圖籍中附圖且傳世彩繪單幅運河圖極少，所以目前尚未有學者對此展開專題論述。本文將收集到的地圖分門別類，分別針對明代治河文獻中的運河圖、《廣輿圖》等明代地理圖籍中的運河圖及臺北故宮藏明代彩繪單幅運河圖進行圖幅內容、圖幅價值、不同圖籍間關係及輾轉流傳路徑等探討，呈現出明代運河圖的某些發展脈絡。總體而言，早期的運河圖難免顯得生澀簡單，但隨著發展，運河圖本身內容不斷豐富，繪製更爲切實，且各種主題圖、局部圖也逐漸出現，並在下情上達的文牘呈送系統中出現了彩繪單幅運河圖，已經在繪製技法、地圖分類等方面發展到較高水平，爲清代運河圖取捨借鑒提供了部分素材。

關鍵詞：明代、京杭大運河、地圖

京杭大運河與歷史時期的政治、經濟密切相連，對於大運河的研究是相關歷史研究很好的切入點。在運河研究上，一方面可以運用流傳下來的豐富文獻資料，另一方面現存的運河地圖也是重要的信息傳遞載體。京杭大運河地圖可以形象化、符號化地表現歷史時期的運河狀況，其產生、發展甚至衰微與歷代的運河興修存廢密切相關，是歷代運河修治實踐的圖像再現，具有不可替代的學術研究價值。

明代是在運河興修與制度建設等方面卓有成就的一個時期，但是推測可能由於年代較爲久遠已經毀壞，或者因爲各種原因藏圖機構未進行披露，所以在目前國內外已經披露的圖錄、藏圖等信息中極少發現單幅彩繪的明代大運河地圖，不似清代留存下來大量精美的大運河地圖〔註1〕。就筆者收集到的明代運河圖而言，大致可分爲兩大類，一類是志書類運河圖，主要包括治河官員著述運河文獻中的附圖和明代地理圖籍或地圖集中的運河圖；另一類是數量較少的單幅彩繪運河圖。志書類運河圖與文字的具體關係，表現爲運河圖多爲史籍中的附圖，往往有豐富的文字隨之，地圖服務於文字記載，以文爲主，以圖爲輔。雖然志書類運河圖附庸於大量的文字，但其中也不乏製作精審、內容準確、直觀形象的精心之作。而單幅彩繪運河圖，在清代有較多留存，明代此類運河圖傳世極少。

就大運河地圖的研究現狀而言，元代是京杭大運河的開創時期，中後期則利用大規模海運溝通南北。終元一代，依靠海運轉輸財賦，雖然開鑿了通惠河、會通河、濟州河等重要河段，但是只能說處於草創時期，溝通南北的順暢的運河體系並未建立起來。當前筆者沒有發現元代大運河地圖存世，這應該與年代較爲久遠、圖幅不易保存有關，因此這方面研究無從談起。至於明代大運河地圖，因爲彩繪單幅地圖傳世較少且多爲圖籍中收錄的地圖，所以至今沒有學者對此進行專題論述。清代留存有大量精美的大運河地圖，散佈於海內外各大藏圖機構，其中相當部分是由官方繪製的隨摺上奏材料，具有較高的史料價值。任金城在《關於清代的京杭運河地圖》〔註2〕一文中運用傳統文獻史料解讀運河修治過程，提供了較爲宏觀的清代運河圖狀況。拙作《清代京杭大運河全圖初探》〔註3〕，從海內外具有較高研究價值的單幅彩繪地圖入手，總結歸納了清代運河全圖的繪製技法、裝訂形式、分類等內容。2016年出版的《水道畫卷：清代京杭大運河輿圖研究》〔註4〕一書則是對海內外現存清代京杭大運河輿圖的較系統深入的調查、整理和研究。

〔註1〕李孝聰對於明代大運河地圖的留存狀況持類似觀點。在其文章《黃淮運的河工輿圖及其科學價值》中指出：「明代繪製的單幅運河圖傳世者不多，只有描寫漕河工程典籍的附圖，但是受書籍尺寸的限制，內容簡單，僅能起示意作用」，《水利學報》，2008年第8期，第948頁。

〔註2〕任金城：《關於清代的京杭運河地圖》，載曹婉如主編《中國古代地圖集》（清代），文物出版社，1990年，第126頁。

〔註3〕王耀：《清代京杭大運河全圖初探》，《故宮博物院院刊》2008年第2期，第91～108頁。

〔註4〕王耀：《水道畫卷：清代京杭大運河輿圖研究》，中國社會科學出版社，2016年。

限於材料，本文將主要基於志書類地圖展開研究，同時會兼顧到彩繪單幅運河圖，力圖從一定程度上呈現出明代運河圖的某些發展脈絡與不同圖籍之間的內在聯繫，希望能窺探到明代運河圖的疏影，並為認識清代運河圖提供一個研究的參照系，達到窺豹一斑和拋磚引玉的目的。

本文在結構上將主要分為三部分，前兩部分探討志書類運河圖，主要是明代治河文獻中的運河圖和《廣輿圖》等明代地理圖籍中的運河圖，第三部分探討現藏於臺北故宮的兩幅彩繪運河圖。以下分述之：

一、主事官員、治河文獻與運河圖

明代是運河工程和制度建設逐步完善和大規模應用時期，這一時期通惠河、北河及山東段運河等大運河的重要河段施工頻繁且卓有成效。明代一些負責運河治理、水利工程等的官員，注重運河治理的經驗總結和文獻編輯，以上述重要河段為主題，撰著了一些運河專志，其中所附運河圖在屬性上屬於志書類運河圖，但是各具特色，具體釋讀如下：

（一）王瓊《漕河圖志》中的《漕河之圖》

刊行於弘治九年（1496）的《漕河圖志》〔註 5〕，姚漢源與周魁一兩位水利史專家在各自著述中均提到該書為現存最早的運河專志〔註 6〕。據《四庫全書總目》記載，王瓊作為工部郎中管理河道，以成化年間王恕著作的十四卷本《漕河通志》為基礎，增損而成《漕河圖志》〔註 7〕。

〔註 5〕（明）王瓊：《漕河圖志》，姚漢源、譚徐明點校，水利電力出版社，1990 年影印本。案：據《四庫全書總目》記載，當時收書時，此書僅存三卷殘本。筆者參照的版本為姚漢源、譚徐明兩位先生，將北京圖書館善本部與日本前田氏尊經閣兩處的藏本，比對補充而成的八卷本。

〔註 6〕據姚漢源、譚徐明研究，「王恕《漕河通志》和本書（《漕河圖志》）是最早創寫的運河專志，前者已不可見，本書成為現存最早的運河志」，載於《漕河圖志》，第 2 頁；「（《漕河圖志》）是京杭運河長江以北至北京段的專志。明清運河專志據《明史・藝文志》及《清史稿・藝文志》所載不下三十餘種。其中現存者以本書為最早，在江河志中也是較早的一本書」，載於《漕河圖志》，第 347 頁。周魁一論證：「成化七年始設總理河道，王恕為首任。總理河漕期間，作《漕河通志》，弘治九年總理河道工部郎中王瓊在該書基礎上修改增刪而成《漕河圖志》，為京杭運河第一部專志」，周魁一等注釋《二十五史河渠志注釋》，中國書店，1990 年，第 395 頁。

〔註 7〕（清）永瑢等撰《四庫全書總目》卷七十五《史部三十一・地理類存目四》，中華書局，1965 年，第 650 頁。

《漕河圖志》卷首載《漕河之圖》十一幅，爲單色墨刻刊本（見圖一）。貫穿在一起觀看，圖幅表現的是起自北京，南達長江沿岸瓜州、儀眞的運河地域；地圖中表達的地物主要有沿途州縣、河流、閘壩和湖泊。地圖中標注的方位，大致以西爲圖幅的上方，即以運河西岸爲上。圖幅繪製中，線條較爲簡單，用雙曲線來表現河流，而州縣名稱標注於方框之中。並且，在自然地物中，只畫水，不畫沿途山脈，這應該與繪圖的主旨有關。

根據地圖繪製內容可以約略看出，後出的《漕河圖志》並非完全轉錄自《漕河通志》，而是據實增補。據《明史．河渠志》記載，弘治年間，黃河決溢，「（弘治）六年春，副都御史劉大夏奉敕往治決河。夏半，漕舟鱗集，乃先自決口西岸鑿月河以通漕。經營二年，張秋決口就塞，復築黃陵岡上流。於是河復南下，運道無阻。乃改張秋曰安平鎮，建廟賜額曰顯惠神祠，命大學士王鏊紀其事，勒於石。而白昂所開高郵復河亦成，賜名康濟，其西岸以石甃之」〔註 8〕。從這段記載中可以看出，安平鎮和康濟兩個地名出現在弘治七年（1494），而《漕河之圖》的圖四中出現「安平鎮」字樣，圖九中出現「康濟河」字樣。由此推知，《漕河之圖》應該繪製在弘治七年以後，至弘治九年刊行之前。所以，此幅地圖可以較爲直觀地反映這一兩年之間的漕河狀況，而不是因循舊作。

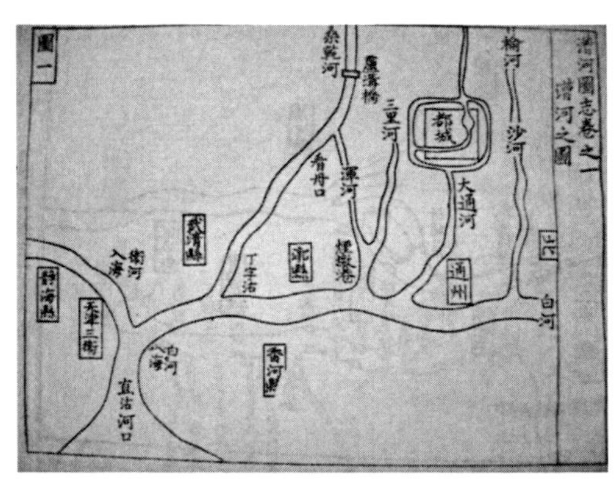

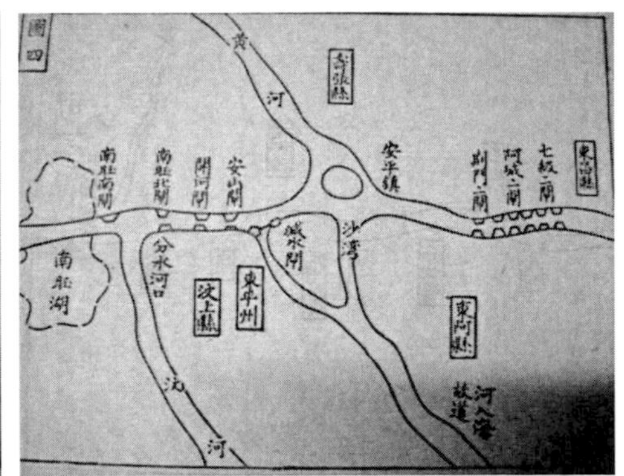

圖一：《漕河之圖》局部

《漕河之圖》的價值體現在其是現存最早的運河專志中的附圖，基本上可以被認定爲明代運河圖中現存最早的一幅，是現存早期志書類運河圖的代

〔註 8〕《明史》卷八十五《志第六十一．河渠三》，中華書局，1974 年，第 2084 頁。

表〔註9〕。其圖幅要素中簡約的線條和單調的圖例無疑在表現力上稍差，一定程度上可以印證其早期性的身份，在此點上與明代《廣輿圖》中的《漕運圖》以及清代的運河圖相比，都略顯得原始樸素。這主要與其志書地圖的屬性有關，即重視文字記述，圖幅僅起到輔助作用。但是，《漕河之圖》應該不是僅僅參閱《漕河圖志》的文字描述而繪製，以王瓊工部郎中及其管理河道的身份，推測可能參閱了當時及之前的其他運河圖。

（二）吳仲《通惠河志》中的運河圖

《通惠河志》成書於嘉靖九年（1530），「明吳仲撰。仲字亞甫，武進人。正德丁丑（1517）進士，官至處州府知府。通惠河即元郭守敬所開通州運河。明初湮廢，糧皆由陸以運，費重民勞。仲以御史巡按直隸，疏請重濬。不數月工成，遂至今爲永利。……後仲外調處州時，恐久而其法浸弛，故於舟中撰此書奏進，得旨刊行。上卷載閘壩建置開濬事宜，而冠以源委圖說。中卷及附錄皆諸司奏疏。下卷皆碑記詩章也」〔註10〕。《明史》中有類似記載：「仲出爲處州知府，進所編《通惠河志》。帝命送史館，採入《會典》，且頒工部刊行。自此漕艘直達京師，迄於明末。人思仲德，建祠通州祀之」〔註11〕。可見，《通惠河志》爲負責重新疏濬通惠河、親歷其事的官員所撰修，具有極高的史料價值。

書中在卷首附圖兩幅，分別爲《通惠河源委圖》與《通惠河圖》。圖幅繪製比較簡明，採用對景法繪製河兩岸的垂柳、公館、橋樑、閘壩、廟宇及城市等（見圖二）。圖幅中的通州城分爲新舊兩座城池，據文獻記載通州舊城建於洪武元年，位於潞河西，而新城爲正統年間太監李德、鎮守陳信所建〔註12〕，

〔註9〕朱鑒秋在《中國古代繪製的運河圖》（《海洋測繪》1997年第3期，第54頁）中認爲《漕河之圖》爲現存最早的運河圖。另據筆者查閱，網上有一則新聞報導，在浙江省仙居縣田市鎮谷壘村潘姓舊祠堂內，存留石刻運河圖。該圖據說爲明永樂年間協助宋禮治理山東境內會通河的濟寧州同知潘叔正，回鄉後所刻。如果屬實，在年代上就早於《漕河圖志》中的運河圖。報導見（http://www.zjxj.gov.cn/InfoPub/ArticleView.aspx 跡 ID=31868，2015年1月5日）。

〔註10〕《四庫全書總目》卷七十五《史部三十一・地理類存目四》，第650頁。

〔註11〕《明史》卷八十六《志第六十二・河渠四》，第2112頁。

〔註12〕（明）沈應文、張元芳纂修《順天府志》卷之二《營建志・城池》，《四庫全書存目叢書》史部，第208冊，齊魯書社，第39頁，「通州：州有新舊二城，元以前無城。國朝洪武元年燕山忠敏侯孫興祖從大將徐達定通州，督軍士修

正統十四年興修新城是因爲「大運西南二倉在城西門外，奏建新城護之」〔註 13〕。

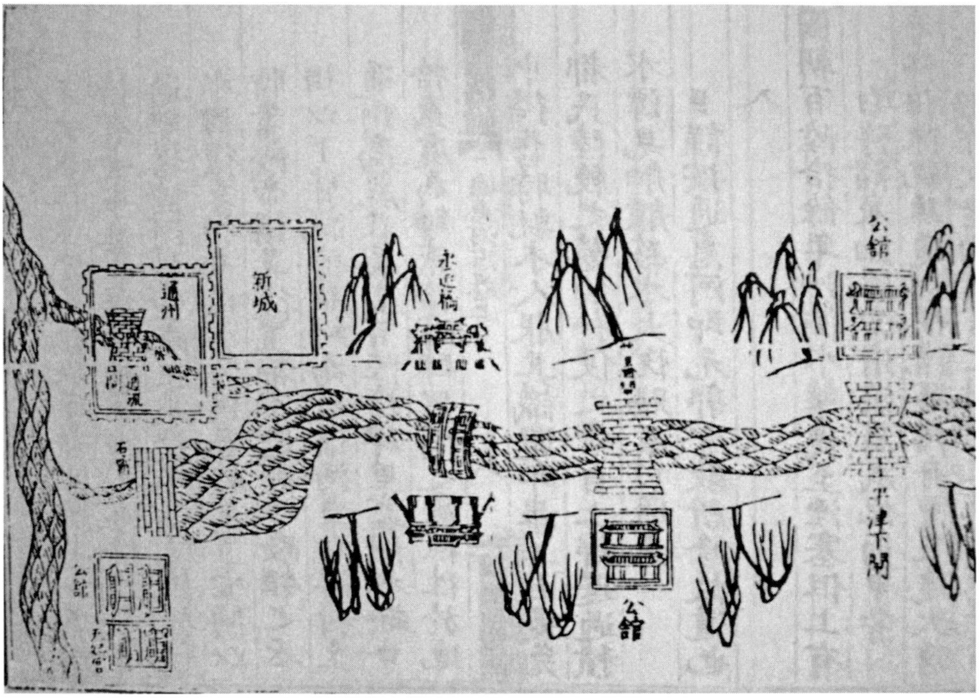

圖二：《通惠河圖》局部

吳仲親歷通惠河的重濬與開通，如史料所說其調任外地，恐怕年久各項規定制度廢弛而致前功盡棄，作爲曾經的主事官員著作該書並繪製這兩幅地圖。通惠河爲元代郭守敬所鑿，「由大通橋東下，抵通州高麗莊，與白河合，至直沽，會衛河入河，長百六十里有奇。十里一閘，蓄水濟運，名曰通惠」。這條運河在明初很長時間不能有效利用，「洪武中漸廢」；永樂四年濬修，「未幾，閘俱堙，不復通舟」；成化中，「方發軍夫九萬修濬，會以災異，詔罷諸役」；「越五年，乃敕平江伯陳銳，副都御史李裕，侍郎翁世資、王詔督漕卒濬通惠河，如鼎、毅前議。明年六月，工成，自大通橋至張家灣渾河口六十餘里，濬泉三，增閘四，漕舟稍通。然元時所引昌平三泉俱遏不行，獨引一

城潞河西，甃磚周九里。正統間太監李德、鎮守陳信奏建新城。嘉靖六年巡撫李貢增修，加五尺」。

〔註 13〕（清）周家楣、沈秉成、薛福辰修，張之洞、繆荃孫纂：光緒《順天府志》卷二十一，《續修四庫全書》史部·地理類，第 683 冊，上海古籍出版社影印，第 642 頁。

西湖，又僅分其半，河窄易盈涸。不二載，淤滯如舊」〔註 14〕。從上述記載來看，可知在明朝初年通惠河治理頗爲不易，幾經周折。這也應該是吳仲著書繪圖的一個原因，即通惠河難於治理。

至於難以治理的原因，明人已經注意到了。成化年間尚書楊鼎、侍郎喬毅曾上言：

> 「舊閘二十四座，通水行舟。但元時水在宮牆外，舟得入城內海子灣。今水從皇城金水河出，故道不可復行。且元引白浮泉往西逆流，今經山陵，恐妨地脈。又一畝泉過白羊口山溝，兩水沖截難引。若城南三里河舊無河源，正統間修城壕，恐雨多水溢，乃穿正陽橋東南窪下地，開壕口以泄之，始有三里河名。自壕口八里，始接渾河。舊渠兩岸多廬墓，水淺河窄，又須增引別流相濟。如西湖草橋源出玉匠局、馬跑等地，泉不深遠。元人曾用金口水，洶湧沒民舍，以故隨廢。惟玉泉、龍泉及月兒、柳沙等泉，皆出西北，循山麓而行，可導入西湖。請濬西湖之源，閉分水清龍閘，引諸泉水從高梁河，分其半由金水河出，餘則從都城外壕流轉，會於正陽門東。城壕且閉，令勿入三里河並流。大通橋閘河隨旱澇啓閉，則舟獲近倉，甚便」〔註 15〕。

對於這段分析中所指出的諸方面原因，侯仁之在《明清北京城》〔註 16〕一文中分析的較爲透徹，並從水源供給等角度做了闡釋。通惠河難以治理的根源在於水源枯竭，表現爲白浮泉水因爲保護明皇陵的考慮棄而不用，只能單一依靠玉泉山的水源，導致整體上通惠河的水源供應不足；在供應不足的同時，還需要將玉泉山水分流，只將其中一部分水源流注通惠河，更加劇了通惠河水量不足的狀況。另外，城牆的變遷一定程度上也影響到通惠河上游的河道。

（三）謝肇淛《北河紀》中的運河圖

《北河紀》的作者謝肇淛，「萬曆三十年進士，官工部郎中，視河張秋，作《北河紀略》，具載河流原委及歷代治河利病。終廣西右布政使」〔註 17〕。其書的體例編排，「首列河道諸圖，次分河程、河源、河工、河防、河臣、河

〔註 14〕《明史》卷八十六《志第六十二・河渠四》，第 2110～2111 頁。
〔註 15〕《明史》卷八十六《志第六十二・河渠四》，第 2110～2111 頁。
〔註 16〕侯仁之：《明清北京城》，載《侯仁之文集》，北京大學出版社，1998 年。
〔註 17〕《明史》卷二百八十六《列傳第一百七十四・文苑二》，第 7357 頁。

政、河議、河靈八記，詳疏北河源委，及歷代治河利病。撰採頗備，條畫亦頗詳明。至山川古蹟及古今題詠之屬，則別為四卷附後，名曰《紀餘》。蓋河道之書，以河為主，與州郡輿圖體例各不侔也」〔註 18〕。

是書載圖三幅，依次分別為《北河全圖》、《泉源圖》和《安平鎮圖》，下文一一介紹：

在《北河紀・序二》中對「北河」有粗略的解釋，即「其稱北河者，國家轉漕之路，自維揚（今揚州市維揚區）至天津，畫而為三，而此直其北也」〔註 19〕；《明史・河渠志》中也有說明「淮、揚至京口以南之河，通謂之轉運河，而由瓜、儀達淮安者，又謂之南河，由黃河達豐、沛曰中河，由山東達天津曰北河，由天津達張家灣曰通濟河，而總名曰漕河」〔註 20〕。基於此，也就容易理解《北河全圖》的圖幅表現地域，南邊起自山東與南直隸交界處的珠梅閘，北面止於天津衛。圖幅中線條比較簡明，重點繪製與運河相關的地物，如沿途閘壩、河湖、泉源、廟宇、城池等，繪製內容較為豐富細緻（見圖三）。

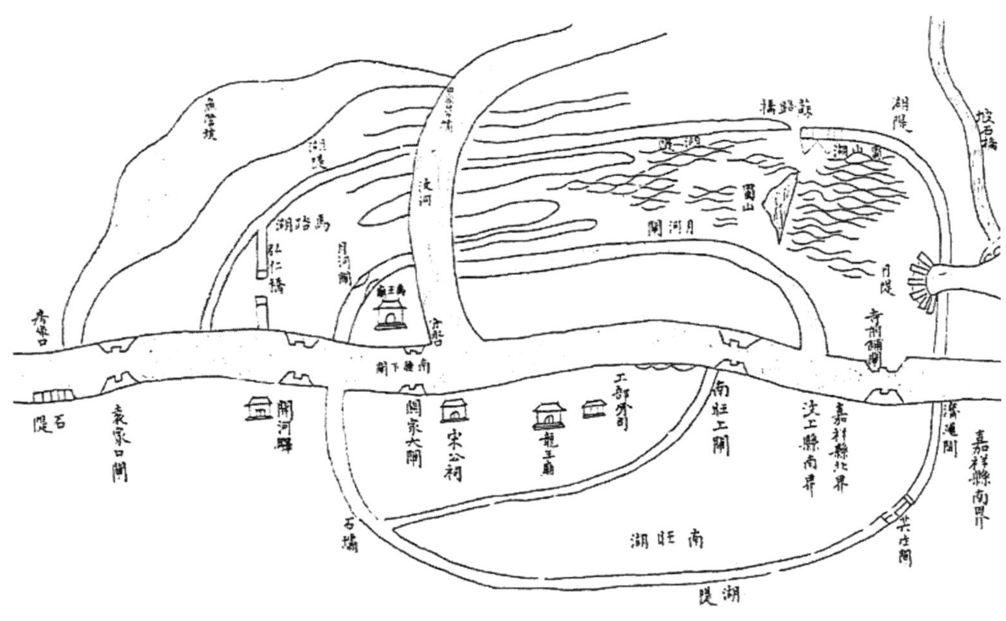

圖三：《北河全圖》中南旺分水口附近圖幅

〔註 18〕《四庫全書總目》卷六九《史部・地理類二》，第 612～613 頁。

〔註 19〕（明）謝肇淛：《北河紀》序二，《欽定四庫全書》史部十一《地理類四》。

〔註 20〕《明史》卷八十五《志第六十一・河渠三》，第 2078 頁。

第二幅《泉源圖》，繪製山東境內的泗水、汶水、沂水、洸水等河流上的泉源（見圖四）。因爲山東段運河歷來缺乏充足穩定的水源，所以需要逐級置閘來人工蓄泄調節水量，一方面因爲置閘眾多，有「閘河」之稱，另一方面，因爲解決水源供應，不斷在各條河流上疏導泉源，而又有「泉河」之稱。因此，《泉源圖》正是體現了這種現實，即泉源在此段運道的重要性。就這幅地圖的表現技法來看，圖中地物只是注重了相互之間的相對位置，因此觀看起來圖幅中地物比例失調。這應該與作者所要表達的重點有關，繪製這幅泉源圖，作者的目的應該就是比較全面地表現出泉源、泉源與各條河流的關係以及河流與城市的聯繫，至於大小比例等不是表達的重點，這也就是地圖繪製中的主觀性所決定的。

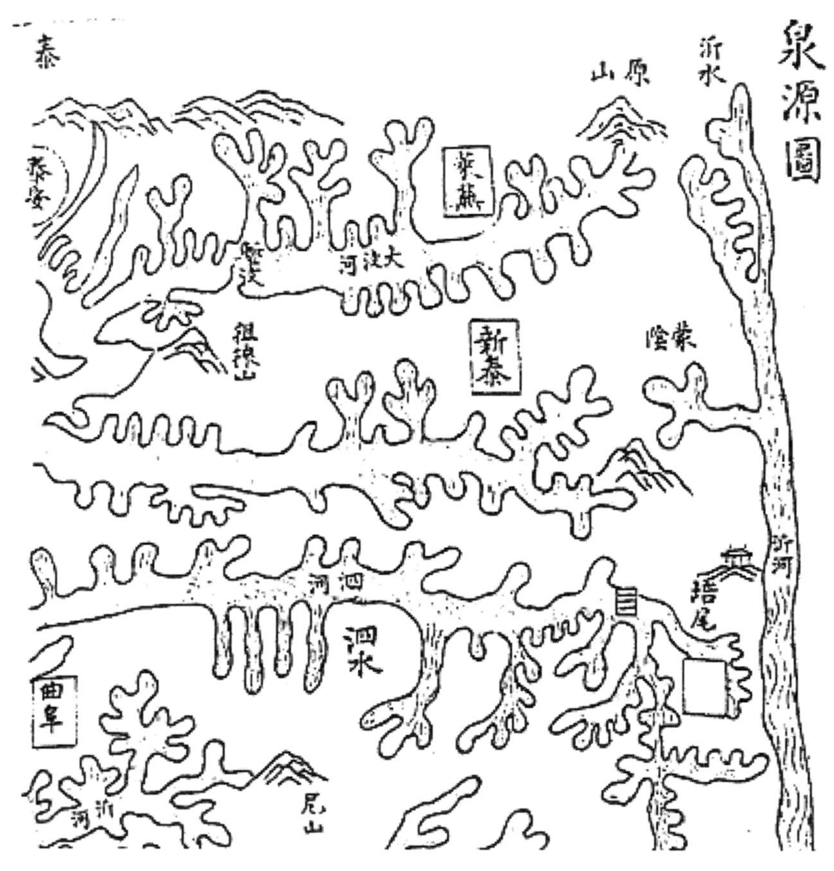

圖四：《北河紀》中《泉源圖》局部

《安平鎮圖》表現了安平鎮內的街道、官署等內容。安平鎮，是弘治七年因爲治河成功而將先前的張秋改名爲安平，所以兩個名稱有時交互使用，比如

《北河全圖》中標示的爲「張秋城池」字樣，而這幅地圖圖名中用安平鎮。

繪製《安平鎮圖》的原因，在《序二》中也有提示，即「北河所轄千餘里，於賜履最廣，其治所在張秋，即宋景德鎮。明興，河屢決其地，徐武功、劉忠宣先後奉命築塞，費金錢無算，易鎮名安平，蓋其重也」〔註 21〕。據此可推知，繪圖目的一方面是因爲謝氏視河張秋，治所即在此地，另一方面原因應該更爲根本，即張秋是河道治理重點。張秋位於運道與大清河交匯處，明代黃河多次衝入大清河，進而從張秋衝入運道，阻塞漕運。

具體分析史料記載，可以更清楚的看到繪製此地的原因。《明史》記載白昂於弘治三年（1490）正月上言，認爲當時黃河決口漫流大致有兩派，一爲南決者，一爲北決者，其中北決者「自原武經陽武、祥符、封丘、蘭陽、儀封、考城，其一支決入金龍等口，至山東曹州，衝入張秋漕河」，指出張秋經常受黃河氾濫困擾，並建言，「況上流金龍諸口雖暫淤，久將復決，宜於北流所經七縣，築爲堤岸，以衛張秋」。這就從整體上指出張秋是治河重點，《明史》中還留下這一時期黃河決溢衝入張秋的多次記載，如：「弘治二年五月，河決開封及金龍口，入張秋運河」；「（弘治）六年二月以劉大夏爲副都御史，治張秋決河。先是，河決戴家廟，掣漕河與汶水合而北行」；「（弘治）七年五月命太監李興、平江伯陳銳往，同大夏共治張秋。十二月築塞張秋決口工成」。從這些記載來看，弘治年間黃河多次從張秋入運，阻塞運道，張秋一直是弘治朝水利施工的重點地域，這種狀況的改變大致在弘治七年，「於是河復南下，運道無阻。乃改張秋曰安平鎮，建廟賜額曰顯惠神祠，命大學士王鏊紀其事，勒於石」〔註 22〕。從這些記載可以比較清楚的看到張秋在運道上的重要性，因此雖然繪製的《安平鎮圖》並沒有反映過多的水利工程，而是表現的城內建築街道之類的內容，但是從側面折射出安平鎮，即張秋鎮在運道上的重要地位不容忽視。

而分析這一時期張秋屢被水害的原因，則需要追溯明初在這一地域施行的治理策略。史念海在《中國的運河》〔註 23〕中曾作了分析，指出宣德五年（1430）陳瑄上言：「臨清至安山河道，春夏水淺，舟難行。張秋西南舊有沒河通汴，朝廷嘗遣官修治，遇水小時，於金龍口堰水入河，下注臨清，以便

〔註 21〕《北河紀》序二。

〔註 22〕《明史》卷八十五《志第六十一・河渠三》，第 2083 頁，第 2084 頁，

〔註 23〕史念海：《中國的運河》，陝西人民出版社，1988 年，第 317～319 頁。

漕運。比年缺官，遂失水利，漕運實難。乞仍其舊」，即引黃河水濟運，解決運道水源的不足，這項請求被允許。其後，至宣德十年，督運糧總兵官及各處巡撫侍郎與廷臣會議軍民利益及正統元年合行事宜時，又指出「沙灣張秋運河，舊引黃河支流，自金龍口入焉。今年久沙聚，河水壅塞，而運河幾絕，宜加疏鑿」。正如史念海所分析，山東境內的會通河段運道水量小，水源補充不足，因此為了增加水量，就將原來的一條舊汊河重新利用，引導黃河水經汊河從張秋附近入運，取得暫時之便利。這一措施施行的後果就是上段所述黃河北決從張秋衝入運道，導致這一地區成為水利整治的重點。所以說，明初在這一地區實行的利用舊汊河引黃濟運的措施無異於飲鴆止渴，導致後世屢被其害，以致於弘治七年治河功成時，「帝遣行人齎羊酒往勞之，改張秋名為安平鎮」〔註 24〕，以紀念這次來之不易的功績。

（四）胡瓚《泉河史》中的運河泉源圖

在上節論述《北河紀》中的泉源圖時，曾提到山東段運河因為水源供應不足加之不穩定，所以大力疏導泉水以濟運，山東段運河也有「泉河」的稱謂。胡瓚著作的《泉河史》即以山東段泉源治理等相關問題為主線。

胡瓚曾分司南旺，據《泉河史・凡例》記載：「是書止據《閘河志》、《閘河考》、《泉河志》及紀略諸書分類成編，稍為潤色，以備覽觀，大都有刪無益，仍載其本序以存作者之意」〔註 25〕。可知，書籍是作者廣為輯錄而成。胡瓚作為主事官員，親身實踐並參閱官方治河文獻，所以《泉河史》對於研究山東段運河應該具有較高的史料價值。其中附有大量的泉源圖，給我們提供了直觀的認識。

卷一《圖紀》中載有下列地圖：《泉源總圖》（見圖五）《閘河圖》《汶河派圖》《濟河泗河派圖》《新河派圖》《沂河派圖》《新泰泉圖》《萊蕪泉圖》《泰安泉圖》《肥城泉圖》《平陰泉圖》《東平泉圖》《汶上泉圖》（見圖六）《寧陽泉圖》《泗水泉圖》《曲阜泉圖》《滋陽泉圖》《濟寧泉圖》《鄒縣泉圖》《魚臺泉圖》《舊運河圖》《滕縣泉圖》《嶧縣泉圖》《蒙陰泉圖》《沂水泉圖》《南旺湖圖》《寧陽分署圖》《濟寧分署圖》《南旺分署圖》和《泉林行署圖》。

〔註 24〕《明史》卷八十三《志第五十九・河渠一》，第 2023～2024 頁。

〔註 25〕（明）胡瓚：《泉河史》，載《四庫全書存目叢書》史部，第 222 冊，齊魯出版社，1996 年。

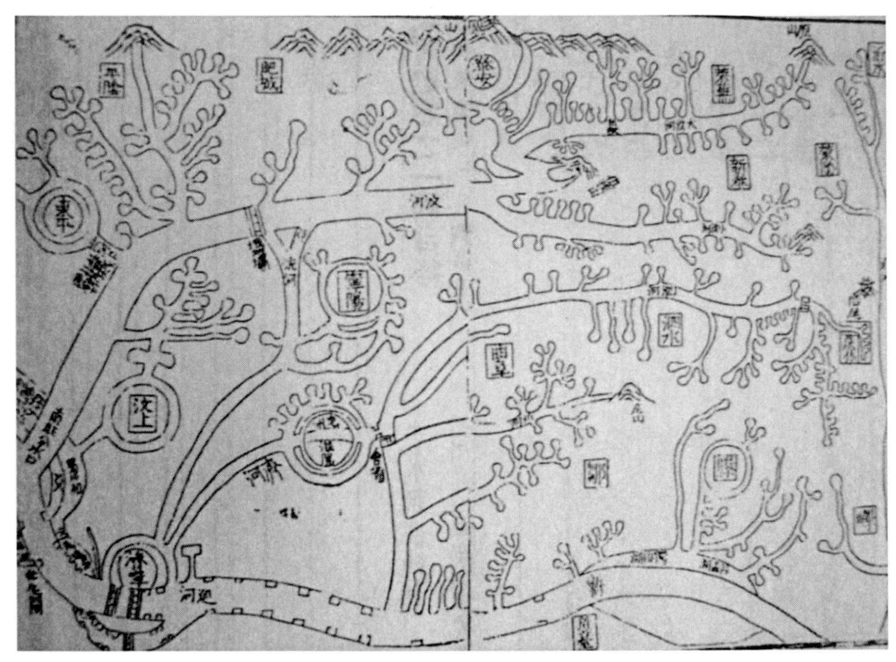

圖五：《泉源總圖》

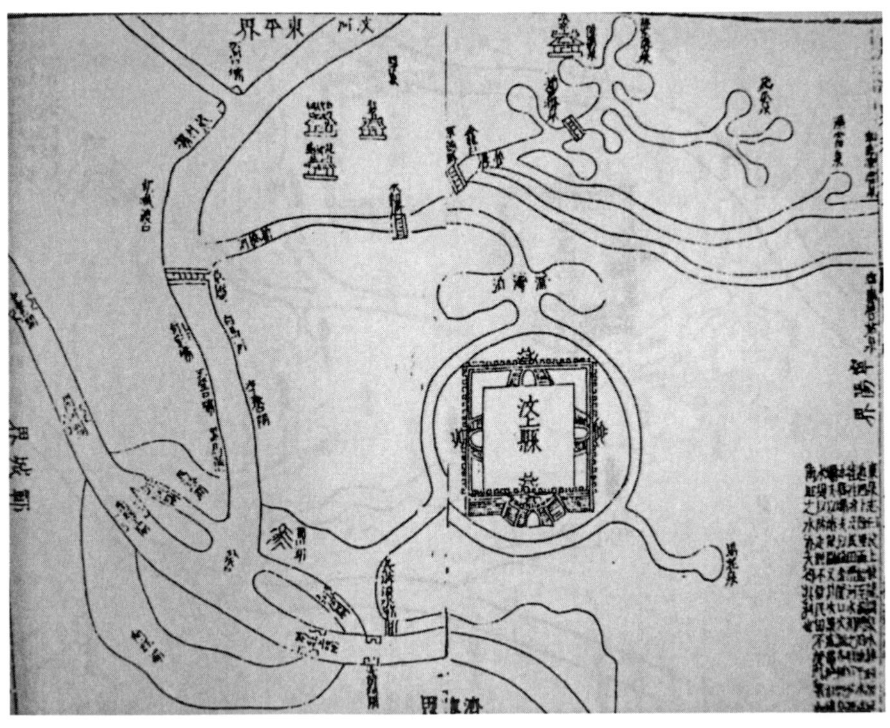

圖六：《汶上泉圖》

上面兩幅分別爲《泉源總圖》與《汶上泉圖》，圖幅主要表現各處泉源，繪製線條簡單。另一個需要注意的是，圖幅中地物之間不合乎比例要求，如《泉源總圖》中河流的流向、寬度等以及《汶上泉圖》中明顯偏小的南旺湖等，顯現的比較明顯。這還是需要提到地圖繪製中的主觀性，這兩幅地圖繪製中應該更加注重的是河與城市的相對位置、河流上的泉源，所以將這些關注內容表現出來就基本達到繪圖所要表現的目的。當然，不可忽視的是，這種繪製比例失調很大程度上與志書地圖的圖幅尺寸有關，受限於圖幅較小的寬度和長度，如此繪製也是不得已。

二、《廣輿圖》中的《漕運圖》及其影響

（一）羅洪先《廣輿圖》中的《漕運圖》

明朝人羅洪先依據元朝人朱思本的《輿地圖》，增廣分幅而成著名的《廣輿圖》，在明代嘉靖年間初次刊行，因爲準確實用，問世後多次翻刻重刊，流傳甚廣，對於明清兩代的地圖發展產生了深刻影響。其中的《漕運圖》爲羅洪先依據計里畫方之法新繪增廣而成，據《廣輿圖序》：「水陸縈紆，漕卒歲疲，儲峙孔艱，國用攸賴，作漕河圖三」〔註 26〕。

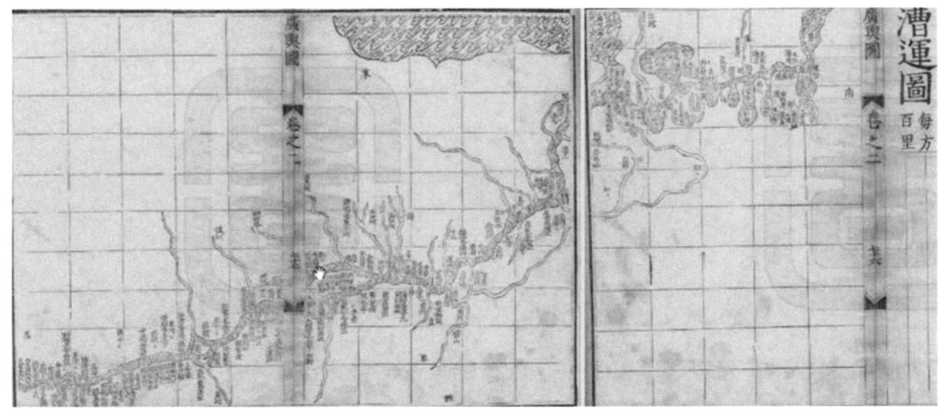

圖七：錢岱本《廣輿圖》之《漕運圖》局部〔註 27〕

〔註 26〕（明）羅洪先編繪《廣輿圖》，中國國家圖書館藏錢岱刊本，第 3 頁，索書號：/06375。

〔註 27〕《廣輿圖》卷之二《漕運圖》，第 76～77 頁。地圖圖像見網址（http://mylib.nlc.gov.cn/web/guest/search/shuzifangzhi/medaDataObjectDisplay 跡 metaData.id=807393&metaData.lId=811874&IdLib=40283415347ed8bd0134833ed5d60004，2015 年 1 月 7 日）

中國國家圖書館藏明萬曆七年（1579）錢岱刊本《廣輿圖》中的《漕運圖》，爲單色墨刻運河圖（見圖七），圖後附有文字《漕運建置》。採用中國傳統的計里畫方技法，每方百里，但是圖中方格網略成長方形，大致爲 28×36 毫米，使得圖幅寬度拉伸，有些失眞。地圖中標注方向，總體而言，以運河的東岸爲上。地圖圖幅起自南邊長江與運河交匯的瓜州、儀眞，詳細標注沿途的閘壩、塘泊、引河、天然河流以及府州行政建置，北邊止於京師，北京周圍繪製較爲翔實，標注懷柔、順義、昌平、通州等地名，西北出現「玉泉」、「一畝」字樣。

該幅《漕運圖》本身有三個地方值得關注：

其一：此幅地圖體現了《廣輿圖》的優點，圖例統一於《廣輿圖》中規範的二十四個符號。如壽張、東阿、靜海標注○，表示縣；徐州、東平、臨清標注◇，表示州。其他驛、衛等，均使用統一標示，簡明扼要，不同於後來清代常見的城牆符號。這種簡潔規範的地圖符號，便於增大單位面積內圖幅的信息承載量。

其二：這幅地圖，還有一個顯著特徵就是詳於記水，略於記山。整幅地圖以水爲主，僅僅在「昌平」、「玉泉」注記周圍出現了四組山形符號。這不同於清代運河圖，一般會將流域內重要的山川繪製出來的表現方式，推測這可能是受地圖主題的影響。

其三：關於閘名的書寫，在運河東岸的閘名書寫爲正序，比如「南陽閘」、「東陽閘」、「在城閘」、「天井閘」、「堽城閘」、「減水閘」、「臨清閘」等；而在運河西岸，即圖幅的下端，閘名中將「閘」字提前，比如「閘孟陽泊」、「閘八里灣」、「閘谷亭」、「閘南旺」「閘南旺北」、「閘開河」等。總之，運河西岸的閘名，一律將閘字提前（豐縣附近的「飛雲橋閘」、北京附近的「濟淫閘」爲例外）。南邊起自沛、北邊到達臨清的一段河程中，運河兩岸密集分佈著眾多閘。通過圖幅繪製重點，可知山東段運河被稱爲「閘河」非虛。「閘河」以密佈閘而著稱，標注出「閘河」兩岸的眾多閘名，體現了繪製者對這段運河的認知。筆者推測，運河西岸的閘名中將「閘」字提前，從圖幅繪製來看，「閘」字靠近運河岸邊，可能爲了強調此段運河中閘與河之間的密切關係。

關於此幅《漕運圖》在明代運河圖史上的地位，需要結合下面對其他地圖的分析而得出，所以留在結語中再作分析論證。

（二）王圻《三才圖會》中的《漕運圖》及其來源

明萬曆三十七年（1609）前後刊成的《三才圖會》〔註 28〕，被清人視爲「明人圖譜之學」的「巨帙」〔註 29〕。其中收錄有《漕運圖》（見圖八），載於《地理》四卷，圖後附有文字《漕運說》。其中的《漕運圖》，與筆者所見明萬曆刊本《廣輿圖》中的《漕運圖》基本一致。具體而言，其一，分幅相同，每幅中涵蓋的地域一致。比如第一幅都是起自瓜州、儀眞，止於濟寧；其二，沿途注記基本相同，標注出湖泊、河流和州縣，注記文字的位置大致一樣；其三，閘名的標注方式完全一樣，運河西岸的閘名將「閘」字提前，如「閘南旺」等；其四，同樣標注方位，運用傳統的形象畫法。

圖八：《漕運圖》京師附近運河狀況

〔註 28〕（明）王圻、王思義編輯《三才圖會》，萬曆刊本，上海古籍出版社，1988 年。

〔註 29〕《四庫全書總目》卷一三六《子部·類書類二》，第 1156 頁，「明人圖譜之學，惟此編（章潢《圖書編》）與王圻《三才圖會》號爲巨帙」。

但兩幅地圖也有不同之處，其一，《三才圖會》中沒有出現計里畫方的方格網；其二，《三才圖會》中沒有統一的圖例符號；其三，在圖幅的空白之處繪製山形符號，不同於《廣輿圖》中《漕運圖》略於畫山的特點；其四，文字差異，「合河」在明萬曆刊本的《廣輿圖》中標示爲「合和」。

通過筆者查對，明代《漕河圖志》卷三《漕河水程》中記載：「通州潞河水馬驛至本州合和驛一百里」〔註30〕；《明代驛站考》依據《明會典》記載，考證出「〔和合驛〕屬順天府良鄉縣。永樂中置。在今北京市通縣東南和合站。萬曆四年改水驛，移張家灣」〔註31〕；而據《畿輔通志》「和合驛：在州東南三十五里，舊名合河驛，以白、榆、渾三河合流而名。永樂中置，萬曆四年移置張家灣，改今名」〔註32〕。可知，此處因河流彙集而得名，始爲合河，而後「和合」、「合和」兩名在文獻中並用，其中又以「和合」二字爲常見。故而，此處地名沒有正誤之別。

關於《三才圖會》中圖幅的來源，著者王圻僅在序文中提到：「季兒思義，亦構心往牒，廣加蒐輯，圖益大備」〔註33〕，略知書中圖幅爲「廣加蒐輯」而來，應該參照其他典籍而編著。依此推之，書中的地理十六卷也應該遵循此編輯方式，已刊研究也證明了這一推論。譬如地理一卷中首幅《山海輿地全圖》轉繪自萬曆三十年（1602 年）刊刻的《月令廣義》一書，而《月令廣義》摹刻自利瑪竇繪製的《山海輿地全圖》〔註34〕。至於地理卷中其他一部分輿圖的來源還沒有人探討論證，筆者擬說明其中部分輿圖的來源或淵源。

筆者試圖論述的輿圖，僅包括地理一卷至地理三卷中收錄的總圖、分省圖、邊鎮圖和地理四卷中的一些主題圖（如漕運圖、黃河圖等），以及散見於後面幾卷的域外圖（如日本圖、琉球圖等），而不包括其他幾卷中收錄的一些府境圖、名勝險要圖等。

著者王圻爲上海人，嘉靖四十四年（1565）進士，曾任御史，歷官陝西布政參議，晚年以著書爲事〔註35〕。錢岱在萬曆七年（1579）《重刻廣輿圖敘》

〔註30〕《漕河圖志》，第 167 頁。

〔註31〕楊正泰：《明代驛站考》，上海古籍出版社，2006 年，第 8 頁。

〔註32〕（清）唐執玉、李衛等監修、田易等纂《畿輔通志》卷四十三，第 7 頁；《文淵閣四庫全書》史部二六三《地理類》，臺灣商務印書館發行，第 505 頁。

〔註33〕《三才圖會》，第 10 頁。

〔註34〕黃時鑒、龔纓晏：《利瑪竇世界地圖研究》，上海古籍出版社，2004 年，第 22 頁。

〔註35〕《明史》卷二百八十六《列傳一百七十四・文苑二》，第 7358 頁。

中曾提到王圻，「見其（《廣輿圖》）字畫模糊，幾難別識，而邇所興革，或缺焉未備，或仍焉未釐，非所以信探稽詔來許也。乃檄郡僚王世能、王圻、王相重加校梓，視舊本稍加展拓，增建而未入者入之，圖說有未詳者詳之」。《廣輿圖》爲嘉靖年間羅洪先依據元朝人朱思本《輿地圖》分幅增廣而成，因爲準確實用，初刻後又多次刊刻，錢岱本《廣輿圖》是一個重要的刊本。從圖敘中可知王圻曾參與錢岱本《廣輿圖》的校對等工作，因此，有機會直接接觸到當時流行的《廣輿圖》。

從這一契機入手，筆者將明萬曆錢岱本《廣輿圖》中的圖幅與《三才圖會》中相應的圖幅比對，發現在圖幅內容、細部特徵、文字注記等方面十分吻合。各個圖幅的具體比對狀況可以參照表一：

表一：《三才圖會》與《廣輿圖》圖幅特徵比較

<table>
<tr><th colspan="2">圖籍名稱
比對分類</th><th>萬曆三十七年王圻
《三才圖會》</th><th>萬曆七年錢岱本
《廣輿圖》</th><th>圖幅中的相同之處</th></tr>
<tr><td rowspan="3">總圖</td><td>圖名</td><td>《華夷一統圖》</td><td>《輿地總圖》</td><td rowspan="3">分幅相同、涵蓋地域大致相同；
圖幅中文字注記基本相同；
繪製出西起臨洮、東至鴨綠江的邊牆符號，且邊牆的走勢大致相同；
黃河源均繪製爲葫蘆形；
北部沙漠運用黑色長條來表現</td></tr>
<tr><td>計里畫方與方格網</td><td>無</td><td>有</td></tr>
<tr><td>統一圖例</td><td>無</td><td>有</td></tr>
<tr><td rowspan="2">兩京十三布政司分省地圖</td><td>計里畫方與方格網</td><td>無</td><td>有</td><td rowspan="2">分幅相同，每幅涵蓋地域大致相同;2 圖幅中文字注記基本相同；
分省圖的排序相同</td></tr>
<tr><td>統一圖例</td><td>無</td><td>有</td></tr>
<tr><td>九邊圖及西南、西北邊圖</td><td>圖名</td><td>《大同外三關圖》
《寧夏固蘭圖》
《莊寧涼永圖》
《甘肅山丹圖》</td><td>《大同外三關邊圖》
《寧夏固蘭邊圖》
《莊寧涼永邊圖》
《甘肅山丹邊圖》</td><td>分幅相同，每幅涵蓋地域大致相同；
圖幅中文字注記基本相同；
圖幅排序相同；</td></tr>
</table>

<table>
<tr><td></td><td>統一圖例</td><td>無</td><td>有</td><td>均出現計里畫方的方格網；
繪出邊牆符號，走勢大致相同</td></tr>
<tr><td rowspan="3">專題圖與域外圖</td><td>圖名</td><td>存在差異</td><td></td><td rowspan="3">分幅相同，每幅涵蓋地域大致相同；
圖幅中文字注記基本相同</td></tr>
<tr><td>計里畫方與方格網</td><td>無</td><td>有</td></tr>
<tr><td>圖幅排序</td><td>排序混亂</td><td></td></tr>
</table>

依據上面表格的分項比對，可知區別集中在是否出現計里畫方的方格網，是否有統一的圖例符號。而從整體上說，圖籍中對應的地圖之間，在圖幅內容、文字注記等地圖基本要素方面大致相同，即在相應地圖之間，基本的觀感相吻合。總體而言，大同小異。從圖幅的表現內容可以基本確定《三才圖會》中這部分地圖與《廣輿圖》具有淵源關係。

（三）章潢《圖書編》中的運河圖

北京大學圖書館善本部收藏有《圖書編》〔註 36〕一部，據書前所附《圖書編家藏記》:「是編本清先生之用心也，始事於嘉靖壬戌（1562 年），告成於萬曆丁丑（1577 年），越十有六載而其編始就，是時先生年五十一矣」。可知，此書成書於萬曆五年（1577 年）。其中附運河圖四幅，分別爲第五十三卷《河漕全圖》一幅、第五十四卷《泉河總圖》一幅、《東泉總圖》一幅及《南旺總圖》一幅，均採用傳統的形象畫法，未注方格網。

《河漕全圖》爲單色墨刻運河圖，以運河西岸爲上。全圖北邊起自北京，南達錢塘倉，圖幅繪製內容豐富，以運河河道爲綱，逐一詳細地注記了沿途州縣、河流、閘壩、廟宇、湖泊和橋樑等，沿河山嶺標注翔實。表現北京的圖例略呈「品」字形，北京由北邊近似正方形的多重方框和南邊稱爲「重城」的長方形方框組成，方框代表的城牆符號上標注有城門符號，來形象化的表示北京（見圖九）。其他沿河州縣的表達，多遵循此方式，即運用四周附以城門的多重方框，符號化地表現城市。

〔註 36〕（明）章潢：《圖書編》，天啓癸亥序刻本，北京大學圖書館善本部藏圖，索書號：SB/031.86/0034。

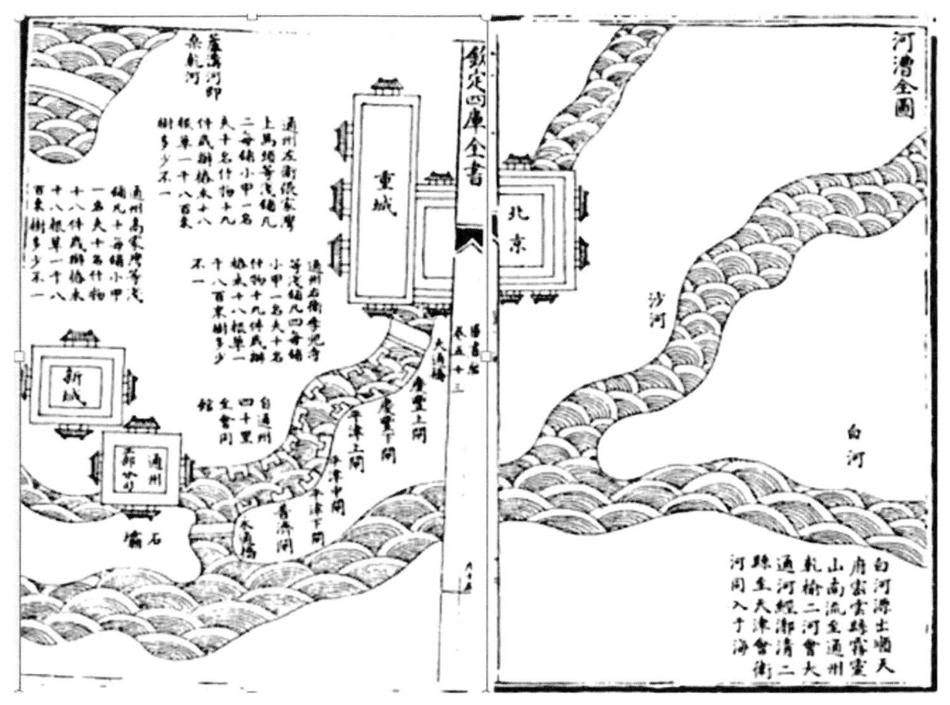

圖九：《河漕全圖》之北京部分

圖幅中文字注記豐富是此幅運河圖的顯著特點，將明代歷年對沿途河流的疏濬、閘壩興修、人員設置、河流源尾流域、眾多的泉名以及沿途州縣驛鋪之間的里程等，均在圖幅空白處詳細書寫。文字內容十分豐富，幾乎可以作爲讀史地圖來應用。雖然眾多文字注記有助於觀圖者瞭解上述信息，但是在形式和發展趨勢上，無疑是對形象化、符號化地圖的背離。

圖幅覆蓋地域的寬廣也是該圖的一個突出特點，該圖涵蓋的地域不同於明代常見的運河圖，即圖幅內容不僅包括北京到長江沿岸的瓜州、儀眞段運河，也包括江南運河河段，圖幅一直延伸到錢塘倉。這種表現江南運河流域的運河圖，在現存明代運河圖中較爲少見。清代運河全圖常能根據覆蓋地域區分爲兩種：一爲表現北京至瓜州、儀眞的運河圖，一爲涵蓋北京至錢塘江流域的運河圖。《圖書編》中的這幅《河漕全圖》，可視爲後一種涵蓋地域寬廣的運河圖的早期代表。

《泉河總圖》標注山東境內德州以南至孟陽泊閘之間的閘壩水利狀況（見圖十），如題名所說，重點繪製出這一流域內的泉源狀況，反映出明朝人對山東段運河（會通河）的認知，即此段河程中運河的水量補充在相當程度上依賴於泉水。《東泉總圖》則以南旺分水口為中心，繪製了汶河、洸河流域內的泉水狀況。

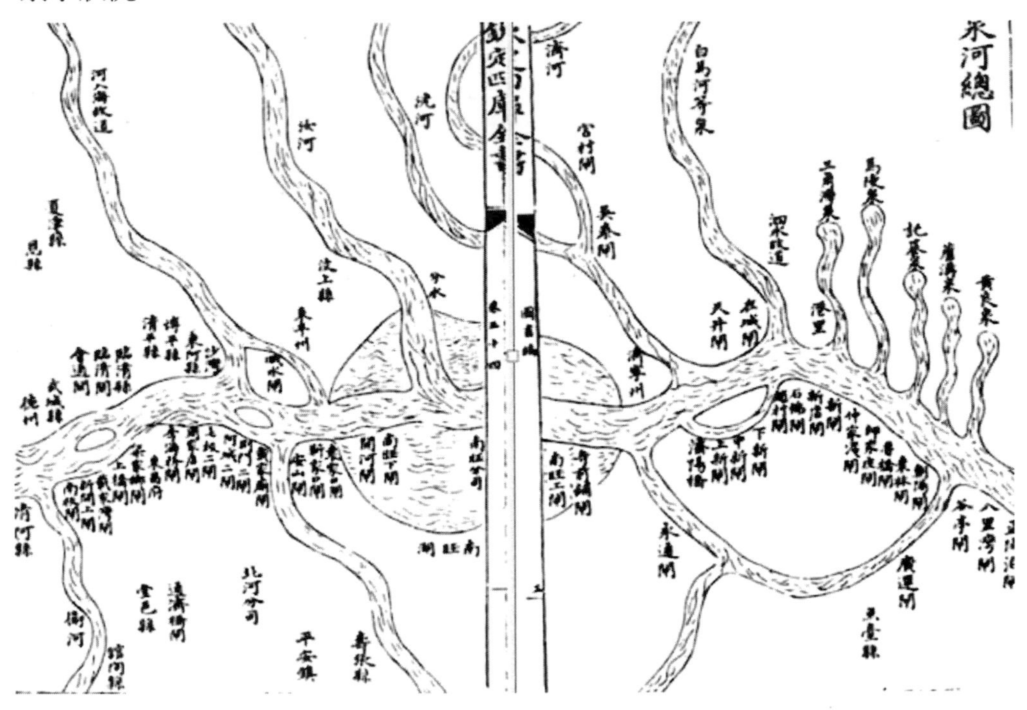

圖十：《泉河總圖》局部

這兩幅泉河或泉源圖，在主題上獨成一派，以表現運河的水源補給（泉水）為目的。《明史・藝文志》中記載了一些相關典籍，諸如徐源的《山東泉志》、王寵的《東泉志》、張純的《泉河紀略》、胡瓚的《泉河史》以及張橋的《泉河志》。眾多的泉河典籍一方面為泉河圖的繪製提供了文獻保障，另一方面也說明了明代人對泉源、泉河已經相當重視，因此，出現此種主題的運河圖也就在情理之中。現在能見到的明代泉河圖不多，而在清代出現了一批諸如題名為《八省泉源圖》之類的運河圖，在性質上與上述兩幅地圖相近，也可以說，這種主題圖在清代得到了很好的傳承與發揚。

就涵蓋地域而言，泉河圖屬於局部圖，在這種意義上，與《南旺總圖》類似。《南旺總圖》僅繪製南旺分水口一隅，表現分水口周圍的閘壩、湖泊等狀況（見圖十一）。南旺地勢高峻，明朝人引汶水至此而分流南北，解決了山東段運河水源缺乏的問題，是運河中極其關鍵的節點。故而，單獨繪製《南旺總圖》也是基於其現實中的重要性。

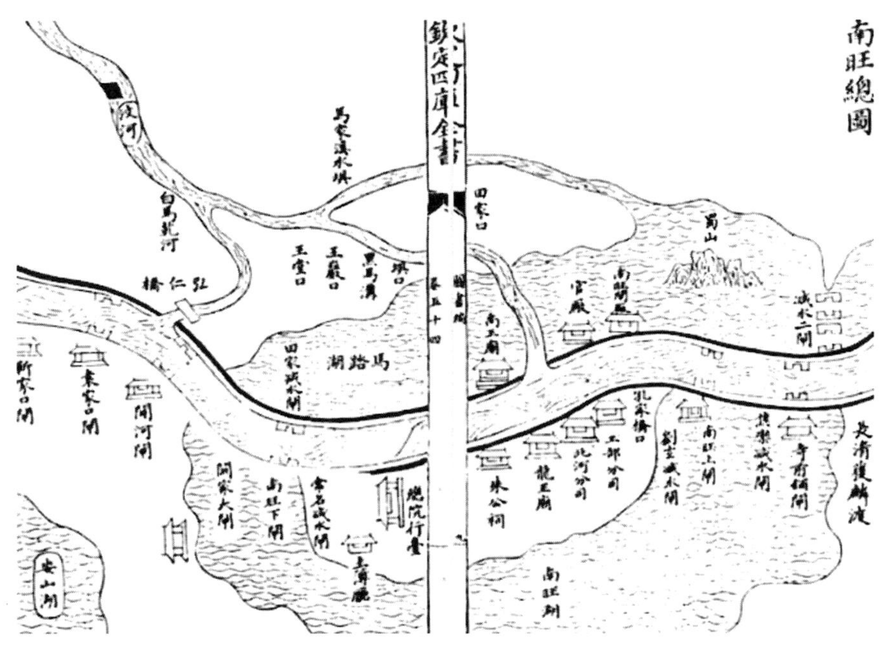

圖十一：《南旺總圖》

據前文中《圖書編家藏記》，是書成書於萬曆五年（1577），而《河漕全圖》中的江南運河河段中在多處出現「萬曆元年（1573）挑深」的字樣，所以這幾幅運河圖表現的應該是這一期間（1573～1577）的運河狀況。

關於參照的圖籍，章潢在開篇的《圖書編采輯考證書目》中列舉有：《皇輿圖》、《黃河圖》、《治河通考》、《萬里長江圖》、《輿地圖略》、《九邊圖》、《廣輿地圖》、《漕河奏疏》等。可知，章氏參閱過羅洪先編繪的《廣輿圖》，但據其內容的豐富程度而言，已經超越《廣輿圖》，可見其參閱圖籍不僅限於《廣輿圖》，而是有更爲豐富材料支撐，比如《漕河奏議》等。另外，就泉源圖、泉河圖、南旺圖等這類主題圖而言，雖然不見於《廣輿圖》，但在清代這類主題圖比較多見。因此，單就繪製內容、表現主題等方面來說，《圖書編》中的運河圖無疑是超越《廣輿圖》中的運河圖的。

（四）陳祖綬《皇明職方地圖》中的《漕黃治跡圖》

《皇明職方地圖》爲明末陳祖綬編繪，據道光《武進陽湖合志》中的《人物志・宦跡傳》記載：陳祖綬爲「甲戌（崇禎七年）進士，授兵部職方主事，勤勞盡職，以其暇著職方圖」〔註 37〕。中國國家圖書館現存有影印本，據明

〔註 37〕轉引自王庸：《中國地理圖籍叢考》，商務印書館，1956 年，第 18～19 頁。

崇禎年間刊本影印。

陳氏官任兵部職方主事，其職責據史籍記載，「職方掌輿圖、軍制、城隍、鎮戍、簡練、征討之事。凡天下地裏險易遠近，邊腹疆界，俱有圖本，三歲一報，與官軍車騎之數偕上」〔註 38〕。所以，陳氏因職務之便，可以披覽相當部分官方或權威地圖。據其序文，「元人朱思本計里畫方，山川悉矣，而郡縣則非。羅念庵先生因其圖，更以當代之省府州縣，增以衛所，注以前代郡縣之名，參以桂少保蕚、李太宰默二公之圖敘，廣以許論之邊圖，鄭若曾之海圖，易以省文二十有四法，可謂精意置制，略無異議，但以天下幅員之廣，道里無數，則東西南北莫辨。舊圖於郡縣惟記其名，不書其險，所以郡縣可考，而山川之險阻莫測。……舊圖漕河太略，無海防而有海運，……舊圖在萬曆以前，今歷兩世，朝代異，則沿革異，製作異。故不揣復因七氏之圖，而加廣之。……作河漕海運圖二、海防圖一，以別水道」〔註 39〕。從這段記載來看，陳氏《漕黃治跡圖》受到《廣輿圖》的直接影響。從王庸的分析中可以部分看到兩者的差異，「兩圖大略相似，所言新圖特色，未免稍誇。《廣輿圖》之《漕運圖》，僅繪運河，而《職方圖》之《漕黃治跡圖》則黃河與運河合繪。關於運河沿岸地名，反較《漕運圖》稍略」〔註 40〕。

《漕黃治跡圖》中採用的黃、運合繪的繪畫技法，在清代運河圖的繪製中常常出現，體現了水利治理中黃河與運河的密切聯繫，與當時的「治黃保運」思想也有一定聯繫。而這種繪製手法的出現目前來看可以追溯到明萬曆年間潘季馴繪製的《河防一覽圖》。《河防一覽圖》爲潘季馴治理黃河時，組織同僚繪製的地圖，詳細反映了明萬曆十六年（1588）至萬曆十八年（1590）間河南、山東、南直隸所修築堤防的情況。此圖爲絹本彩繪，畫面精美。黃河在圖幅中繪以黃色，而運河繪以綠色來表現。當黃河與延安河交匯時，始將運河畫入，此後一直到寶應縣，黃河、運河在畫幅中呈現平行流淌的畫面。此種繪製，能使看圖者一目了然的看到兩條河流的河防狀況，但是整幅地圖不是在統一的方位限定之下。

陳祖綬爲崇禎年間的兵部職方主事，在繪製《漕黃治跡圖》時，應該可以看到萬曆年間的《河防一覽圖》，所以筆者推測陳氏的《漕黃治跡圖》中出

〔註 38〕《明史》卷七十二《志第四十八・職官志一》，第 1752 頁。

〔註 39〕轉引自王庸：《中國地理圖籍叢考》，第 16～17 頁。

〔註 40〕《中國地理圖籍叢考》，第 17 頁。

現的黃、運合繪的技法可能受到《河防一覽圖》的影響。而這一繪製技法爲清代的運河圖所繼承，在現在看到的很多清代運河圖中都可以看到黃運合繪、兩河平行流淌的畫幅。

三、臺北故宮藏明代彩繪單幅運河圖的輾轉路徑與價值

筆者之前做過清代大運河地圖的梳理，發現其中包含大量的宮廷或者官方藏圖，圖幅本身繪製精美、表達內容比較豐富，且多爲卷軸或者折疊裝的單幅運河地圖。因此，聯繫到明代運河工程修築頻繁、治河制度完善等狀況，筆者覺得在明代也應該存在此種類型的運河圖，所以筆者查閱了一些重要的藏圖圖錄，以印證自己的想法。中國國家圖書館出版的《輿圖要錄》〔註41〕，收錄了國圖藏的古地圖，經過查閱並未發現收藏明代的此類地圖。中國第一歷史檔案館藏圖價值極高，有很多輿圖承接自清廷主要繪圖機構內務府造辦處輿圖房，然而根據《清內務府造辦處輿圖房圖目初編》〔註42〕著錄，其中並未提及明代繪製的運河圖。李孝聰教授多年來整理研究古地圖，陸續出版了《歐洲收藏部分中文古地圖敘錄》〔註43〕和《美國國會圖書館藏中文古地圖敘錄》〔註44〕兩書，比較全面的披露了歐美主要藏圖機構收藏的中文古地圖狀況，書中也未著錄此類明代地圖；另外，《日本各館藏中國地圖目錄》以及《輿圖指要：中國科學院圖書館藏中國古地圖敘錄》〔註45〕、北京大學圖書館等處也沒有發現此類地圖。

僅在查閱臺北《國立中央圖書館善本書目》時，才找到兩則關於明代運河圖的注記：

「江蘇南河圖一幅　明代絹本彩繪　146×328公分　北平」〔註46〕

「山東運河圖一幅　明代絹本彩繪　96×171公分　北平」〔註47〕

〔註41〕北圖善本特藏部輿圖組：《輿圖要錄》，北京圖書館出版社，1997年。

〔註42〕北平故宮博物院文獻館編：《清內務府造辦處輿圖房圖目初編》，故宮博物院文獻館，1936年。

〔註43〕李孝聰：《歐洲收藏部分中文古地圖敘錄》，國際文化出版公司，1996年。

〔註44〕李孝聰：《美國國會圖書館藏中文古地圖敘錄》，文物出版社，2004年。

〔註45〕孫靖國：《輿圖指要：中國科學院圖書館藏中國古地圖敘錄》，中國地圖出版社，2012年。

〔註46〕（臺北）國立中央圖書館編：《國立中央圖書館善本書目》史部輿圖類，（臺北）國立中央圖書館，1985年，第342頁。

〔註47〕《國立中央圖書館善本書目》，第343頁。

上述兩圖據 1985 年出版的《國立中央圖書館善本書目》著錄，藏於「國立中央圖書館」，該館是民國政府的國立圖書館，1933 年創建於南京，國共內戰後期遷至臺北，1996 年更名爲「國家圖書館」。然而上述兩圖在 1985 年被撥付交由臺北故宮博物院圖書文獻處保管〔註 48〕，在圖幅入藏來源上著錄爲北平圖書館。

據查閱相關資料，推斷《江蘇南河圖》最早應該爲清內閣大庫輿圖。清內閣是清代掌管國家政務最高機關，初爲內三院（內國史院、內秘書院、內弘文院），順治十五年（1658）改名內閣，皇帝下達的詔令，由內閣宣示，由下呈報的臣工奏疏，由內閣進呈，權位甚隆。雍正以後，機要大政漸歸軍機處，但是有關大典禮與內外臣工例行題報事務，仍由內閣辦理。清代內閣的地址，在故宮午門內東南隅。內閣之東，有兩個大庫，分別爲書籍表章庫和紅本庫。京內外官員呈報辦理政務的題本，皇帝閱後，由閣臣用朱筆把意見寫於本上，通稱紅本〔註 49〕。內閣大庫是清朝中央政府和宮廷存貯重要檔案文獻和書籍資料的庫房之一，所藏檔案按照時代劃分，可分爲明檔、盛京舊檔、清檔，其中明代檔案是清初爲修明史而徵集的天啓、崇禎年間題行稿等檔案及舊存實錄、誥敕等〔註 50〕。直至清宣統二年（1910）爲推行新政，張之洞等奏請設立京師圖書館（北平圖書館前身），以北京城內後海廣化寺僧僚爲館址，屬學部管轄，又稱學部圖書館。民國四年至民國十七年（1915～1928）轉到北京方家胡同國子監南學舊舍爲館址。籌備之初，即議定以翰林院、國子監以及內閣大庫殘本爲基礎典藏，其中特別從內閣大庫紅本中撿拾出明清舊本輿圖一百餘種，轉交京師圖書館庋藏。這批明清舊本輿圖自交撥之始，就因性質特殊而有統一的輿圖編號〔註 51〕。1928 年 5 月，南京國民政府大學院改京師圖書館爲國立北平圖書館。

民國二十一年（1932），北平圖書館輿圖部將這批明清舊本輿圖編成《國立北平圖書館藏清內閣大庫輿圖目錄》，共計 184 種、295 件，其中就有《江

〔註 48〕臺北故宮博物院圖書文獻處：《江蘇南河圖》，統一編號：平圖 021588；《山東運河圖》，統一編號：平圖 021501。

〔註 49〕張德澤：《清內閣大庫檔案分散與變遷的情況》，《檔案工作》1957 年第 3 期，第 24 頁。

〔註 50〕李鵬年：《內閣大庫——清代最重要的檔案庫》，《故宮博物院院刊》1980 年第 2 期，第 57 頁。

〔註 51〕李孝聰：《國立故宮博物院圖書文獻處藏清代輿圖的初步整理與認識》，《故宮學術季刊》第二十五卷第一期，2007 年，第 152 頁。

蘇南河圖》〔註 52〕。民國二十四年（1935），華北局勢吃緊，北平圖書館奉命揀選庫藏珍本、敦煌寫經、明清古地圖、金石拓片及重要典籍，運往上海租界及南京存放〔註 53〕，至 1949 年國共內戰後期，又轉運至臺灣。關於北平圖書館藏圖運往臺灣的史實，在中國國家圖書館善本特藏部輿圖組編《輿圖要錄》中亦有述及，「抗日戰爭爆發前夕，爲防不測，館藏清內閣大庫輿圖和逐年購得的特藏地圖隨大批文物運往南京。其後國民黨政府撤離大陸時，將 300 餘種計 8 大箱輿圖運至臺灣，存於臺北國立中央圖書館」〔註 54〕。1985 年轉存入臺北故宮博物院圖書文獻處後，因爲其來源特殊，以「平圖」進行編號，並著錄圖幅入藏來源爲北平圖書館。

由上述輾轉遷移可以得知這幅明代《江蘇南河圖》的身世，這幅地圖繪製於明代，清初爲修撰明史，徵集明代天啓、崇禎年間檔案時將該圖收入清內閣大庫紅本庫，直至清末爲籌建京師圖書館（北平圖書館前身）而將其從清內閣大庫轉存入京師圖書館，迄至抗戰時期被迫與北平圖書館珍藏一同南遷至南京，後於國共內戰後期轉入臺灣，先存於臺北國立中央圖書館，現存於臺北故宮博物院圖書文獻處。

上文已述，清內閣大庫紅本庫之紅本，基本爲各級官員上報辦理政務的題本，在皇帝御覽後由閣臣用朱筆將意見寫於本上，而紅本庫所藏明檔是爲修撰明史而徵集的天啓、崇禎年間題行稿等檔案及舊存實錄、誥敕等。據此推測，原藏於紅本庫的《江蘇南河圖》極有可能是明代地方官員或治河官員爲奏請政務而繪製並呈報的隨摺上奏材料。

目前《江蘇南河圖》的圖幅並未公開披露，其基本信息需依據 1932 年《國立北平圖書館藏清內閣大庫輿圖目錄》注記，「江蘇南河圖一軸，青綠畫，絹本，青綾邊，破。此係黃、淮合流時，黃河下流及其附近堤防之圖，東自海岸河口起，西至江蘇西北碭山縣止，故稱《江蘇南河圖》」〔註 55〕。《江蘇南河圖》應該爲明代人擬寫的原圖名，因爲在《國立北平圖書館藏清內閣大庫輿圖目錄》的編纂說明中明確指出，「各圖多有紙簽、貼記、圖名、式樣及編

〔註 52〕王庸：《國立北平圖書館藏清內閣大庫輿圖目錄》，《國立北平圖書館館刊》第 6 卷第 4 號，1932 年，第 439 頁。

〔註 53〕《國立故宮博物院圖書文獻處藏清代輿圖的初步整理與認識》，第 154 頁。

〔註 54〕《輿圖要錄》，前言。

〔註 55〕《國立北平圖書館藏清內閣大庫輿圖目錄》，《國立北平圖書館館刊》第 6 卷第 4 號，1932 年，第 439 頁。

次號數」，「各圖之名稱及編次方法，除特別原因外，亦多留存舊觀，不欲妄爲更改」〔註 56〕。

上述注記對於圖幅的顏色、質地等基本信息的描述毋庸置疑，但是對於《江蘇南河圖》的得名和明代「南河」含義的理解存在錯誤。依照王庸給出的注記理解，該圖主要表現江蘇境內的黃河狀況，應該屬於黃河圖而非運河圖。實際上，依據明、清兩代的黃河管理體制而言，明代成化年間設置總理河道，又稱總督河道、總管河道大臣、總河、督河等，並且檢閱《明史・河渠志》中關於黃河的記載，並無以「南河」指稱黃河河段的記錄。至清代雍正七年（1729），改河道總督爲江南河道總督，簡稱南河總督，駐清江浦（今江蘇淮安市），專門負責長江以北江蘇、安徽兩省（統稱江南）境內的黃河、運河河工，所管轄河道也被稱爲「南河」。可見，以「南河」指代黃河河段僅適用於清代。而據《明史・河渠志》記載：「淮、揚至京口以南之河，通謂之轉運河，而由瓜、儀達淮安者，又謂之南河，由黃河達豐、沛曰中河，由山東達天津曰北河，由天津達張家灣曰通濟河，而總名曰漕河」〔註 57〕，可見明代以「南河」指稱瓜州、儀眞（今儀徵市）至淮安的運河河道。結合注記中關於圖幅內容的描述，可以推知《江蘇南河圖》爲表現瓜州、儀眞至淮安河段的運河圖。該圖寬 1.46 米，長 3.28 米，圖幅相當寬大，加之絹本彩繪，應該爲明代運河圖的精品。

臺北故宮博物院藏的另外一幅明代運河圖——《山東運河圖》，同樣以「平圖」編號，標注入藏來源爲北平圖書館，可知其同樣爲抗戰期間爲躲避戰火而南遷的北平圖書館珍藏地圖，後輾轉存於臺北國立中央圖書館及臺北故宮博物院圖書文獻處。但是《山東運河圖》應該不是出於清內閣大庫，因爲在民國時期整理的《國立北平圖書館藏清內閣大庫輿圖目錄》中並未著錄，而依據中國國家圖書館《輿圖要錄》說明，「抗日戰爭爆發前夕，爲防不測，館藏清內閣大庫輿圖和逐年購得的特藏地圖隨大批文物運往南京。其後國民黨政府撤離大陸時，將 300 餘種計 8 大箱輿圖運至臺灣，存於臺北國立中央圖書館」〔註 58〕，可以推知《山東運河圖》應該屬於「逐年購得的特藏地圖」序列。該圖圖幅寬大且質地良善，同樣應該爲明代運河圖的精品之作。

〔註 56〕《國立北平圖書館藏清內閣大庫輿圖目錄》，《國立北平圖書館館刊》第 6 卷第 4 號，1932 年，第 437 頁。

〔註 57〕《明史》卷八十五《志第六十一・河渠三》，第 2078 頁。

〔註 58〕《輿圖要錄》，前言。

借助現存於臺北故宮博物院的兩幅明代運河圖，我們至少可以得到如下認識：先前明代彩繪單幅運河圖因為不易發現，所以研究的視野與判斷往往被留存下來的大量清代彩繪單幅運河圖所左右，而影響對於明代運河圖的認識。雖然清代單幅精美的運河圖無論在數量上還是繪製質量上都給我們留下深刻印象，且很少能發現明代的此類地圖，但是並不能否認明代宮廷或者官方製作利用過這種類型的運河圖，即單幅精美的彩繪運河圖。並且，考慮到這類運河圖具有文字描述所無法比擬的形象直觀的特徵及明代運河治理頻繁的實際，在官方奏事過程中應該產生過一些此類運河圖。

四、結語

明代志書類運河圖主要存在於明代治河官員所撰著的運河專志中，這些官員親歷其事，著說繪圖，所繪製圖幅雖然擺脫不了志書地圖的特徵，即以文為主、以圖為輔，地圖作為文字的附庸而出現，在地圖表現力上遠遜於彩繪單幅運河圖，但是其價值主要體現在繪製主題豐富，不僅包含運河全圖，而且包含局部圖，不僅包含河工水利圖，而且包含泉源圖、重點地域工程圖等。這些主題多樣、類型豐富的運河圖在清代彩繪單幅運河圖中得到很好的發揚。

在明代地圖集中亦散存有部分運河圖，這些運河圖雖然同樣是單色墨刻本地圖，但是其價值要遠高於上段所述運河專志中的附圖。綜觀明代運河圖的發展，羅洪先繪製的《漕運圖》影響深遠，產生後成為運河地圖中一個強有力的脈絡。前文論證的《三才圖會》、《圖書編》以及《皇明職方地圖》中的漕運圖，無一不是直接或者間接的受益於羅氏繪製的《漕運圖》。此種影響延及清代，成書於明崇禎年間、初次刊行於清順治年間的《輿圖備考》，收錄有黃河圖、漕運圖等，據王庸研究「雖均不畫方，但其形式與《廣輿圖》無大差異，故不敢斷為與羅圖毫無間接關係也」〔註 59〕。

分析《廣輿圖》中《漕運圖》影響廣被的原因，應該歸因於《廣輿圖》的盛行。任金城曾指出：「由於《廣輿圖》經過多次刻印，從而得到廣泛的流傳，影響極為深遠，在我國地圖發展史上實起著承上啓下，繼往開來的作用」，並認為萬曆年間的《廣輿考》、崇禎年間陳組綬的《皇明職方地圖》以及吳學儼的《地圖綜要》、潘光祖的《輿圖備考》「顯然是以《廣輿圖》為藍本，僅

〔註 59〕《中國地理圖籍叢考》，第 21 頁。

大量增加了文字說明部分而已。直到清初顧祖禹的《讀史方輿紀要》中的附圖，也還是以《廣輿圖》爲基礎」；並進一步指出，同時代衛匡國神父（Martin Martiti）在歐洲出版的《中國地圖集》（Atlas Sinensis）也是以《廣輿圖》爲藍本〔註 60〕。作爲明代最重要的地圖集，其影響廣度如此之大，其中的《漕運圖》在明代大運河地圖中佔據如此重要的地位也就可以理解了。

現藏於臺北故宮博物院的明代彩繪本《江蘇南河圖》和《山東運河圖》，應該是明代宮廷或官方藏圖，這兩幅繪製精美的運河圖具有極高的史料價值，可惜目前圖幅尚未公開，無法進行更爲深入的研究，但是推測這兩幅地圖應該是明代官員彙報運河狀況而隨摺上奏的官方材料。這兩幅明代彩繪單幅運河圖雖然數量極少，據此很難對明代彩繪單幅運河圖得出較爲全面系統的認識，但是根據明代運河修治頻繁的實際和運河圖形象直觀的表現方式，推測在下情上達的文牘呈報系統中產生過一定數量的此類運河圖。這多少能夠改變因爲明代彩繪單幅運河圖信息和圖幅稀少而造成彩繪單幅運河圖的研究視野僅停留在清代的狀況，改變研究內容和判斷爲大量清代彩繪單幅運河圖所左右的局面，爲認識明代彩繪單幅運河圖打開一扇窗口，也爲認識清代彩繪單幅運河圖拓寬了視野。

除此之外，河防水利圖的影響也延伸到運河地圖的領域，具體如黃運兩河合繪的技法，對於明代運河地圖風格的形成和地圖表現方式的塑造起到一定作用。雖然這種繪製技法是筆者分析中出現的一個個例，但也可以提示相關性質地圖之間存在互相借鑒的現象。

總體而言，有明一代，運河地圖隨著運河治理的日臻成熟和漕河文獻的增多，而不斷發展演進。以筆者收集到的明代運河圖而言，早期的運河地圖難免顯得生澀簡單，但隨著發展，運河圖本身內容不斷豐富，繪製更爲切實，且各種主題圖、局部圖也逐漸出現，並在下情上達的文牘呈送系統中出現了彩繪單幅運河圖，已經在繪製技法、地圖分類等方面發展到較高水平，爲清代運河圖取捨借鑒提供了部分素材。

（原載《中華文史論叢》2016 年第 4 期）

〔註 60〕任金城：《〈廣輿圖〉的學術價值及其不同的版本》，《文獻》1991 年第 1 期（總第 47 期），第 130 頁。

六、大英圖書館藏《運河圖》圖釋

摘要：大英圖書館藏《運河圖》雖經前人注記，但是尚待深入研究。本文借助新披露的地圖圖像，就其繪製內容、繪製技法、表現年代、圖幅價值及繪製背景等進行分析，認爲該圖繪製精美、線條流暢、注記豐富、圖例統一，是難得一見的反映康熙中後期運河治理狀況的第一手圖像史料。

關鍵詞：大英圖書館、康熙朝、《運河圖》

大英圖書館（British Library）藏《運河圖》前經李孝聰先生簡單注記，指出該圖 1881 年入藏大英圖書館，圖幅展現的是康熙後期（1696～1722）的運河狀況〔註 1〕。筆者之前研究中曾涉及該圖〔註 2〕，因爲未能寓目，所以相關研究未能深入展開。日前，該地圖圖像在網絡上公開，在此從圖幅內容出發，就繪製內容、繪製技法、表現年代、圖幅價值及繪製背景等做更進一步地分析，以期更好地展現該圖的史料價值，有益於水利史尤其是大運河歷史的研究。

一、圖幅信息

該圖爲絹本彩繪，卷軸裝，尺寸爲 51cm×944cm。

圖幅從右往左展開，卷首起自京師（北京），卷尾止於杭州錢塘江畔，如圖一所示，主要繪製運道沿線的州縣、山巒、閘壩、涵洞、湖泊、堤壩、河

〔註 1〕李孝聰：《歐洲收藏部分中文古地圖敘錄》，國際文化出版公司，1996 年，第 38 頁。

〔註 2〕王耀：《水道畫卷：清代京杭大運河輿圖研究》，中國社會科學出版社，2016 年，第 33～34 頁

流等地物。地圖中同時較爲詳盡地繪製黃河，黃河自孟縣、孟津縣、偃師縣一帶入圖，中經徐州、駱馬湖口等至淮安府清口一帶與洪澤湖、運河交匯，直至「八灘」、「十套」、「三木樓」等處入海，黃河沿線重點繪製支流、州縣、山巒、湖泊、閘壩、堤埽等。

在地圖中，如圖一所示，黃色的黃河基本上與淺草綠色的運河平行繪製，這與現實中黃河下游基本呈東西向流淌及大運河基本呈南北向流動的狀況不符，這種繪製方式在明、清大運河地圖繪製技法中較爲常見，一方面是受制於長而扁平的卷軸裝這一裝幀形式，另一方面也與古代輿圖繪製中的方位選取有關。這種黃河、運河在地圖中平行繪製的技法，在明代潘季馴的《河防一覽圖》中就已開始使用，在清代應用更廣。現代地圖中爲我們所熟知的「上北下南、左西右東」的方位並不適用於古代所有地圖，尤其是古代河渠水道圖，爲表現長長的水道，基本上選取河岸一方爲上，並不斷延展。這幅《運河圖》是以大運河的西岸爲上，整幅地圖不在統一的方位限定之下。

圖一：《運河圖》之徐州、微山湖一帶〔註3〕

〔註 3〕大英圖書館藏《運河圖》，圖像來自於「數位方輿」，網址：http://digitalatlas.asdc.sinica.edu.tw/map_detail.jsp 跡 id=A104000043，2016 年 8 月 9 日。

整體來看，《運河圖》線條流暢，用色考究，繪製精美，圖例統一。如圖一所示，圖幅下方的運河塗以淺草綠色，上方的黃河繪以黃色，長江、錢塘江、洪澤湖、微山湖、駱馬湖、白河、通惠河、新中河等河流、湖泊、支流、支渠則以略淡於運道的淺草綠色塗染，以區別於運道。河道中水波紋路清晰，或緩或急，靈動寫實。如圖一所示，運河、微山湖中的水波平緩，水勢較爲孱弱，而與之對應的黃河，則黃流濤濤，水波洶湧，繪製手法極爲寫實。圖幅中城池繪製手法同樣生動，多是以方形城牆符號表示沿途州縣，城牆四周繪以紅柱淺藍頂城門，城牆塗以深藍色（如圖一下方的「夏鎮」和圖五中的「天津衛」），也有少部分州縣並非繪以方形城牆符號，如半圓形城牆符號圈圍的「河西務」、「泊頭鎮」以及跨河而建的「臨清州」、「張秋城」等。尤其特別的是「京師」的表現技法，如圖二所示，祥雲環繞中露出五座宮殿，其中三座大殿前後整齊排列，近似於紫禁城中的三大殿，以象徵性手法凸顯出與眾不同的「京師」。這種以高大宮殿象徵性表示京師的技法，在美國佛利爾美術館（Freer Gallery of Art）藏《運河全圖》和紐約大都會博物館（The Metropolitan Museum of Art）藏《運河全圖》中也有體現〔註 4〕。

閘是運道中控制水量的重要水利設施，山東運河段高差較大，需逐級設閘，約束河水，因此圖幅中較爲細緻地繪畫山東運河段的閘。如圖一所示，基本使用河兩岸對應的藍色梯形表示。再如圖四所示，在黃、運交匯的清口一帶的「東壩頭」、「西壩頭」、「新大墩」、「頭壩」等使用黃色圓束表示，而黃河中的石工以藍色線條表示，險工則以黃色圓束表現，地圖中應該使用的是寫實畫法，即河道中藍色表示石工，黃色圓束則應該是草壩。地圖中的山巒繪製地十分鮮明，如圖一所示，除「宿遷縣」附近的馬陵山繪以黃色外，其他諸如「大谷山」、「蘇家山」等均使用深藍色與青色兩種顏色套色的山形符號表示。此外，如圖三、圖四所示，地圖中使用沿河延伸的棕色連續線條來表示堤壩；「宿遷縣」周圍的「大王廟」、「眞武廟」爲紅牆藍頂的房屋符號，如圖四所示，清口附近的「皇亭」、「御壩」則是紅牆黃頂的房屋符號，長江中的「金山」上繪製有紅柱藍頂的寶塔。總之，就觀感而言，這是一幅具有較高觀賞價值的精美運河圖。

〔註 4〕王耀：《清代京杭大運河全圖初探》，《故宮博物院院刊》2008 年第 2 期，第 92～93 頁。

圖二：《運河圖》之京師

此外，該圖中有較爲豐富的文字注記，如附錄中筆者整理的三個表格所見。文字注記大致分爲三類：一是運河、黃河沿途河流的源頭、流域等狀況（如表 1）；二是河渠水道整修狀況，多記載當朝皇帝直接指示的工程修治等（如表 2），在文字上多以《御壩說》《清口說》等圖說形式出現；三是關於河渠脈絡等狀況的一般性記載（如表 3）。第一類關於河流狀況的記載，簡潔明瞭，經比對，其中文字注記與紐約大都會博物館藏《運河全圖》中的文字記載一致〔註 5〕，兩者在繪製時應該參閱過相同文字資料或者具有某種淵源關係。並且，紐約大都會博物館藏圖中關於「白河」、「洸水」的注記部分缺失，可以大英圖書館藏圖補之。相對而言，三類內容中以第二類價值最高，是記載當時運河修治狀況的第一手資料，而第三類記載則爲一般性注記。

〔註 5〕參見《水道畫卷：清代京杭大運河輿圖研究》，「表 5-5：紐約大都會博物館藏圖圖中文字」，第 130 頁。

二、年代判定

李孝聰先生判斷該圖展現的應是康熙三十五年至康熙六十一年（1696～1722）間的運河狀況。在此，借助中河、清口地區的河道修治、閘壩等，做更深入地分析，並給出更具體的年代判定。

（一）中河

康熙中期，先後開鑿舊中河、新中河，主要是試圖實現黃、運分離，不再利用遷徙無定的黃河行運，改為借助山東境內的東泇河、西泇河的水源行運，同時利用駱馬湖等湖泊調節水量，這在運河治理史上具有相當重大的意義。

康熙二十五年（1686），靳輔挑挖中河，即舊中河。康熙三十九年（1700），于成龍以中河南逼黃河，難以築堤，於中河下段，改鑿六十里，名曰新中河〔註6〕。據文獻記載：「（張）鵬翮見新中河淺狹，且盛家道口河頭彎曲，挽運不順，因於三義壩築攔河堤，截用舊中河上段、新中河下段合為一河，重加修濬，運道稱便」〔註7〕。從圖三可見，「仲莊閘」所在應該為舊中河，圖中注記「三義壩閉」及堵閉舊中河而形成「新中河」的畫面，與上面文字記載相吻合。因此，地圖中反映的主要是康熙三十九年前後的中河狀況。

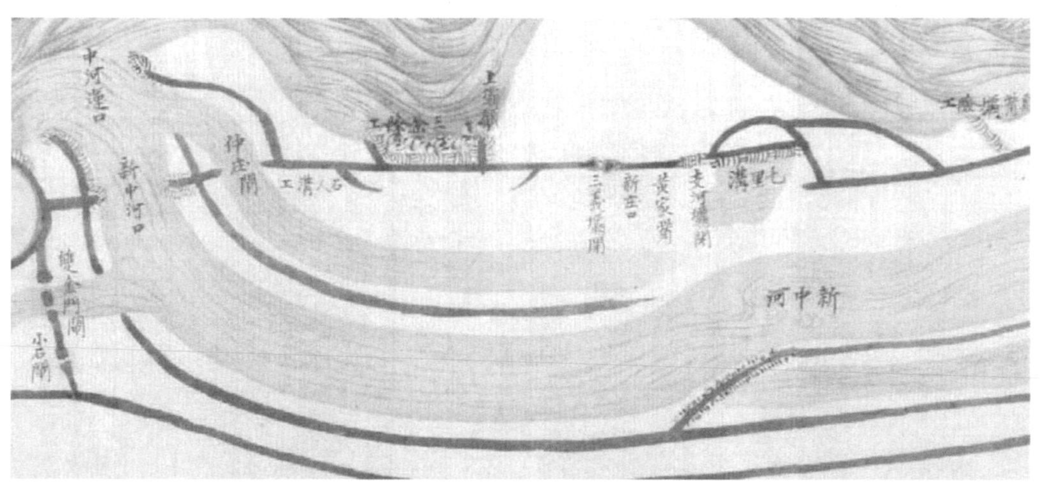

圖三：《運河圖》之新中河

〔註6〕《清史稿》卷一二七《河渠二・運河》，中華書局，1976年，第3775頁。
〔註7〕《清史稿》卷一二七《河渠二・運河》，第3775～3776頁。

（二）清口地區

清口地區是該圖的繪製重點，因爲黃河、運河在此交匯，是清代最爲重要的運道治理區域，且該圖中「圖說」（如表 2）主要是圍繞清口地區的河湖治理展開，結合表 2 圖說內容可知，這些河渠治理多是由康熙皇帝親授機宜。

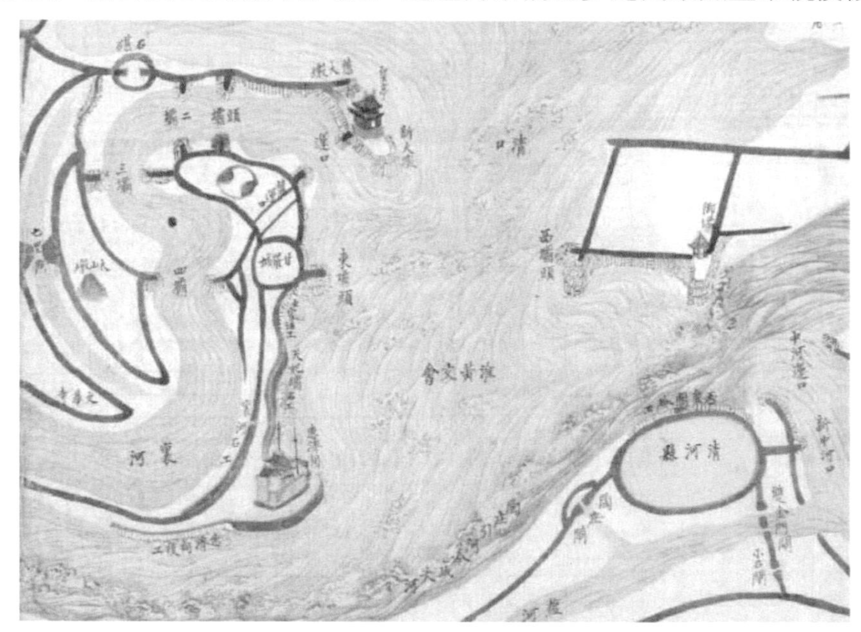

圖四：《運河圖》之清口地區

在此，就圖四中重要河渠工程的修築時間等整理表格如下：

表 4：《運河圖》所見清口地區河渠治理工程

建築時間	圖上注記	文獻記載	出處
康熙三十八年	御壩	（康熙）三十八年，聖祖仁皇帝南巡臨視河口……立即於其處建挑水大壩，挑流北趨，土人感戴至今，呼爲御壩	麟慶：《黃運河口古今圖說》之「康熙三十四年後河口圖說」，中國國家圖書館藏道光二十年刻本
康熙三十九年	惠濟祠後工	惠濟祠石堤舊係埽工，康熙三十九年改建石工	衛哲治等纂修《淮安府志》，清乾隆十三年修，清咸豐二年重刊本，臺北成文出版社影印，1983 年，第 614 頁
康熙四十年	新大墩	（康熙）四十年……築新大墩於舊墩之西，逼清七分，敵黃三分	《黃運河口古今圖說》之「康熙三十四年後河口圖說」

康熙 四十一年	石磡	（康熙）四十一年，……（在三汊河處）建石磡一座，名濟運閘，相時啓閉，引三汊河之水由文華寺入運河濟運	《黃運河口古今圖說》之「康熙三十四年後河口圖說」
康熙 四十二年	皇亭	舊口之南、新口之北，有龍亭一座，康熙四十二年建	《淮安府志》，第 645 頁
	陶莊引河	（康熙）四十二年，上諭以仲莊閘緊封清口，有礙行運，又於陶莊閘下挑引河一道，改從楊家莊出口，並建束水草壩三座。至今糧運往來，通行無滯也	《淮安府志》，第 584 頁

從表 4 記載可見，圖四集中繪製的是康熙四十二年及之前的清口地區河渠治理狀況。同時根據圖中《御壩說》記載：「聖謨特建挑水壩，逼溜北行，今大溜直趨陶莊引河，俾清水得以暢出，黃水永無倒灌之虞」（如表 2）。這一記載正與表 4 中「陶莊引河」條中文獻記載相對應，即「四十二年，上諭以仲莊閘緊封清口，有礙行運，又於陶莊閘下挑引河一道」。結合圖說亦可知該圖主要反映康熙四十二年的狀況。

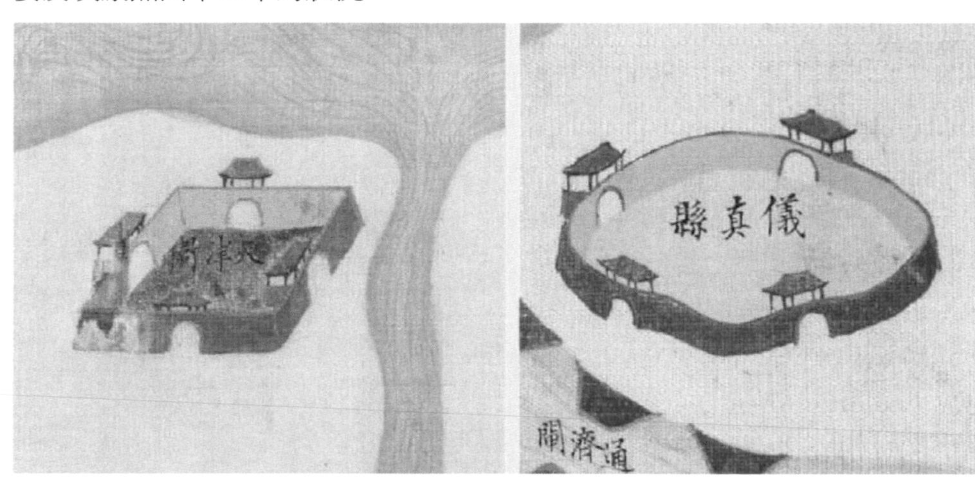

圖五：《運河圖》之天津衛（左）與儀眞縣（右）

據上文分析，圖中出現最晚的水利工程爲皇亭、陶莊引河，故而推斷該圖繪製的上限年代爲康熙四十二年（1703）。關於地圖的下限年代，如圖五所示，圖中標注「天津衛」字樣，而雍正三年，改天津衛爲天津州，這一變化未在圖中體現；同時，「儀眞縣」在雍正即位後，因避胤禛名諱而改稱「儀徵縣」，圖五中依舊出現的是「儀眞縣」字樣，因此推斷該圖應繪製於雍正即位（1723）之前。

綜合來看，該圖極有可能繪製於康熙四十二年至康熙六十一年間（1703～1722）。從圖幅顏色、圖說注記、風格等綜合來看，該圖不像是後世摹繪之作，應是當朝所繪。此外，據圖幅內容及圖說來看，該圖表現年代大致定爲康熙四十二年及之前數年較爲合理。

三、圖幅價値

該圖繪製精美、注記豐富、線條流暢，前文已述。同時，該圖繪製於康熙後期，主要反映康熙四十二年及之前數年的河渠治理狀況。經筆者收集研究，與數量眾多的乾隆朝與咸豐、光緒朝繪本地圖相比，清前期康熙朝的大運河地圖留存數量極爲有限。康熙朝大運河地圖，上文曾提到美國佛利爾美術館藏《運河全圖》與紐約大都會博物館藏《運河全圖》，目前披露的還包括巴黎法國國家圖書館藏《黃、運河全圖》〔註 8〕、韓國首爾大學奎章閣藏《黃運兩河全圖》〔註 9〕、中國國家圖書館藏《運河全圖》〔註 10〕、臺北故宮博物院藏《京杭運河圖》〔註 11〕及《治河全書》中彩繪《運河全圖》〔註 12〕。

相比較而言，上述康熙年間大運河地圖，繪製最爲精美的，當屬中國國家圖書館藏《運河全圖》與《治河全書》中的《運河全圖》（如圖六），這兩幅地圖應出自康熙朝河督張鵬翮之處，圖幅表現力最強。大英圖書館藏圖與美國佛利爾美術館藏圖、紐約大都會博物館藏圖，表現力稍差，但依然非常精美。《運河圖》在繪製精美程度及文字注記豐富程度上，與清中期乾隆年間官繪本基本持平，要遠勝於清後期咸豐、光緒年間所繪的大運河地圖。究其原因，這與康熙皇帝重視河工，多次親臨閱河、親自指授治河方略等有很大關係。

〔註 8〕《歐洲收藏部分中文古地圖敘錄》，第 34 頁。據研究，該圖表現年代爲康熙三十二年至康熙六十一年（1693～1722）。

〔註 9〕席會東：《海外藏康熙〈黃運兩河全圖〉研究》，《中國國家博物館館刊》2013 年第 10 期。據研究，該圖表現年代爲康熙三十六年至康熙三十八年（1697～1699）。

〔註 10〕《水道畫卷：清代京杭大運河輿圖研究》，第 34～35 頁。該圖繪製時間應該爲康熙四十二年至康熙六十一年（1703～1722）。

〔註 11〕《水道畫卷：清代京杭大運河輿圖研究》，第 36～37 頁。該圖主要反映康熙中後期河渠治理狀況。

〔註 12〕（清）張鵬翮：《運河全圖》，中國地圖出版社，2011 年。相關研究見《水道畫卷：清代京杭大運河輿圖研究》，第 38～41 頁。

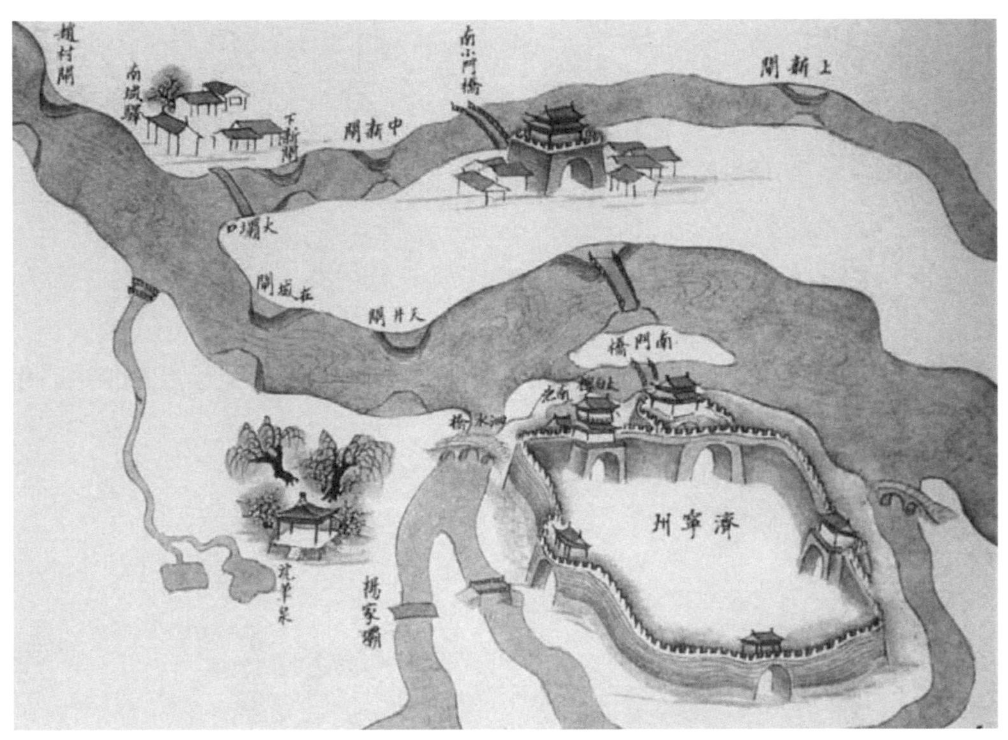

圖六：《治河全書》中《運河全圖》之濟寧州

大英圖書館藏圖雖然反映運道沿途眾多閘壩等河渠治理，但是重點反映的最新治理成就多集中在清口地區，且以康熙四十二年爲限。同時，上述康熙朝地圖中美國佛利爾美術館藏圖、紐約大都會博物館藏圖、中國國家圖書館藏圖及《治河全書》中附圖，反映的最新治河成就也是以康熙四十二年清口地區爲主。這批地圖的產生有一個共同的歷史背景，即康熙第四次南巡閱河。康熙曾六次南巡閱河，親授機宜。康熙四十二年，第四次南巡閱河，「四十二年癸未春正月壬子，大學士諸臣賀祝五旬萬壽，恭進『萬壽無疆』屏。卻之，收其寫冊。壬戌，南巡閱河」〔註 13〕。如圖四中「皇亭」，在「新大墩」之前，緊鄰洶湧的洪澤湖出水口，康熙四十二年，皇帝曾親至此地；「陶莊引河」工程亦出自康熙指示。康熙重視河工，要求河臣繪圖上呈，便於日常及南巡時參閱；同時，河臣借助運河圖的形象化、符號化特點，向皇帝請示、彙報治河方略、工程進展等。因此，留存下一批集中反映康熙四十二年前後狀況的運河圖也就可以理解了。

〔註 13〕《清史稿》本紀八《聖祖本紀三》，第 261 頁。

大英圖書館藏圖除繪製精美外，同時具有相當學術價值。一是康熙朝大運河地圖本就留存不多，大英圖書館藏圖具有稀缺性；二是圖像史料的價值日益受到學界重視，作爲反映康熙朝運河治理的第一手圖像史料，其中又有大量注記，可以在水利史尤其是大運河歷史研究中與文獻記載相對照，共同進行歷史闡釋，增加研究的地理感和畫面感。可以說，大英圖書館藏《運河圖》兼具學術價值與觀賞價值，是現存爲數不多的康熙朝大運河地圖，也是瞭解和研究清前期大運河狀況的重要圖像史料。

附錄：

表 1：《運河圖》中有關運河、黃河沿途河流的文字注記

河流名稱	文字注記
通惠河	通惠河源出昌平州神山泉，會馬眼諸泉至通州與潞河會
富河	富河即沙、榆二河合流至通州與白河會
白河	白河源出密雲縣，經通州會富河、通惠河、渾河至天津入海
南新河	南新河源自大興縣，流至張家灣與渾河合入潞河
渾河	渾河源出大同桑乾山，至張家灣入潞河
滹沱河	滹沱河出大鐵山，至青縣入漕河
衛河	衛河源出輝縣蘇門山百門泉，引小丹河及淇、洹、漳諸水至臨清與汶水合
洛水	洛水源出陝西洛南縣，至河南鞏縣入黃河
澗河	澗河源出澠池縣，至洛陽入洛河
瀍河	瀍河源出孟津縣，至洛陽入洛河
伊水	伊水源出盧氏縣，至偃師與洛河交流
溴河	溴河出濟源縣，東南流入黃河
濟水	濟水發源王屋山，入黃河
沁水	沁水出山西沁源縣，至武陟縣入黃河
汶河	汶河發源泰山諸泉，至汶上縣南旺湖口南北分流
洸水	洸水即汶水支流，益寧陽諸泉至寧陽入天井閘
泗水	泗水源出陪尾山，至兗州與沂水合流，入魯橋閘

表 2：《運河圖》中有關河渠水道整修狀況的文字注記

名稱	文字注記
戚字堡引河說	《戚字堡引河說》：因對岸沙嘴逼流頂沖，遵旨取直，開挖引河分殺水勢，今已成河
	查舊險工一百九十丈，今遵奉聖謨，取直，挖去南岸灘嘴，今淤一百一十丈，止存險工八十餘丈
	奉上諭留減黃水壩三座，因隔中河，未敢開放
	歸仁堤從前棄而不修，欽奉聖謨，修理堤河閘座泄水，湖水不入洪澤湖，引清刷黃
塘埂六壩說	《塘埂六壩說》：六壩從前盡潰，湖水東注。欽奉聖謨，堅築束水，入清口敵黃，下河田土盡得耕獲
高堰說	《高堰說》：高堰從前殘缺卑薄，欽奉聖謨，加築高寬，添建石工，以資保障，淮揚民生晏安
運口說	《運口說》：遵奉聖謨，運口築大墩分水，七分敵黃，三分濟運，又挑濬運河，深通國計，民生利賴無窮
	仰賴聖謨，改修中河，深通漕運利涉
御壩說	《御壩說》：聖謨特建挑水壩，逼溜北行，今大溜直趨陶莊引河，俾清水得以暢出，黃水永無倒灌之虞
清口說	《清口說》：清口從前黃流倒灌，淤成平陸。仰賴聖謨指示，挑挖張福口等引河，導淮暢出，清口深通，淮黃交會。今伏秋異漲，依然逼黃北行，毫無倒灌
大通口說	《大通口說》：前河臣誤築攔黃壩，下流壅塞。蒙聖明洞鑒，特命盡拆，疏通海口寬深，二瀆暢流歸海，共慶安瀾
下河說	《下河說》：仰賴聖謨，堅閉六壩，湖水涓滴不下，又開海溝、蝦鬚等河，泄出積水，田地盡得耕種，民生樂業
人字河說	《人字河說》：從前湖水無處宣洩，邵伯堤潰，糧艘阻滯。欽奉聖謨，大濬人字等河，泄水入江，得以堵塞決口，通利運道，田廬復業

表 3：《運河圖》中有關河渠脈絡等狀況的文字注記

文字注記
馬踏、蜀山兩湖係蓄水櫃，汶水漲則入湖，汶水小則放湖水出濟運
泰安、萊蕪、新泰諸泉源入汶河者，俱從此出口，是爲分水派
泗、洸合流，從此出，爲天井派

沂、泗合流，從此出，爲魯橋派
自李道華家樓起至蘇家山九十里，因徐城以下窄狹，大漲難容，不築堤使漫溢入湖
明河臣潘季馴於鮑家營泄黄河異漲之水，由碩項湖入海，保障淮揚
王營大壩泄異漲之水由鹽河入海

（原載《歷史檔案》2019 年第 1 期）

七、清代《大運河全圖》釋讀

摘要：本文對前人簡單注記的清代《大運河全圖》進行了更爲深入的研究，推斷該圖大致繪製表現了嘉慶九年至嘉慶二十五年間（1804～1820）的大運河狀況，並指出圖幅中對於杭州、長江沿岸、山東泉源、京師等特定地域的繪圖方式，與美國藏《四省運河水利泉源河道總圖》等基本一致，這些具有極高辨識度的繪圖特徵是某些清中後期大運河輿圖的共同特徵。

關鍵詞：清代、京杭大運河、古地圖、《大運河全圖》

大運河輿圖是中國古代河渠水利圖的重要門類。清代，大運河修治頻繁，因此留下大量繪製精美的運河圖，爲水利史研究尤其是京杭大運河歷史研究，提供了極爲珍貴的第一手圖像史料。大運河輿圖的繪製內容事關漕運、水利等國計民生，坊間民人不與其事，很難知悉詳情，因此當前留存下來的清代彩繪大運河輿圖，基本都是官繪本，多是職責所繫的河督或者稍低層級的河道官員所繪製，亦或是宮廷爲存檔而摹繪。也因此，之前保存在清內閣大庫、內務府造辦處等地的宮廷藏圖，在易代更張後，其大宗仍以官方保管爲主，分別流入中國第一歷史檔案館、中國國家圖書館、臺北故宮博物院等處。目前來看，地方河道官員繪製的大運河輿圖多藏於地方河署，有部分收入中國國家圖書館、北京大學圖書館、中科院圖書館等，也有部分流入地方藏圖機構、境外藏圖機構或者私人藏家之手〔註 1〕。

〔註 1〕參閱王耀《水道畫卷：清代京杭大運河輿圖研究》，中國社會科學出版社，2016 年，「海內外主要藏圖機構及藏圖概況」，第 12～19 頁。

本文研究的《大運河全圖》〔註 2〕即屬於由民間收藏的河道官員繪呈的彩繪運河圖。出版單位就該圖的圖幅內容、流轉情況、繪圖年代等做了簡要介紹，基本停留在圖幅描述層面。本文將在分析圖幅內容基礎上，給出更爲具體的圖幅年代，並將之與一幅美國國會圖書館藏圖就繪圖特徵等進行比對，部分呈現兩者之間的聯繫。

一、圖幅內容

《大運河全圖》，紙本彩繪，長 869 釐米，寬 22.5 釐米，經摺裝。該圖卷首起自錢塘江南岸的紹興府，卷尾止於京師，重點繪製運道沿途的州縣、山巒、閘壩、湖泊、河流、名勝等地物。圖幅整體繪製精美，山巒塗以淺草綠色，運道及支渠多施以淺灰色，長江則繪製爲淺青色，黃河、漳河、桑乾河等含沙量較高的河流則施以黃色，如圖一所示，在錢塘江和西湖中，還繪製有小帆船，依稀可見劃槳的船夫，栩栩如生。

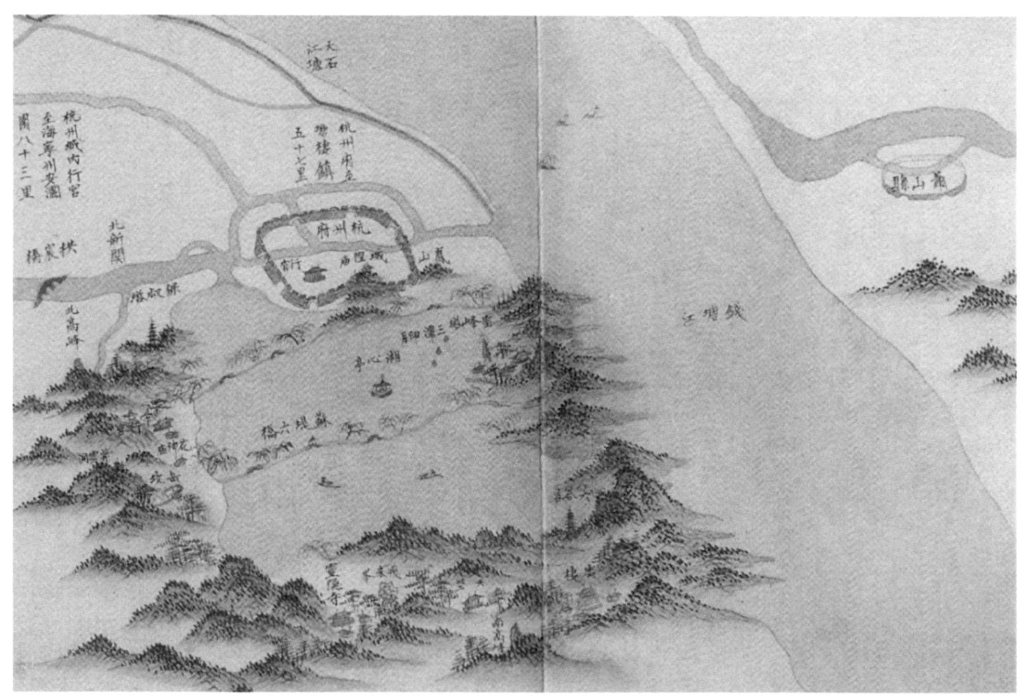

圖一：《大運河全圖》之杭州

〔註 2〕杭州檔案館編：《大運河全圖》，浙江古籍出版社，2013 年。據《前言》，該圖由徐正國先生收藏。

圖幅中圖例符號統一寫實，多使用方形城牆符號來表示運道沿線城市，使用灰色屋頂和紅牆的房屋符號，象徵性地表示廟宇、行宮等，如圖一中杭州府附近的「靈隱寺」「花神廟」等。圖中文字注記較多，內容涉及湖泊蓄泄、河流受水、水道路程等狀況，其中湖泊及河流情況的注記在山東運河段較爲密集，這與山東運河段高差較大、水源艱澀的客觀情況有關，而水道路程則由卷首至卷尾，全程標注，如圖一中，「杭州府至塘棲鎮五十七里」，「杭州城內行宮至海寧州安瀾園八十三里」。

二、年代判定

古地圖的年代有圖幅表現年代和繪製年代之分，一般而言，如果沒有確鑿證據或明顯題記等信息，不敢斷定地圖的繪製年代。而圖幅表現年代則相對而言，更好推斷一些。出版《前言》中指出，「經有關專家根據圖上的內容、繪製風格及所用紙張考證鑒定，該圖當繪製於嘉慶、道光年間」〔註3〕，該結論較爲寬泛且未加具體論證，在此結合清口地區的水利興修狀況，來進一步推斷該圖的表現年代。

粗略而言，地圖中出現「儀徵縣」，因雍正即位後，爲避諱胤禛名諱，「儀眞」改稱「儀徵」，因此地圖表現年代當在雍正元年（1723）之後。同樣根據避諱原則，道光皇帝旻寧即位後，地名中「寧」字改寫爲「甯」，但是該圖中「江寧府」、「天寧寺」、「濟寧州」等都未改寫，據此，初步判斷該圖表現年代應在道光元年（1821）之前。

清代，黃河、運河、洪澤湖交匯於江蘇淮安府清口地區（如圖二），清口地區成爲清代治河的緊要之地。《清史稿・河渠志》記載：「黃河南行，淮先受病，淮病則運亦病。由是治河、導淮、濟運三策，群萃於淮安清口一隅」〔註4〕。因此，清代在清口地區興作頻繁，諸多標誌性工程，可以作爲地圖表現年代判定的重要線索。

圖二清口地區大概方位爲上北下南，地圖最下方爲洪澤湖，洪澤湖出水口處的「束清壩」，於嘉慶九年（1804）改移，據載：「嘉慶九年，尚書姜公晟、河東總河徐公瑞會同總督鐵公保、總河吳公璥通籌全域，又將束清壩移建於頭壩之南湖水會出之處，築東西兩壩，每年相機展束」〔註5〕。結合圖三

〔註 3〕《大運河全圖》，《前言》。

〔註 4〕《清史稿》卷一二七《河渠二・運河》，中華書局，1976 年，第 3770 頁。

〔註 5〕麟慶：《黃運河口古今圖說》之《嘉慶十三年河口圖說》，中國國家圖書館藏

可見，左邊爲現藏於臺北故宮博物院的兩江總督奏摺附圖——乾隆五十四年《陶莊新河圖》〔註 6〕，方位與圖二正相反，可見乾隆五十四年時「東清東壩」、「東清西壩」尚在御詩亭、大王廟一帶，而圖二中「東清壩」已於嘉慶九年移至運口之南。再參閱圖三右邊，該圖爲道光朝河督麟慶繪製的《道光七年河口圖》〔註 7〕，此時，已較圖二有所變化，圖二中「御黃壩」直對黃河，而圖三右邊的「御黃壩」已內縮至運道內，更靠外新修有「鉗口壩」、「草閘」等，「鉗口壩」築於道光五年〔註 8〕，圖二中亦未見道光年間水利設施。綜合來看，推斷《大運河全圖》的表現年代大致爲嘉慶中後期，即嘉慶九年至嘉慶二十五年間（1804～1820）。

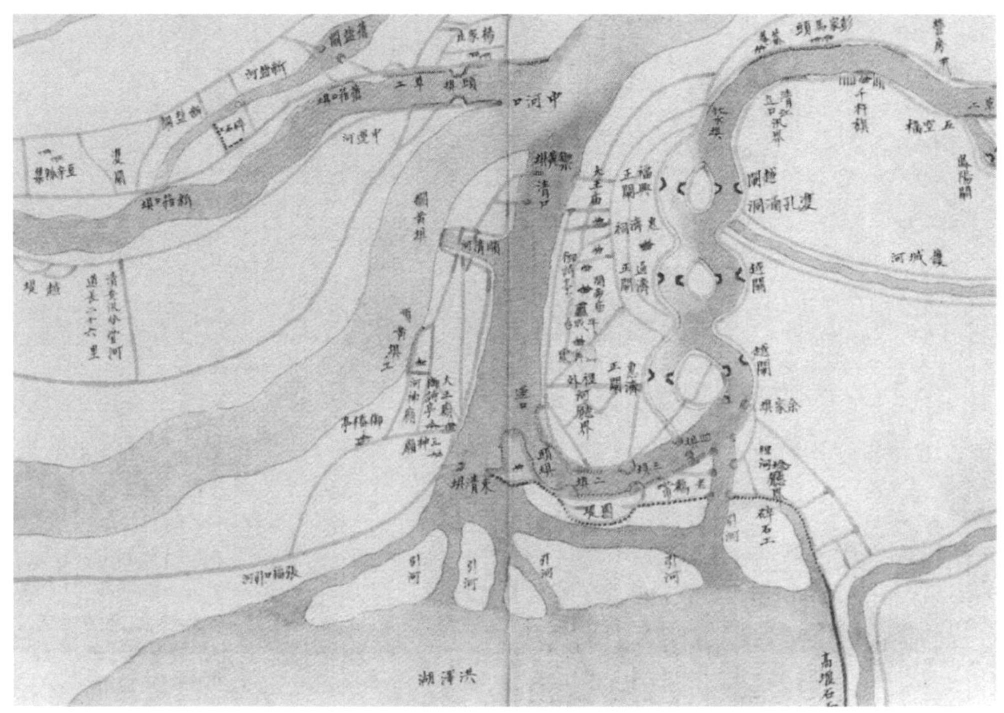

圖二：《大運河全圖》之清口地區

道光二十一年雲蔭堂刻本。

〔註 6〕臺北故宮博物院藏《陶莊新河圖》，兩江總督書麟奏摺附圖，乾隆五十四年五月二十一日，縱 32.6 釐米，橫 58 釐米，故機 040837。載《水到渠成：院藏清代河工檔案輿圖特展》，臺北故宮博物院，2011 年，第 57 頁。

〔註 7〕《黃運河口古今圖說》，「道光七年年河口圖」。

〔註 8〕參閱《黃運河口古今圖說》，「道光七年河口圖說」：「五年春，借黃濟運，將新御黃壩幫寬收窄，壩外又接東、西牽堤，建鉗口壩二於西堤，乃重漕渡」。

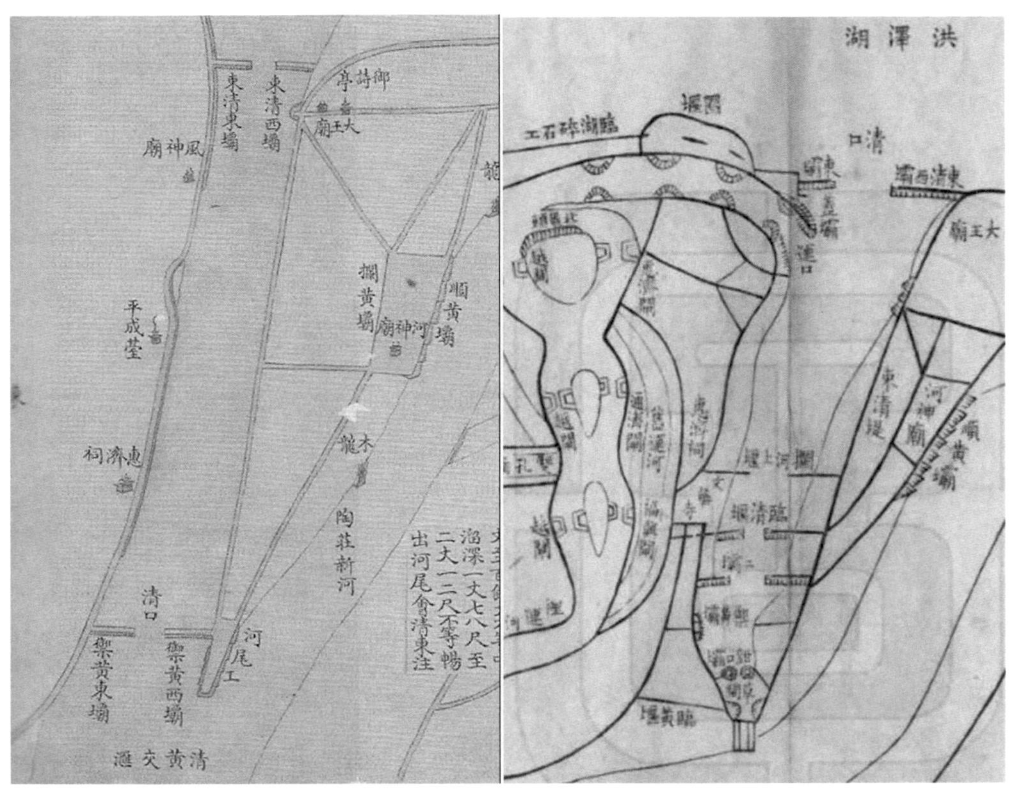

圖三：乾隆五十四年清口地區（左）與道光七年清口地區（右）

三、繪圖特徵

經過比對發展，《大運河全圖》與美國國會圖書館藏道光初年《四省運河水利泉源河道全圖》〔註 9〕在繪製技法或特定地域繪製表現方式上，極爲相似。在此予以呈現並簡要分析。

（一）杭州

圖一和圖四分別爲《大運河全圖》與美國藏圖的杭州府部分，兩相對照，布局、輪廓等總體觀感基本一致；細節之處用筆也極相似，比如杭州府城池符號與水道的相嵌關係，西湖、湖心亭、蘇堤六橋、靈隱寺及其周邊山巒的形象化繪製方式，都具有極高識別度。

〔註 9〕美國國會圖書館藏《四省運河水利泉源河道全圖》，圖影見「數位方輿」，網址：http://digitalatlas.asdc.sinica.edu.tw/map_detail.jsp 跡 id=A103000087，2017 年 8 月 9 日。參閱《水道畫卷：清代京杭大運河輿圖研究》，第 49～53 頁，據清口地區「鉗口壩」，可知圖幅表現年代爲道光初年。

圖四：《四省運河水利泉源河道總圖》之杭州

（二）長江沿岸

大運河與長江交匯地帶，在繪製表現方式上也有相似之處。比如城市與水道的關係，長江北岸的瓜州城內水道呈現倒丁字狀，瓜州城周邊的沙洲和水道構成的形狀相似；「儀徵縣」被水道圈圍；「鎮江府」臨河而立，旁邊精細地繪製「西門橋」、「泰運橋」，並且連通長江的水道中分別在相應位置標注「小閘」、「大閘」。再比如城池符號，較爲明顯的是「江寧府」的套城形制，「儀徵縣」的「十字架」形狀。

圖五：《大運河全圖》（左）與《四省運河水利泉源河道總圖》（右）之長江沿岸

（三）山東泉源

山東運河段素有「泉河」之稱，因爲總體而言，山東運河段水源不太充沛，需要開源節流，在支渠、支流上挑挖泉源，以補充水源、維繫運道。清代，設有山東運河六廳，負責山東運河維護和修治，其中五廳是按照河段逐一劃分職責，但唯獨設一泉河廳，不受地域、河段限制，專職負責泉源的疏濬等。因此，諸多大運河輿圖在繪製山東運河段時，著力表現脈絡貫通的河流、密集的泉源等。

如圖六所示，河道脈絡及其源頭泉水名稱等，基本一致，單以圖幅上部「泗水縣」周圍河形和泉源比較，在「泗水縣」字樣的左上方、右上方、右方，均爲枝杈狀的「丫」字型的河形。再比如圖幅下方，都標注有「新挑斜河」、「舊運河」、「新開河」字樣。

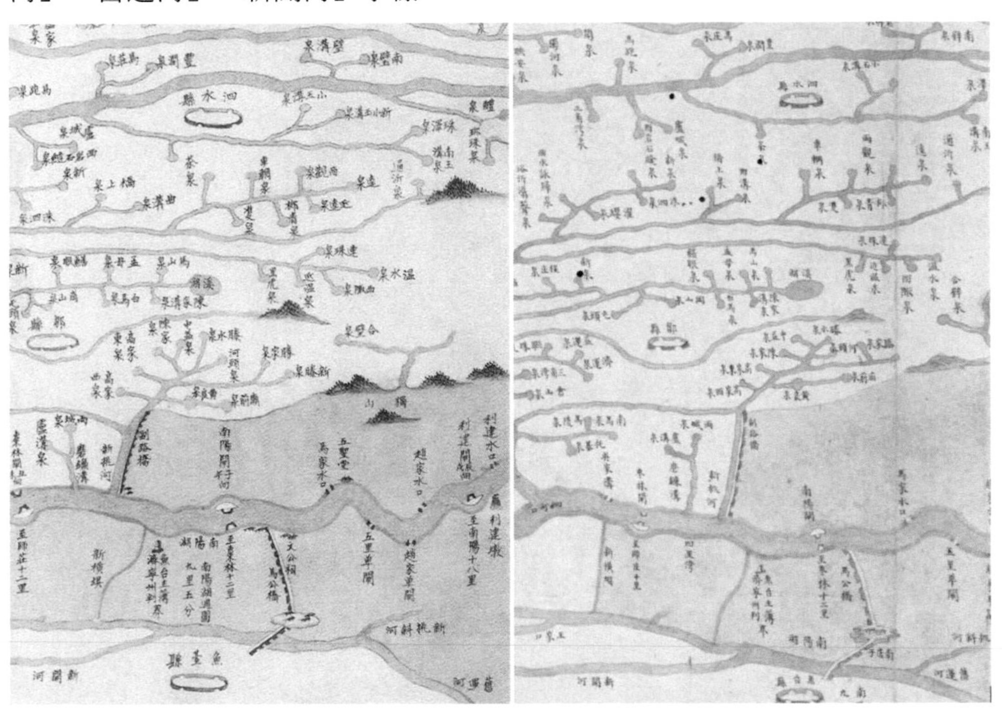

圖六：《大運河全圖》（左）與《四省運河水利泉源河道總圖》（右）之山東泉源

（四）京師

京師（北京）地區的山巒、湖泊等地物的表現方式，基本一致。圖幅總體觀感、輪廓也基本一致，比如「品」字型「京師」城池符號，南邊的「南苑」城及城中「一畝泉」；圖幅西部的諸如八達嶺、延慶州、盧溝橋等的形狀、水道河形、橋樑等，相似度極大。

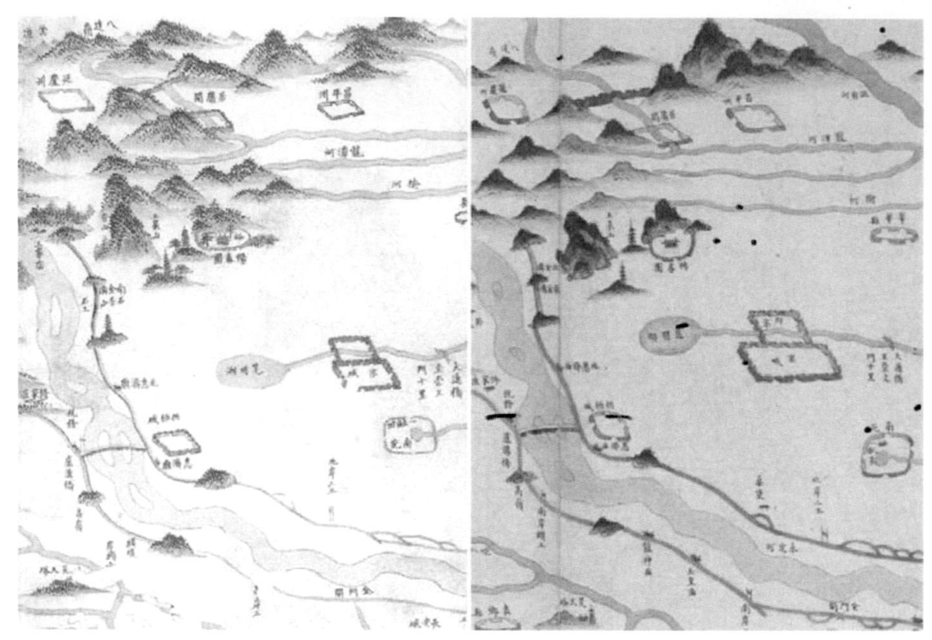

圖七：《大運河全圖》（左）與《四省運河水利泉源河道總圖》（右）之京師

通過綜合比對，可以看到《大運河全圖》與美國藏圖在杭州、長江沿岸、山東泉源、京師等特定地域，在繪製表現方式上極爲相似，甚至某些細部特徵、文字注記也高度吻合。雖然個別地域（比如清口地區的水利設施）上有所差異，但是總體而言，兩者大同小異。即使如此，如果沒有確切記載或題記等，仍舊不能說兩者之間存在直接的摹繪轉承關係。

但有一點可以探討，在清中後期的其他大運河輿圖中，也存在相似表現方式，比如臺北「國家圖書館」藏《江蘇至北京運河全圖》〔註 10〕在長江沿岸、山東泉源這兩處繪製表現方式基本一致；光緒年間《清代京杭運河全圖》〔註 11〕在杭州和京師這兩個地域的表現方式上，與《大運河全圖》和美國藏圖基本一致。據此可以大致推知，上述四個特定地域的相似繪製表現方式，

〔註 10〕臺北「國家圖書館」藏《江蘇至北京運河全圖》，圖影見「世界數字圖書館」網站，網址是：https://www.wdl.org/zh/item/7097/，2017 年 8 月 10 日。參閱《水道畫卷：清代京杭大運河輿圖研究》，第 55～56 頁。

〔註 11〕國家基礎地理信息中心藏《清代京杭運河全圖》，中國地圖出版社，2004 年。參閱《水道畫卷：清代京杭大運河輿圖研究》，第 58～62 頁。

較爲集中地出現在清中後期的一些大運河輿圖中，並非偶然，推測這些繪圖特徵應該是清中後期河道官員較爲常用的繪製方式。地方河署等繪圖機構應該留存有大運河輿圖底本，在上呈奏報時，大部分內容可以摹繪，只是個別水利興修比較頻繁的地區（如清口地區）會根據實際進行改繪。這種繪圖機制大概是造成上述地圖大同小異的重要原因。

另有一點也頗有意思，《大運河全圖》和美國藏圖都與日本人有一定關係。據題記，《大運河全圖》係日本人野崎於 1940 年贈予殷同，野崎其人未知其詳。而如圖五右邊所示，在美國藏《四省運河水利泉源河道總圖》中書寫有部分日文注記，注記自鎮江府開始沿運河往北，至山東南界王母山、茸山一帶止，標注沿途河程里數、城市、人口、閘壩、寺廟等狀況，該圖應該是被日本人用於沿運河旅行，李孝聰先生曾注意到此點〔註 12〕，但未作深究。

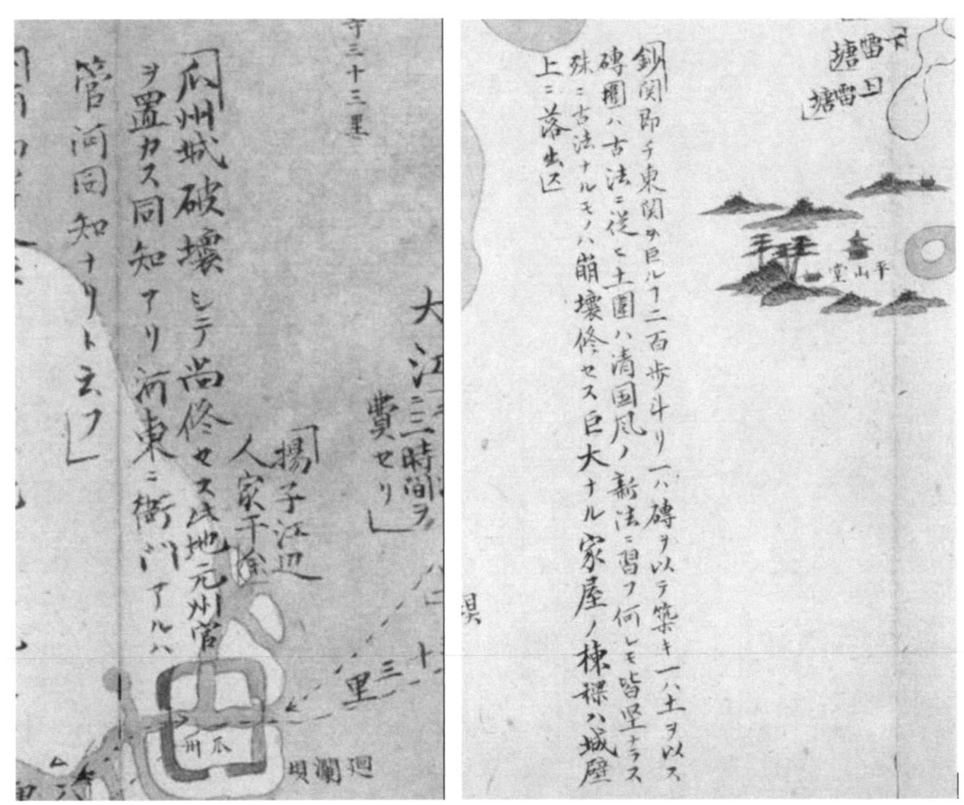

圖八：《四省運河水利泉源河道總圖》中瓜州、鈔關之日文注記

〔註 12〕李孝聰：《美國國會圖書館藏中文古地圖敘錄》，文物出版社，2004 年，第 134 頁。

圖中日文注記爲日語古文，圖八中兩段日文注記分别爲：「瓜州城破，尚未修繕，其地置州官，有同知，衙在河東，據云爲管河同知」，「鈔關即東關，闊二百步，一以磚築，一以土築。磚牆從古法，土牆習清國新法，皆不堅固，尤以古法成者破敗不修，巨大之家屋棟樑，落於城牆之上」〔註 13〕。從注記中提到的官職「同知」及「清國」等稱呼來看，這位日本人應該是在清朝留下這些注記的。前文已述，該圖反映的大概是嘉慶中後期的運河狀況，用圖人理所當然是在嘉慶朝及稍後沿運河旅行。至於下限年代則較難判讀，有兩個線索似乎有所啓示：一是用圖人從鎮江府一帶出發，題記中絲毫未提及太平天國及其影響，江北瓜州一帶還注記「船舶數百」、人口密集等語，似乎顯示該地區尚未遭受戰亂，有可能是在咸豐三年（1853）太平天國佔據江寧（今南京）之前。二是淮安地區渡過黃河之處，用圖人注記「浮橋」，因考慮到咸豐五年（1855）黃河改道山東入海，淮安地區黃河淤墊，此處注記「浮橋」似乎顯示河中有水，有可能是黃河尚未改道，需架設浮橋通過，另一種可能是黃河已經改道，河道中有可能是承接自清口而出的洪澤湖水。此外，根據用圖人沿運河北行至淮安改陸路的行程來看，有一種可能是因爲咸豐五年黃河改道，導致淮安地區的水道網絡劇變、淮安以北運道不暢，但可能性不大。因爲據清代的運河旅行日記來看，自乾隆朝起，從南方乘船北上的旅行者，大都從淮安捨舟登陸，陸行北上〔註 14〕。因此，據水陸行程轉換來看，尚不能推導出用圖人使用年代。綜合來看，有一定可能是這位日本人在嘉慶朝至咸豐朝的清中期，在運河上航行並留下諸多注記。

（原載《運河學研究》，社會科學文獻出版社，2018 年）

〔註 13〕圖中日文由中國社科院民族所蘇航先生幫助翻譯，特致謝忱。

〔註 14〕據旅行日記記載，自乾隆朝起，旅行者大都自淮安登陸北上。此信息由聊城大學李泉教授告知，謹致謝忱。

八、清代《海國聞見錄》系列海圖圖系初探

摘要：《海國聞見錄》系列海圖是研究清代海圖、海防的重要圖像史料。目前各摹繪本海圖存世較多、收藏分散，現有研究基本是孤立的解讀單幅海圖，缺乏貫通性認識和圖系特徵分析。通過綜合比對圖名、繪圖、題記等，本文揭示了該系列海圖在演變過程中分化成了《四海總圖》圖系、《環海全圖》圖系和《天下總圖》圖系，並歸納了各圖系的特徵，爲該系列海圖提供了圖系辨識依據，並將有助於學界繼續挖掘其史料價值。

關鍵詞：清代、古地圖、《海國聞見錄》、《沿海全圖》、《海疆形勢全圖》

陳倫炯，福建同安人，其父陳昂康熙二十一年（1682）隨施琅平定臺灣，之後「琅又使搜捕餘黨，出入東、西洋五年」，官至廣東副都統。陳氏少從其父，泛舟海上，熟聞海道，及年長，歷任澎湖副將、臺灣鎮總兵及浙江寧波水師提督等職，「皆濱海地也」〔註1〕。陳氏以平生見聞，著作《海國聞見錄》。

《海國聞見錄》初刊行於雍正八年（1730），下卷附有六幅海圖，依序分別爲：《四海總圖》《沿海全圖》《臺灣圖》《臺灣後山圖》《澎湖圖》《瓊州圖》。刊刻後，在清中後期出現了一批以之爲底本的摹繪本海圖，歷經演變，這批海圖雖然圖名變更、注記增衍，關聯關係漸已模糊，但同出一宗，隱爲清代海圖之一系，在此以《海國聞見錄》系列海圖統稱之。

〔註1〕（清）永瑢等撰《四庫全書總目》卷七一《史部・地理類四》，中華書局，1965年（2013年第9次印刷），第634～635頁。

目前，該系列海圖分藏於中科院圖書館、南京博物院、美國國會圖書館等海內外藏圖機構。近年來，學界雖然不斷披露藏圖信息，並刊發文章進行專題研究〔註2〕，但是主要還是針對單幅海圖進行孤立研究，缺乏對該系列海圖的貫通性解讀，對該系列海圖在摹繪流傳過程中衍生出的不同圖系等狀況尚缺乏明確認識。因此，本文力圖在前人研究基礎上，劃分不同圖系並提煉各自特徵，豐富對於該系列海圖發展演變脈絡的認知，爲更好地認識該系列下各幅海圖的價值及圖系提供參照。因爲該系列海圖存世數量較多、收藏分散，所以筆者僅能就目力所及的藏圖做一初步分析，還望同道者予以補正。

一、圖名

該系列海圖歷經演變，圖名各異，謹整理列表如下：

表1：《海國聞見錄》系列海圖列表

序號	《海國聞見錄》附圖	《四海總圖》《沿海全圖》《臺灣圖》《臺灣後山圖》《澎湖圖》《瓊州圖》
1	中科院圖書館藏《沿海全圖》	《四海總圖》《沿海全圖》《臺灣圖》《臺灣後山圖》《澎湖圖》《瓊州圖》
2	天津博物館藏《沿海全圖》	
3	南京博物院藏《沿海全圖》	《四海總圖》《沿海全圖》《瓊州府》《澎湖圖》《臺灣圖》《臺灣後山圖》
4	中科院圖書館藏《中國沿海圖》	《四海總圖》《沿海全圖》（其他海圖有脫漏）

〔註2〕孫靖國：《開眼看世界的先驅：陳倫炯及其〈沿海全圖〉》，《地圖》2012年第4期，第130～131頁；奚可楨、盧衛新：《南京博物院藏清雍正時期〈沿海全圖〉考略》，《紫禁城》2011年第11期，第66～71頁；劉冰：《清彩繪〈中國沿海全圖〉》，《圖書館學刊》2013年第6期；王秋華：《清代乾隆時期〈七省沿海圖〉考》，《中國邊疆史地研究》2008年第3期，第95～103頁；姚暘：《萬國形勢藏軸卷 海疆坤輿匯圖說 記天津博物館藏〈沿海全圖〉》，《收藏家》2011年第10期。以及曹婉如等主編《中國古代地圖集》（清代）（文物出版社，1997年）、中國第一歷史檔案館《澳門歷史地圖精選》（華文出版社，2000年）、李孝聰《美國國會圖書館藏中文古地圖敘錄》（文物出版社，2004年）、孫靖國《輿圖指要：中國科學院圖書館藏中國古地圖敘錄》（中國地圖出版社，2012年）及國圖善本特藏部輿圖組《輿圖要錄》（國家圖書館出版社，1998年）等圖錄中注記的若干《海國聞見錄》系列海圖。

5	廣東新會博物館藏《沿海全圖》	《四海總圖》《沿海全圖》《臺灣圖》《臺灣後山圖》《澎湖圖》（應脫漏一幅瓊州圖）
6	美國國會圖書館藏《海疆洋界形勢圖》	《環海全圖》〔註3〕《海疆洋界形勢全圖》《瓊州圖》《澎湖圖》《臺灣圖》《臺灣後山圖》
7	美國國會圖書館藏《海疆洋界形勢全圖》	
8	中國文化遺產研究院藏《海疆形勢全圖》	《環海全圖》〔註4〕《海疆形勢全圖》《瓊州圖》《澎湖圖》《臺灣前圖》《臺灣後圖》、
9	美國國會圖書館藏《七省沿海全圖》	《環海全圖》《七省沿海全圖》《瓊州圖》《澎湖圖》《臺灣圖》《臺灣後山圖》
10	美國國會圖書館藏《七省沿海全圖》	
11	遼寧省圖書館藏《中國沿海全圖》	《環海全圖》《沿海全圖》《瓊州圖》《澎湖圖》《臺灣圖》《臺灣後山圖》
12	遼寧大學歷史博物館藏《七省沿海圖》	
13	中國歷史博物館藏《七省沿海圖》	《環海全圖》《沿海全圖》《臺灣圖》《臺灣後山圖》《澎湖圖》《瓊州府圖》
14	中科院圖書館藏《中華沿海總圖》	《環海全圖》、第二幅圖名未知、《瓊州圖》《澎湖圖》《臺灣前山圖》《臺灣後山圖》
15	中國文化遺產研究院藏《沿海疆域圖》	《天下總圖》《沿海全圖》〔註5〕《臺灣圖》《臺灣後圖》《澎湖圖》《瓊州圖》
16	中科院圖書館藏《中國沿海七省八千五百餘海里地圖》	《天下總圖》、第二幅圖名未知、《臺灣圖》《臺灣後山圖》《澎湖圖》《瓊州圖》

據表1可得出如下一些基本認識：（一）各圖雖然圖名、圖序存在差異，但是在數量上均爲六幅分圖（中科院藏《中國沿海圖》與新會博物館藏圖有脫漏）。（二）由《海國聞見錄》附圖衍生出的系列海圖，在圖卷命名上，多取自第二幅分圖的名稱，如美國國會圖書館的四幅藏圖均是如此，這與第二

〔註3〕圖中未標注圖名，在卷首題記中稱之爲《環海全圖》。

〔註4〕圖中未標注圖名，在卷首題記中稱之爲《環海全圖》。

〔註5〕原圖中無圖名，《沿海全圖》爲筆者根據繪圖內容及該系列海圖命名規律而擬定。

幅分圖在圖卷中占幅最大、分量最重有關〔註6〕。

然而，上述特徵並不足以進一步區分圖系。如仔細觀察表 1 中分圖名稱，會發現後四幅圖都是繪製的臺灣（今臺灣西海岸）、臺灣後山（今臺灣東海岸）、澎湖和瓊州（今海南島），各海圖間僅存在圖序和個別字詞的差異。而第一幅東半球圖則圖名各異，但又有一定共性，是否可以據此在《海國聞見錄》系列海圖下再做細分？劃分爲《四海總圖》圖系、《環海全圖》圖系和《天下總圖》圖系這三個子圖系？這還需要結合圖幅內容、文字注記等信息，再做論斷。

二、繪畫內容

經比對各海圖的畫面，發現區別主要體現在第一幅分圖（東半球圖）的亞洲大陸東部部分。如圖一爲《海國聞見錄》中附圖，可以說是該系列海圖的母本，在亞洲大陸東部標注「大清國」，在朝鮮半島標注「高麗」。

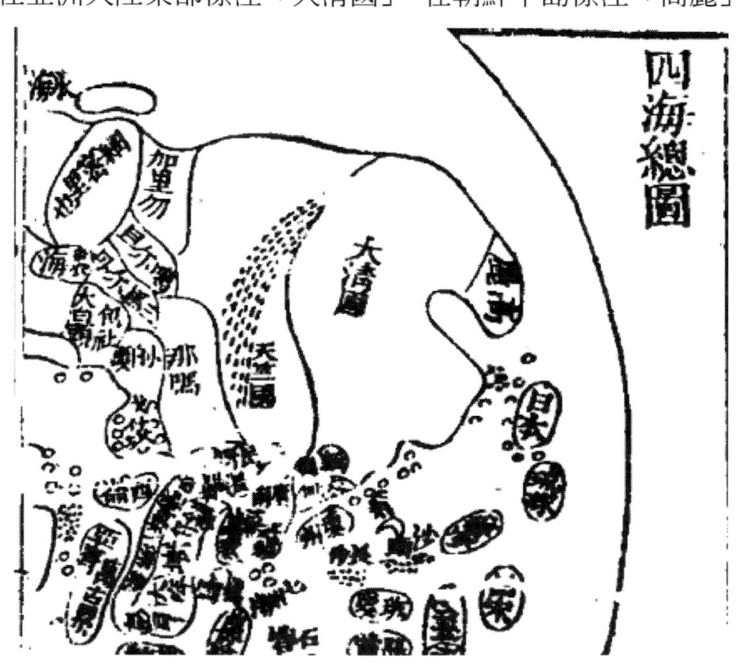

圖一：《海國聞見錄》之《四海總圖》圖影（局部）〔註7〕

〔註 6〕廣東新會博物館藏圖，原無圖名，表 1 中稱之爲《沿海全圖》是根據這一原則而定名。

〔註 7〕（清）陳倫炯：《海國聞見錄》，乾隆五十八年刻本，中國南海諸群島文獻彙編之三，臺灣學生書局，1984 年，第 162 頁。

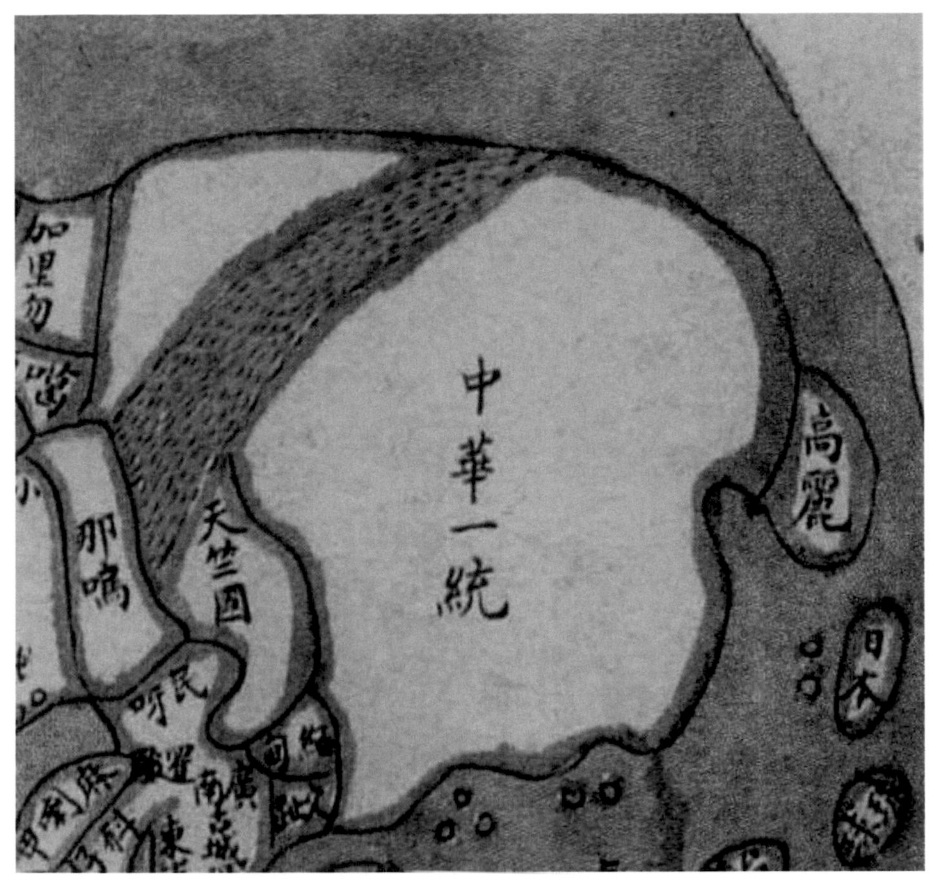

圖二：中科院藏《沿海全圖》之《四海總圖》圖影（局部）〔註 8〕

圖二爲中科院藏《沿海全圖》圖影，在亞洲大陸東部標注有別於《海國聞見錄》附圖，爲「中華一統」字樣，在朝鮮半島同樣標注「高麗」。天津博物館藏《沿海全圖》〔註 9〕、南京博物院藏《沿海全圖》〔註 10〕及新會博物館藏《沿海全圖》的標注與圖二一致。而中科院藏《中國沿海圖》，據著錄在亞洲大陸東部標注爲「大清國」〔註 11〕。這是上文所稱《四海總圖》圖系的情況。

〔註 8〕《輿圖指要：中國科學院圖書館藏中國古地圖敘錄》，第 351 頁。

〔註 9〕《萬國形勢藏軸卷 海疆坤輿匯圖說 記天津博物館藏〈沿海全圖〉》，圖 1：四海總圖，第 59 頁。

〔註 10〕《南京博物院藏清雍正時期〈沿海全圖〉考略》，圖 1-1：《沿海全圖》最前端的彭啓豐序文及「四海總圖」，第 67 頁。

〔註 11〕《輿圖指要：中國科學院圖書館藏中國古地圖敘錄》，第 354 頁。

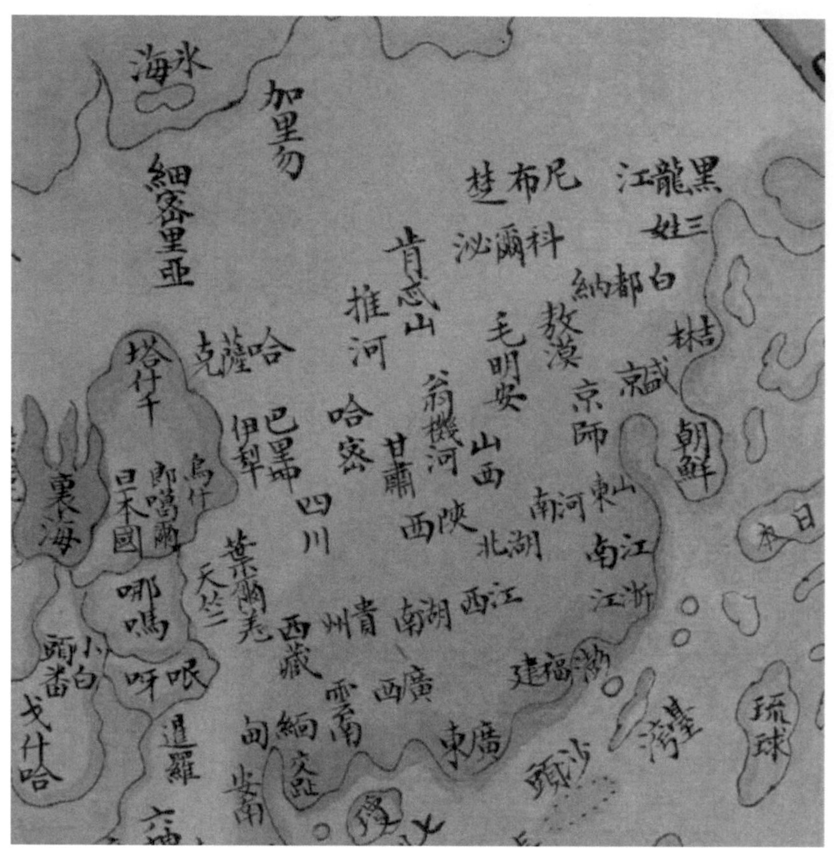

圖三：美國國會圖書館藏《海疆洋界形勢圖》之《環海全圖》圖影（局部）〔註 12〕

圖三爲美國國會圖書館藏《海疆洋界形勢圖》圖影，在亞洲大陸東部的清朝統治區域內增注了大量文字，包括盛京、山東、浙江、貴州等區劃名稱，尼布楚、哈密、葉爾羌等邊疆地名等。在朝鮮半島標注「朝鮮」而非「高麗」。圖四爲美國國會圖書館藏《海疆洋界形勢全圖》圖影，與圖三對照來看，同樣在圖面上標注了區劃名稱、邊疆地名等，並且標注內容基本一致（圖四中漏標「臺灣」、「澎」）；而朝鮮半島同樣標注「朝鮮」字樣。美國國會圖書館的兩幅題名同爲《七省沿海全圖》的藏圖，同樣增注和改注了上述內容〔註 13〕；筆者寓目的中國文化遺產研

〔註 12〕美國國會圖書館藏《海疆洋界形勢圖》，參見網址：http://digitalatlas.asdc.sinica.edu.tw/map.jsp 跡 id=A103000137#，2016 年 10 月 28 日。

〔註 13〕美國國會圖書館藏《七省沿海全圖》（索引號：G7822.C6A5.H32），參見網址：http://digitalatlas.asdc.sinica.edu.tw/map.jsp 跡 id=A103000139，2016 年 10 月 28 日。

究院藏《海疆形勢全圖》同樣如此標繪；遼寧省圖書館藏《中國沿海全圖》的圖像中同樣如此標注〔註 14〕；遼寧大學歷史博物館藏《七省沿海圖》應同樣標注行政區劃等名稱〔註 15〕。中國歷史博物館藏《七省沿海圖》因未能看到圖影，現有圖錄注記中亦未述及，所以尚難確定。中科院藏《中華沿海總圖》雖未披露《環海全圖》圖影，但是據孫靖國對圖幅內容和圖式等的描述來推斷，應該同於上述諸圖〔註 16〕。從這段分析來看，所謂的《環海全圖》圖系在繪製內容上確實具有相同之處，即大量增注區劃、地名等信息，同時標注「朝鮮」字樣。

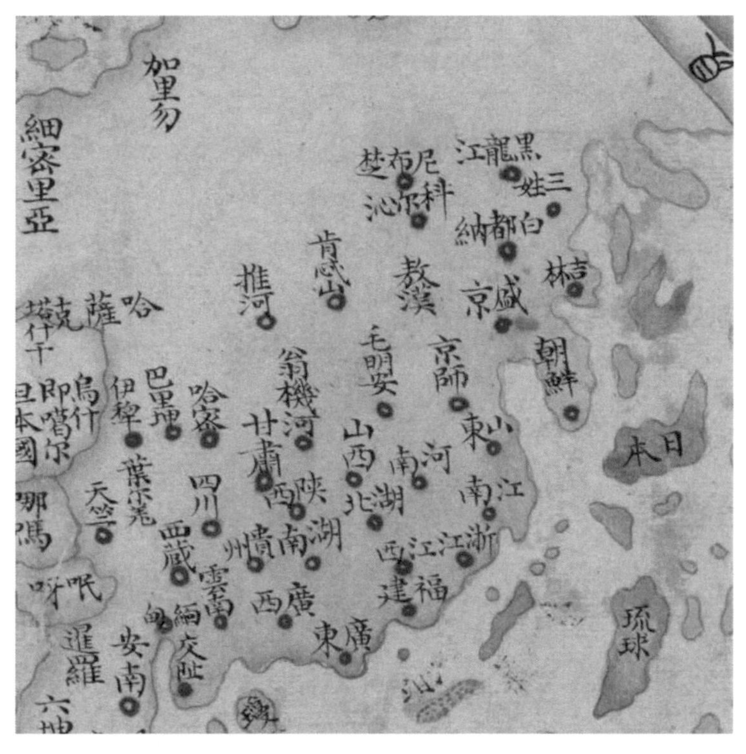

圖四：美國國會圖書館藏《海疆洋界形勢全圖》之
《環海全圖》圖影（局部）〔註 17〕

〔註 14〕《清彩繪〈中國沿海全圖〉》。

〔註 15〕筆者未能見到該海圖圖影，據描述《環海全圖》「圈帶內淡墨勾勒出以中國爲主的各國行政區劃，中國版圖內用黑字標出城鎮名稱，並用紅色圓點作標示，其他各國區域內標出國名」（《清代乾隆時期〈七省沿海圖〉考》，第 96 頁），其中提到的「黑字」、「紅色圓點」皆與圖 4 相仿。因此，推測該海圖繪製內容及樣式與圖 4 相近。

〔註 16〕參見《輿圖指要：中國科學院圖書館藏中國古地圖敘錄》，第 338～340 頁。

〔註 17〕美國國會圖書館藏《海疆洋界形勢全圖》，參見網址：http://digitalatlas.asdc.si

圖五為中科院藏《中國沿海七省八千五百餘海里地圖》圖影，這與前面兩個圖系的表現方式有很大區別，最大不同是粗繪了黃河、長江這兩條水系及洞庭、鄱陽、太湖這三處湖泊。在題記部分，僅剩餘陝西、山東等區劃名稱，並未增繪邊疆地名，在朝鮮半島書寫為「高麗」。筆者寓目的中國文化遺產研究院藏《沿海疆域圖》之《天下總圖》在圖式、輪廓及注記等方面與圖五一致。可以說，所謂的《天下總圖》圖系在東亞大陸部分的繪製上獨具特色，區別於其他兩個圖系。

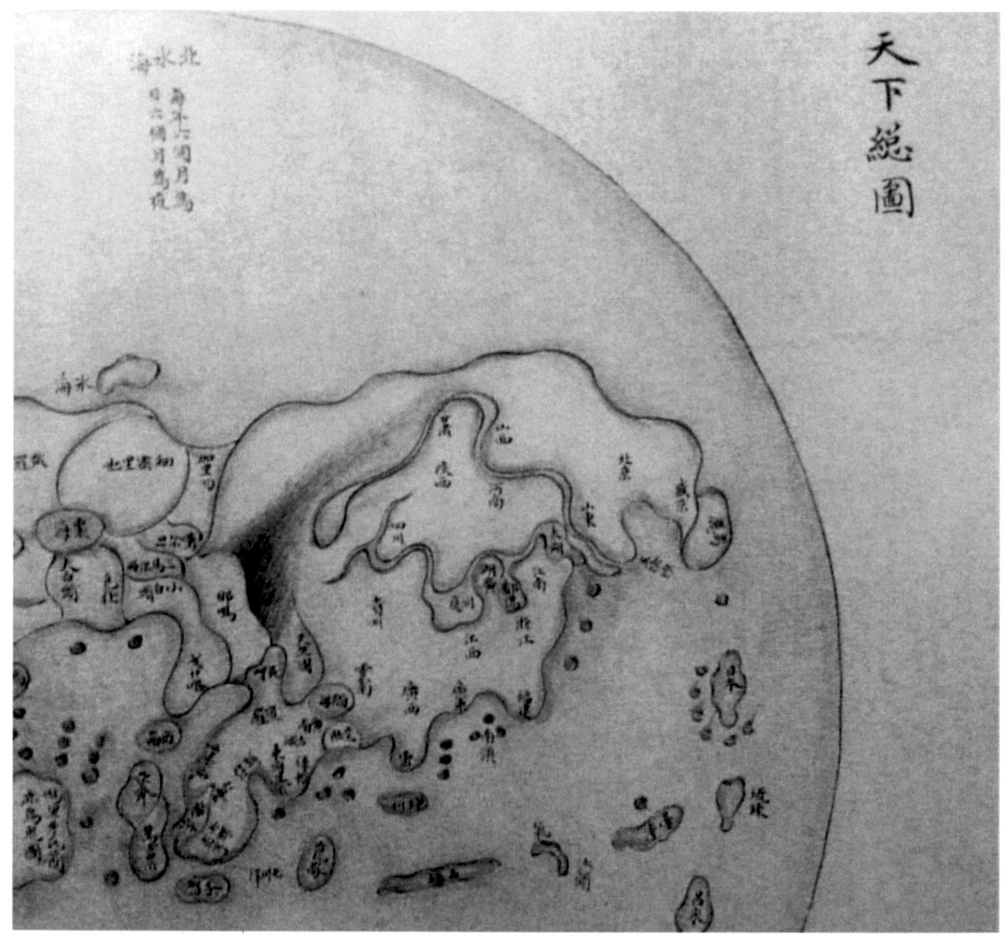

圖五：中科院藏《中國沿海七省八千五百餘海里地圖》之《天下總圖》圖影（局部）〔註 18〕

nica.edu.tw/map_detail.jsp 跡 id=A103000138，2016 年 10 月 28 日。

〔註 18〕《輿圖指要：中國科學院圖書館藏中國古地圖敘錄》，第 348 頁。

從繪畫內容來看，上節「圖名」中做出的推測是基本成立的，即《海國聞見錄》系列海圖下存在三個子圖系——《四海總圖》圖系、《環海全圖》圖系和《天下總圖》圖系。各圖系內部的各圖之間在繪法、輪廓、注記等方面存在高度一致性，區別於其他兩個圖系。

三、文字注記

《海國聞見錄》中的圖與文是分開的，上卷為文字，下卷為六幅海圖。而衍生出的海圖則多是圖文並茂的形式，其中所附文字注記，多轉錄自《海國聞見錄》。這些文字注記有何特點？是否有圖系之分？在此試做分析。

（一）「總序」及其中「安趾」

美國國會圖書館藏《海疆洋界形勢圖》的卷首，有一段總括性的文字注記，「海防非可與江河同論也，蓋護田疇、固城邑，與江河之意同而所以治防之道則異……」，介紹繪圖的緣由、原則、內容及範圍等，這段總序並非抄錄自《海國聞見錄》。其中提到：「至中華所屬邊海界，共七省，起遼左、盛京，東南盤旋轉山東至廣省，南向轉西而抵安趾」。通讀上下文字及參看繪圖，並查對《海國聞見錄》記載，其中「安趾」當為「交趾」的誤書。

美國國會圖書館藏《海疆洋界形勢全圖》中文字記載與上文相同且同樣誤書為「安趾」。「總序」中同樣誤書「安趾」的情況，也出現在美國國會圖書館藏的兩幅《七省沿海全圖》和中國文化遺產研究院藏《海疆形勢全圖》中。遼寧省圖書館藏《中國沿海全圖》卷首同樣有總括性文字注記，但因為關於該圖的信息目前僅有幾百字的介紹，尚不能確定是否存在誤寫。遼寧大學歷史博物館藏《七省沿海圖》中，在相同文字注記中亦出現「安趾」兩字。目前披露的中國歷史博物館藏《七省沿海圖》的圖幅和注記中，未述及該問題。中科院藏《中華沿海總圖》中同樣存在這段「總序」及「安趾」〔註19〕。可見，在《環海全圖》圖系中，卷首的「總序」及其中誤寫的「安趾」是其一大特徵。

中科院藏《沿海全圖》，「圖上無標注、圖說」〔註20〕；天津博物館藏《沿海全圖》和南京博物院藏《沿海全圖》中都沒有「總序」部分；中科院藏《中國沿海圖》中亦無「總序」，圖中無注記。筆者寓目的新會博物館藏《沿海全

〔註19〕《輿圖指要：中國科學院圖書館藏中國古地圖敘錄》，第339～340頁。

〔註20〕《輿圖指要：中國科學院圖書館藏中國古地圖敘錄》，第350頁。

圖》同樣無卷首的「總序」。可見，《四海總圖》圖系中未收入誤寫有「安趾」的「總序」部分。

中國文化遺產研究院藏《沿海疆域圖》中無「總序」，中科院藏《中國沿海七省八千五百餘海里地圖》同於此。因此，《天下總圖》圖系與《四海總圖》圖系一樣，並未謄錄《環海全圖》圖系所獨有的這段文字。

（二）「乾隆甲午年丈量得實」

美國國會圖書館藏《海疆洋界形勢圖》在《臺灣圖》後的文字注記中，提到「乾隆甲午年丈量得實」，乾隆甲午年爲乾隆三十九年（1774）。可見該系列海圖雖源於雍正八年的《海國聞見錄》，但增補了後世內容。美國國會圖書館藏《海疆洋界形勢全圖》及兩幅《七省沿海全圖》均有這些文字。中國文化遺產研究院藏《海疆形勢全圖》同樣出現。遼寧省圖書館披露信息太少，未提及藏圖是否有這段文字，而遼寧大學歷史博物館藏《七省沿海圖》則有同樣文字。中國歷史博物館藏《七省沿海圖》〔註 21〕已披露的圖像上出現了上述文字。中科院藏《中華沿海總圖》的注記和部分圖像中未述及該段文字。因此，這段提及明確年份的文字基本上是《環海全圖》圖系的標配。

《四海總圖》圖系的中科院藏《沿海全圖》、天津博物館藏《沿海全圖》、南京博物院藏《沿海全圖》、中科院藏《中國沿海圖》及新會博物館藏《沿海全圖》，均無上述文字。隸屬於《天下總圖》圖系的中國文化遺產研究院藏《沿海疆域圖》中沒有這些文字，而中科院藏《中國沿海七省八千五百餘海里地圖》的研究者在斷定該圖年代時，並未提及這一明顯的年份，推測該圖亦沒有這些文字。

（三）其他文字注記

《天下總圖》圖系的中國文化遺產研究院藏圖和中科院藏圖，在卷尾附記有大段文字，分別爲「東洋記」、「東南洋記」、「南洋記」、「小西洋記」、「大西洋記」、「崑崙」、「南澳氣」〔註 22〕，這些文字直接抄錄自《海國聞見錄》。這一特徵在《四海總圖》圖系和《環海全圖》圖系中並未體現。

綜合上述三部分的分析，基本可以認定《海國聞見錄》系列海圖在發展演變過程中，發生了明顯分化，形成了在繪畫內容、文字注記等方面各具特

〔註 21〕《中國古代地圖集》（清代），圖 67。

〔註 22〕參見《輿圖指要：中國科學院圖書館藏中國古地圖敘錄》，第 347 頁。

徵的三個子圖系。一般而言，《四海總圖》圖系在亞洲大陸東部標注「中華一統」，並在朝鮮半島標注「高麗」。《環海全圖》圖系則在清朝統治區域內增注了大量的區劃名稱、邊疆地名，並標注「朝鮮」；同時在卷首增加了大段的總括性文字，在《臺灣圖》的題記中提到「乾隆甲午年丈量得實」。《天下總圖》圖系則在亞洲大陸東部示意性地繪製了幾字型的黃河及長江與洞庭湖、鄱陽湖等，在朝鮮半島標注「高麗」；同時在卷末附注了「東洋記」、「東南洋記」等大段文字〔註 23〕。

上述特徵的揭示，將有助於爲存世較多的該系列海圖提供圖系辨識依據，避免之前單幅海圖的孤立研究所造成的視野局限，爲發掘該系列海圖的圖像史料價值及研究清代海圖演變、海防部署、島嶼狀況等提供幫助。

（附記：中國文化遺產研究院藏《海疆形勢全圖》、《沿海疆域圖》及廣東新會博物館藏《沿海全圖》這三幅海圖信息得以首次披露，有賴於中國文化遺產研究院鄭子良、赫俊紅、楊福梅的幫助，在此謹致謝忱。）

（原載《社會科學戰線》2017 年第 2 期）

〔註 23〕按：上文比對各圖系特徵時，因爲個別藏圖僅有簡單著錄或少量圖幅，所以分析中有極個別比對信息缺失，但是這基本上不妨礙各圖系特徵的歸納。因爲，一方面各圖系的特徵是較有規律的，從整體狀況出發，得出結論是較有把握的，另一方面極個別比對信息的缺失並未對圖系特徵提出任何反證。

九、清雍正《沿海全圖》釋讀

摘要：新會博物館藏《沿海全圖》屬於清代《海國聞見錄》系列海圖之一。該圖此前並未公開，本文在介紹該圖保存狀況、繪製內容基礎上，結合區劃建置等信息，推斷該圖主要表現的是雍正二年至雍正八年（1724～1730）間的海防、島嶼、沙洲等沿海狀況，認爲該圖是該系列海圖中較爲接近底本的一幅海圖，具有較高的版本價值和學術價值。

關鍵詞：雍正、《沿海全圖》、《海國聞見錄》、古地圖、海圖

海圖是中國古地圖的重要門類，包括海防圖、海塘圖、航海圖等。明嘉靖年間，倭患熾烈，因之有識之士繪製了《萬里海防圖》等系列海圖，圖繪倭寇肆虐的沿海地域並暗含防倭策略與海防思想等。清雍正年間，陳倫炯編繪《海國聞見錄》，繪有六幅海圖，圖繪沿海州縣、水道等，並標注海盜藏身之島嶼、港灣，具有利航海、緝海盜等功用。刊刻後產生了一批以之爲底本的摹繪本海圖，歷經演變，雖圖名各異、分藏各處，但究其本源，同出一宗，隱然爲清代海圖之一系。廣東新會博物館藏《沿海全圖》即爲其一。

目前，《海國聞見錄》系列海圖分藏於美國國會圖書館、中國文化遺產研究院、中國科學院圖書館、南京博物館、遼寧省圖書館等海內外藏圖機構。各幅藏圖雖同出一宗，但已演繹出各自文本特色，或有圖幅改繪，或有文字增衍，或有行政區劃增刪，已成獨立個體並具研究價值。新會博物館藏《沿海全圖》即爲具有特色的該系列海圖之一，在此首次披露並釋讀該海圖，將有助於豐富對該系列海圖的認知，並爲研究清代海圖、海防等提供直觀的圖像史料。

一、保存情況

新會博物館藏圖共由五幅海圖組成，依序分別爲《四海總圖》《沿海全圖》《臺灣圖》《臺灣後山圖》《澎湖圖》。根據該系列海圖共由六幅圖組成的慣例推斷，《沿海全圖》應佚失了一幅。《海國聞見錄》原本中包括《四海總圖》《沿海全圖》《臺灣圖》《臺灣後山圖》《澎湖圖》《瓊州圖》〔註1〕；南京博物院藏《沿海全圖》包括《四海總圖》《沿海全圖》《瓊州府》《澎湖圖》《臺灣圖》《臺灣後山圖》〔註2〕；美國國會圖書館藏《海疆洋界形勢圖》由《環海全圖》《海疆洋界形勢全圖》《瓊州圖》《澎湖圖》《臺灣圖》《臺灣後山圖》〔註3〕組成；中國文化遺產研究院藏《沿海疆域圖》則由《天下總圖》《沿海全圖》《臺灣圖》《臺灣後圖》《澎湖圖》《瓊州圖》組成。綜合來看，新會博物館藏圖應該佚失了一幅瓊州圖（今海南島）。此外，新會博物館藏圖中的第二幅海圖《沿海全圖》中亦有拼接，缺少了自「詔安縣」至「南澳」一段。

二、繪畫內容

新會博物館藏《沿海全圖》，卷軸裝，紙本彩繪，採用中國傳統形象畫法繪製，標注沿海州縣、島嶼、沙洲及河流、山巒等，個別地域標注塔、橋、炮臺等地物。整體上色澤淡雅，繪製詳實，在卷末還附有大段文字注記。

第一幅《四海總圖》（如圖一所示），實際上爲東半球圖，線條簡潔，圖色對比鮮明，大陸爲淡黃色、海洋爲淡藍色。在亞洲大陸東部的清朝統治區域內標注「中華一統」字樣，周邊標注出「高麗」、「日本」、「呂宋」、「天竺國」、「緬甸」、「交趾」等地名，在歐洲大陸標注「英機黎」、「葡萄牙」、「是班牙」、「荷蘭」等。在北極題記「每年六個月爲日，六個月爲夜」，南極題記「每年六個月爲日，六個月爲夜。北晝而南夜，南晝而北夜」，指出了極晝極夜的自然現象。該圖位於卷首，開門見山，當起示意作用，將沿海大勢置於東半球背景下，一目了然。再由大及小，分繪沿海長卷及島嶼圖等。

〔註 1〕參見陳倫炯《海國聞見錄》，乾隆五十八年刻本，中國南海諸群島文獻彙編之三，臺灣學生書局，1984 年，第 78～79 頁。

〔註 2〕參見奚可楨、盧衛新《南京博物院藏清雍正時期〈沿海全圖〉考略》，《紫禁城》2011 年第 11 期，第 66～67 頁。

〔註 3〕美國國會圖書館藏《海疆洋界形勢圖》，參見網址：http://digitalatlas.asdc.sinica.edu.tw/map.jsp 跡 id=A103000137#，2016 年 11 月 19 日。

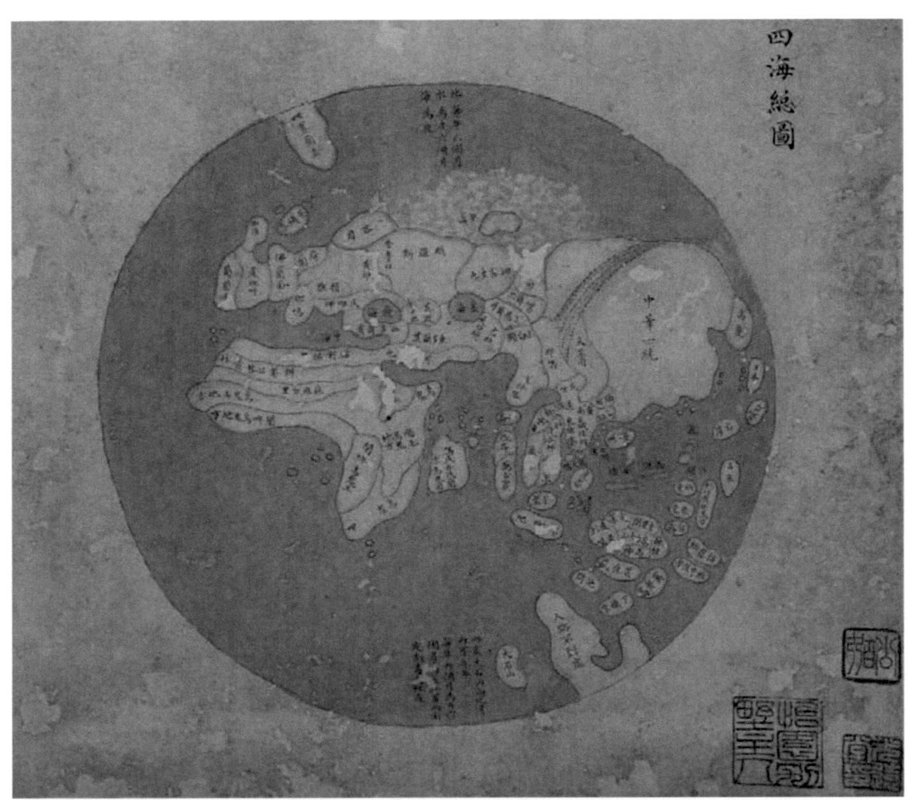

圖一：新會博物館藏《沿海全圖》之《四海總圖》圖影

圖二：新會博物館藏圖之遼東半島、山東半島

第二幅《沿海全圖》，爲整幅地圖中分量最重、占幅最大的一幅，可以說是地圖的主體部分。圖幅繪製範圍起自遼東半島（如圖二所示），沿山東、江蘇、浙江、福建、廣東等省份，直達交趾（今越南北部），主要繪製沿海的島嶼、州縣、山巒、河道、沙洲等自然地物。

之後依序爲《臺灣圖》（今臺灣西海岸）（如圖三所示）、《臺灣後山圖》（今臺灣東海岸）及《澎湖圖》。詳繪其中州縣、港口、島嶼、山巒、河流等，直觀地反映了清中期臺灣、澎湖的開發狀況。

圖三：新會博物館藏圖之《臺灣圖》

該圖卷末附有大段題記：「天下沿海形勢，從京師、天津東向遼海、鐵山、黃城、皮島，外對朝鮮，左延東北山海關、寧遠、蓋平、復州、金州、旅順口、鴨綠江而抵高麗，右袤東南山東之利津、清河、蒲臺、壽光、海倉口、登州而至廟島、成山衛，登州與旅順口南北隔海對峙……」。經比對，該段文字抄錄自《海國聞見錄》卷首的《天下沿海形勢錄》（如圖四所示）。

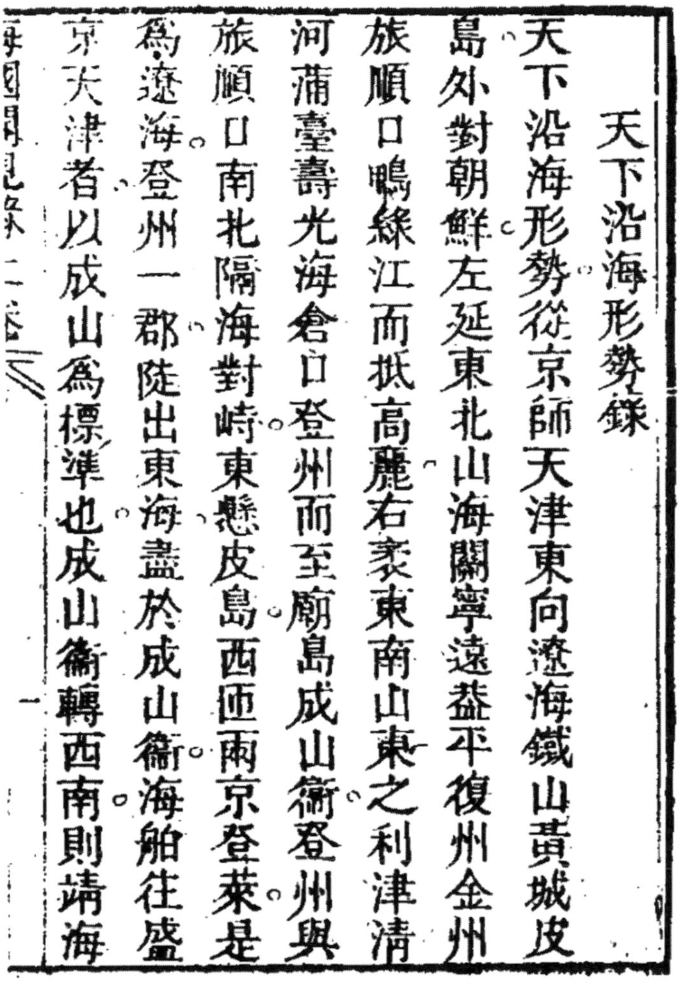

天下沿海形勢錄

天下沿海形勢從京師天津東向遼海鐵山黃城皮島外對朝鮮左延東北山海關寧遠蓋平復州金州旅順口鴨綠江而抵高麗右袤東南山東之利津清河蒲臺壽光海倉口登州而至廟島成山衛登州與旅順口南北隔海對峙東懸皮島西匝兩京登萊是爲遼海登州一郡陡出東海盡於成山衛海船往盛京天津者以成山爲標準也成山衛轉西南則靖海

圖四：《海國聞見錄》之《天下沿海形勢錄》圖影〔註 4〕

三、表現年代

古地圖的年代有圖幅表現年代和繪製年代之分，一般而言，如果沒有確鑿證據或明顯題記等信息，不敢斷定地圖的繪製年代。而圖幅表現年代則相對而言，更好推斷一些。新會博物館藏圖則可根據區劃信息等作出推斷。

首先乾隆年間的區劃調整並未體現在圖幅中。比如乾隆五十二年（1787），改「諸羅縣」爲「嘉義縣」〔註 5〕；乾隆三十八年（1773），「海寧

〔註 4〕《海國聞見錄》，乾隆五十八年刻本，中國南海諸群島文獻彙編之三，臺灣學生書局，1984 年，第 81 頁。

〔註 5〕《清高宗實錄》卷一二九二「乾隆五十二年十一月丙寅」。

縣」升「海寧州」〔註6〕；乾隆二年（1737），裁撤「山海衛」，置「臨榆縣」。這三處區劃調整均未體現。

而山東半島圖像（如圖二所示）中，有「成山衛」和「嵩衛」〔註7〕。雍正十二年（1734），裁衛置縣，「成山衛」改爲「榮成縣」、大嵩衛改爲「海陽縣」〔註8〕。這一變化並未體現在圖上，據此也可推斷該圖表現年代當在雍正十二年之前。同時，圖中標注了「寶山縣」、「金山縣」，均爲雍正二年（1724）設置。因此，該圖表現年代大致在雍正二年至雍正十二年間。考慮到該圖摹繪自雍正八年（1730）成書的《海國聞見錄》的事實，以及圖幅中並未出現增繪和改繪的痕跡，所以進一步推論新會博物館藏圖應直接摹繪自原本，表現年代進一步縮短至雍正二年至雍正八年（1724～1730）。

總之，該圖繪製簡潔、涵蓋地域寬廣、內容詳實。與天津博物館藏《沿海全圖》、南京博物院藏《沿海全圖》及美國國會圖書館藏《海疆洋界形勢圖》、遼寧省圖書館藏《中國沿海圖》等相比，雖同出一系，但是各具特色。該圖繪製內容、表現年代更近於底本，並未如其他刊本增繪地名、添加注記等，是一幅較直觀反映雍正年間海防狀況的珍貴海圖，也是瞭解《海國聞見錄》系列海圖演變分化過程的重要一環。

（附記：在此感謝廣東新會博物館林文斌館長爲本研究提供的藏圖圖像。）

（原載《史志學刊》2016 年第 6 期）

〔註 6〕《清高宗實錄》卷五四〇「乾隆三十八年八月辛丑」。

〔註 7〕「嵩衛」當爲「大嵩衛」，脫漏「大」字。

〔註 8〕《清史稿》卷六十一《志三十六・地理八》，榮成「明洪武置成山衛及尋山所。順治十二年，所省入。雍正十二年改置」；海陽「明洪武三十一年置大嵩衛及海洋所。順治十二年省入。雍正十二年改置」。

十、中國文化遺產研究院藏《海疆形勢全圖》與《沿海疆域圖》考述

摘要：《海國聞見錄》系列海圖是研究清代海圖、海防的重要圖像史料，目前該系列海圖分藏於海內外不同機構。本文在分析兩幅藏圖的繪製內容、文字注記、圖序、表現技法及細部特徵基礎上，推斷兩幅藏圖分屬於《海國聞見錄》海圖的不同圖系。《海疆形勢全圖》基本反映了乾隆後期的海防、島嶼、沙洲等沿海狀況，而《沿海疆域圖》的表現年代大致爲乾隆三十八年至乾隆五十三年間。總之，這兩幅摹繪本海圖是瞭解清中期中國沿海狀況的珍貴圖像史料，具有極高的學術價值和現實意義。

關鍵詞：清代、古地圖、《海國聞見錄》、《海疆形勢全圖》、《沿海疆域圖》

中國文化遺產研究院藏《海疆形勢全圖》與《沿海疆域圖》，從其繪製技法、繪製內容、圖序及文字注記等來判斷，均屬於清代《海國聞見錄》系列海圖。這一系列海圖因摹繪自雍正八年（1730）刊行的《海國聞見錄》而得名。

目前，中科院圖書館、南京博物院、美國國會圖書館等海內外藏圖機構或披露藏圖圖幅注記、或有文章進行專題研究，主要是針對單幅海圖進行孤立研究，尚缺乏對該系列海圖的系統性解讀。經研究，中國文化遺產研究院藏圖分屬於《海國聞見錄》系列海圖的不同圖系，反映的是乾隆年間的沿海狀況，是瞭解清中期海防、近海航行及島嶼等狀況的不可多得的珍貴圖像史料，具有極高的學術價值和現實意義。

以下從《海國聞見錄》系列海圖的圖幅淵源、藏圖狀況等海圖背景入手，分別解析藏圖信息。

一、圖幅淵源

陳倫炯，福建同安人，其父陳昂康熙二十一年（1682）隨施琅平定臺灣，之後「琅又使搜捕餘黨，出入東、西洋五年」，官至廣東副都統。陳氏少從其父，泛舟海上，熟聞海道，及年長，歷任澎湖副將、臺灣鎮總兵及浙江寧波水師提督等職，「皆濱海地也」〔註 1〕。陳氏以平生見聞，著作《海國聞見錄》。

《海國聞見錄》初刊行於雍正八年（1730），下卷附有六幅海圖，依序分別爲：《四海總圖》（如圖一）《沿海全圖》《臺灣圖》《臺灣後山圖》《澎湖圖》《瓊州圖》。刊刻後，在清中後期出現了一批以之爲底本的摹繪本海圖，歷經演變，這批海圖雖然圖名變更、注記增衍，關聯關係漸已模糊，但同出一宗，隱爲清代海圖之一系。中國文化遺產研究院藏兩幅海圖即屬此系列海圖。

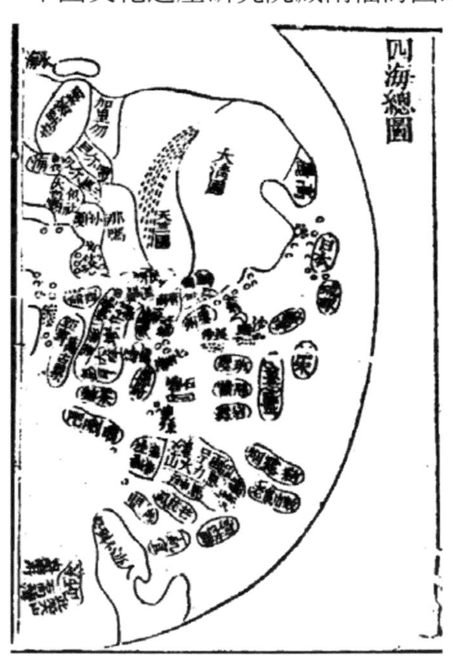

圖一：《海國聞見錄》之《四海總圖》圖影（局部）〔註 2〕

〔註 1〕（清）永瑢等撰《四庫全書總目》卷七一《史部・地理類四》，中華書局，1965 年（2013 年第 9 次印刷），第 634～635 頁。

〔註 2〕（清）陳倫炯：《海國聞見錄》，乾隆五十八年刻本，中國南海諸群島文獻彙編之三，臺灣學生書局，1984 年，第 162 頁。

二、海內外藏圖狀況

在海內外各大藏圖機構藏有一批該系列海圖，僅將筆者目力所及的海圖，整理如下：

表 1：《海國聞見錄》系列海圖收藏狀況

序號	藏圖機構與圖名
1	中科院圖書館藏《沿海全圖》
2	天津博物館藏《沿海全圖》（如圖二）
3	南京博物院藏《沿海全圖》（如圖三）
4	中國歷史博物館藏《七省沿海圖》
5	中科院圖書館藏《中國沿海圖》
6	廣東新會博物館藏《沿海全圖》
7	美國國會圖書館藏《海疆洋界形勢圖》
8	美國國會圖書館藏《海疆洋界形勢全圖》
9	中國文化遺產研究院藏《海疆形勢全圖》
10	美國國會圖書館藏《七省沿海全圖》
11	美國國會圖書館藏《七省沿海全圖》
12	遼寧省圖書館藏《中國沿海全圖》
13	遼寧大學歷史博物館藏《七省沿海圖》
14	中科院圖書館藏《中華沿海總圖》
15	中國文化遺產研究院藏《沿海疆域圖》（如圖四）
16	中科院圖書館藏《中國沿海七省八千五百餘海里地圖》
17	中國國家圖書館藏《沿海全圖》
18	中國國家圖書館藏《七省沿海圖》
19	中國國家圖書館藏《盛朝七省沿海圖》
20	中國國家圖書館藏《沿海圖》

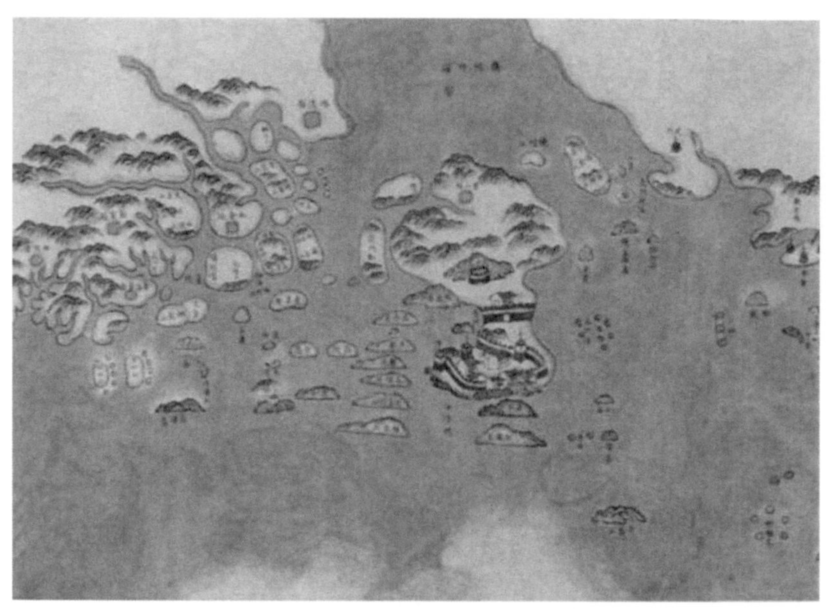

圖二：天津博物館藏《沿海全圖》之澳門海域

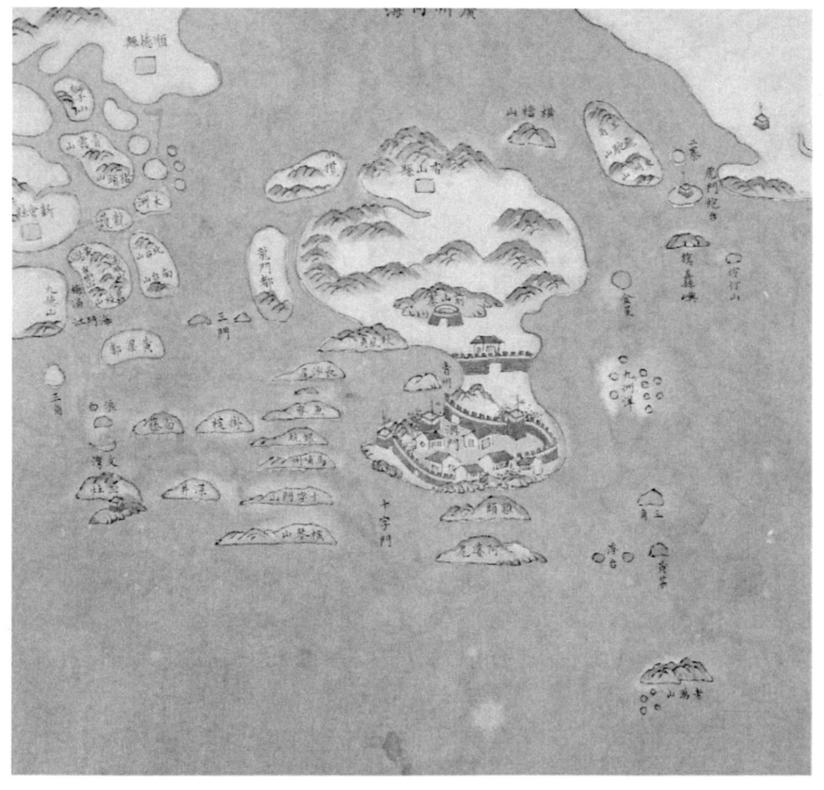

圖三：南京博物院藏《沿海全圖》之澳門海域

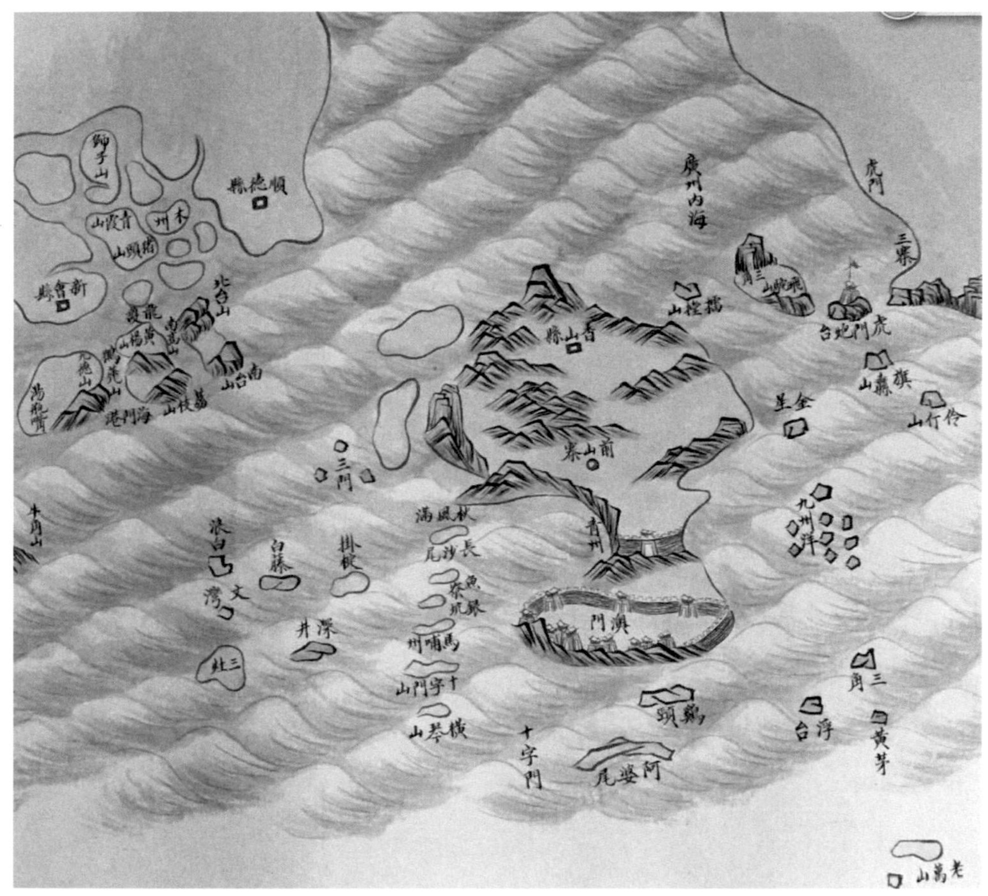

圖四：中國文化遺產研究院藏《沿海疆域圖》之澳門海域

三、《海疆形勢全圖》解析

（一）圖幅內容與地圖譜系

該海圖爲卷軸裝，紙本彩繪，採用中國傳統形象畫法繪製。卷首附有題記（如圖五），說明繪圖意義、繪製範圍、繪圖原則等。該段文字在美國國會圖書館藏《海疆洋界形勢圖》《海疆洋界形勢全圖》《七省沿海圖》（如圖六）及遼寧省圖書館藏《中國沿海全圖》、遼寧大學歷史博物館藏《七省沿海圖》中同樣出現。

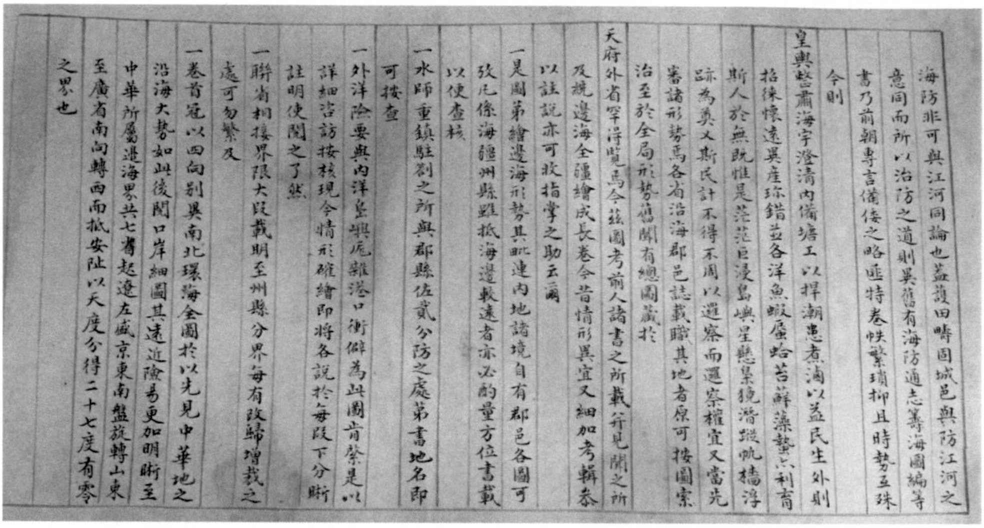

圖五：中國文化遺產研究院藏《海疆形勢全圖》卷首題記

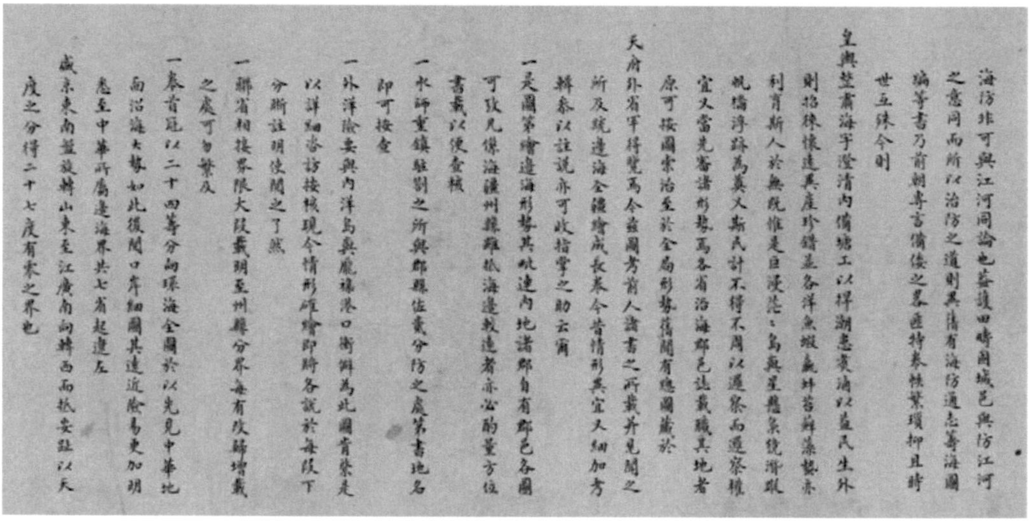

圖六：美國國會圖書館藏《七省沿海圖》卷首題記

第一幅圖爲《環海全圖》（如圖七），該圖無圖名，在之前注記中提到《環海全圖》，故名之。該幅東半球圖的畫法、輪廓、注記與上段提到的各幅藏圖基本一致，僅存在圖色等方面的細微差異，與圖八對比亦清晰可見。

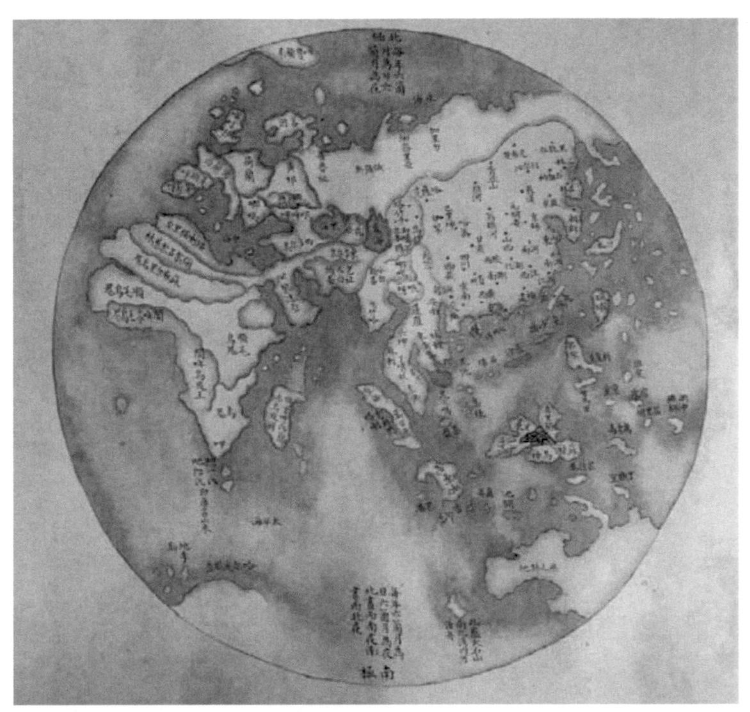

圖七：中國文化遺產研究院藏《海疆形勢全圖》之《環海全圖》圖影

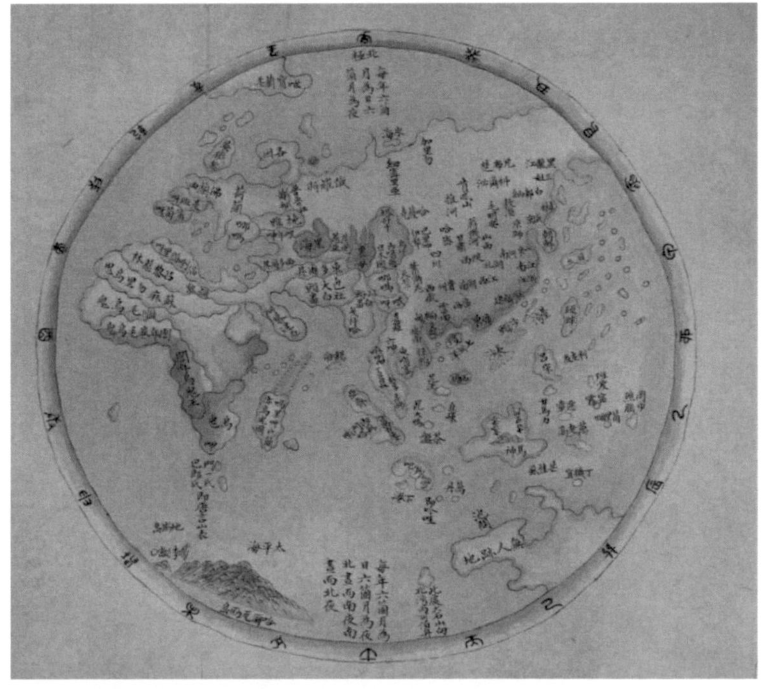

圖八：美國國會圖書館藏《海疆洋界形勢圖》之《環海全圖》圖影

之後附有《海疆形勢全圖》，是該海圖的主體部分，圖中一大特色是陸地在上、海洋在下，這種方位區別於明代《籌海圖編》系列海圖。圖幅繪製範圍起自遼東半島，沿山東、江蘇、浙江、福建、廣東等省份，直達交趾（今越南北部），主要繪製沿海的島嶼、州縣、山巒、河道、沙洲等自然地物，同時在圖中相應位置注記有大段文字，經比對，均抄錄自《海國聞見錄》。其後依序分別爲《瓊州圖》、《澎湖圖》、《臺灣前圖》、《臺灣後圖》。整套海圖共由上述六幅地圖組成。

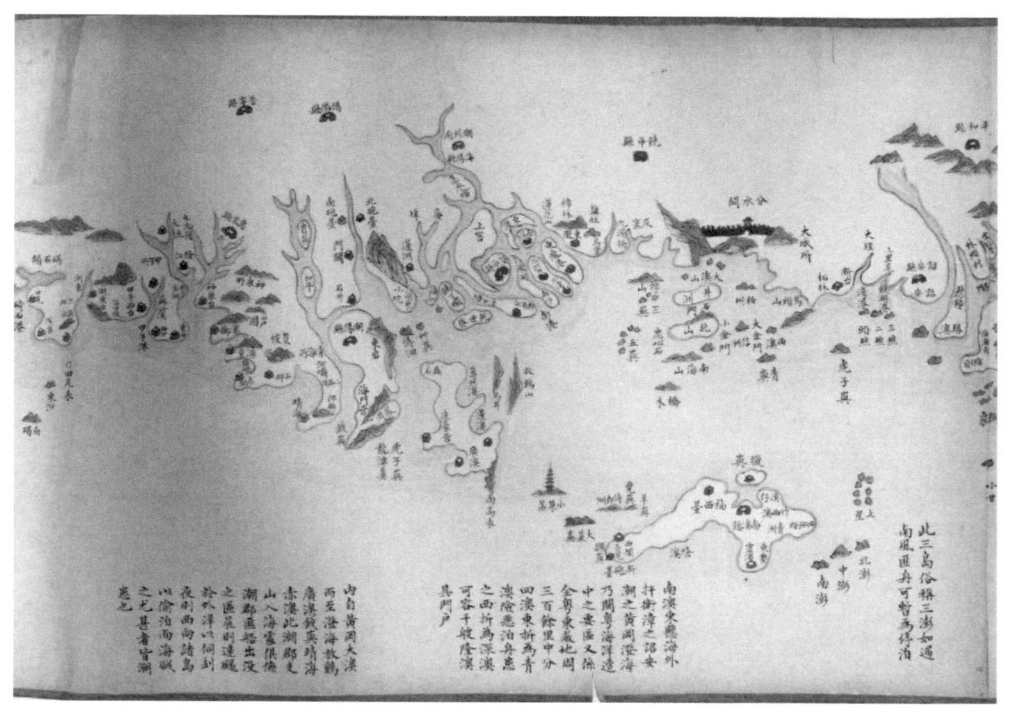

圖九：美國國會圖書館藏《海疆洋界形勢圖》之《沿海全圖》圖影（局部）

在海圖最後附有兩段文字，追溯該圖淵源。其中提到該海圖出自明代嘉靖年間，係將當時抗倭將領唐順之、俞大猷、湯克寬、戚繼光、朱先的地圖合繪後得來。在明代確有一著名海圖系列——鄭若曾《籌海圖編》系列海圖，唐順之爲抗倭名將，鄭若曾在編繪海圖初期，唐順之已居高位、曾指導鄭氏繪圖，但是唐順之本人並未留下海圖〔註3〕。因之，只能將該圖與鄭若曾繪圖比對。經比對，並未發現明顯一致之處，並且上文曾提到該圖方位是陸地在

〔註 3〕參見李新貴《明萬里海防圖初刻係研究》，《社會科學戰線》2017 年第 1 期。

上、海洋在下（如圖九所示），而鄭氏繪圖則相反，爲海洋在上、陸地在下（如圖十所示），如將方位顚倒後改繪，難度極大，自找麻煩，在常理上說不通。同時結合注記內容，可知注記是藏圖人購得圖幅後自行題寫，極有可能是藏圖人不瞭解該圖眞實淵源而誤信爲明人繪製。

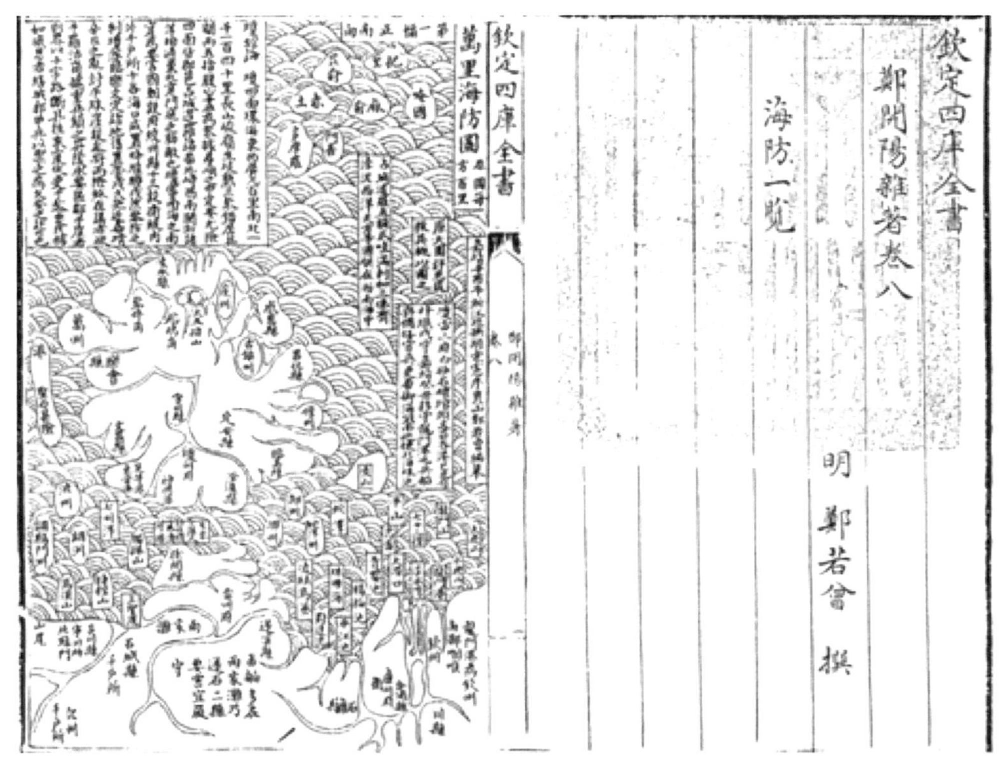

圖十：《海防一覽》局部

通過該節比對文字注記、繪製方法、方位、輪廓等信息，可以確定該圖確屬於清代《海國聞見錄》系列海圖。同時，該圖與美國國會圖書館藏《海疆洋界形勢圖》《海疆洋界形勢全圖》《七省沿海全圖》、遼寧省圖書館藏《中國沿海全圖》、遼寧大學歷史博物館藏《七省沿海全圖》在繪製技法、文字注記等方面基本一致，經筆者分析，這些地圖屬於《海國聞見錄》系列海圖下屬的一個子圖系，筆者稱之爲《環海全圖》圖系〔註4〕。

〔註 4〕參見王耀《清代〈海國聞見錄〉海圖圖系初探》，《社會科學戰線》2017 年第 4 期，第 112～117 頁。

（二）年代判讀與圖幅價值

如圖七所示，在東半球圖中出現了「伊犁」、「巴里坤」、「烏什」等新疆地名，並且圖中將新疆繪入清朝版圖。據此可以確定《環海全圖》應該反映的是乾隆二十四年（1759）統一新疆後狀況。在杭州附近出現「海寧州」，乾隆三十八年（1773）八月，「海寧縣」升爲「海寧州」。這一明顯標誌則能將年代斷在此之後。此外，在《臺灣前圖》後附題記中，提及「乾隆甲午年丈量得實」，乾隆甲午年爲乾隆三十九年。而在《臺灣前圖》中標注有「嘉義縣」，這一地名則是乾隆五十三年（1788）由「諸羅縣」改名而來。

關於地圖表現的下限年代，地圖中出現「川沙營」，該處在嘉慶十七年改爲「川沙廳」。從這一標誌可以推斷圖幅表現內容在此之前。同時，根據地圖中地名、行政區劃的整體狀況來看，基本可以斷定該圖的表現年代當在乾隆末年。

目前來看，《海疆形勢全圖》爲《海國聞見錄》系列海圖的一員，雖然其他機構亦藏有相同子圖系的海圖存世，但是該圖保存完整、繪製精美、注記詳實，仍舊不失爲清代海圖之精品。

四、《沿海疆域圖》解析

（一）圖幅內容與地圖譜系

該圖爲卷軸裝，紙本彩繪，採用中國傳統形象畫法繪製。卷首爲《天下總圖》（如圖十一），爲東半球圖。將之與圖七、圖八相比較，發現在清朝統治區域內除減少部分邊疆地名外，圖幅上的主要變化是增繪了黃河、長江。

之後是長卷沿海圖，繪製地域同樣起自遼東半島，沿著大陸海岸線一直到交趾（越南北部），同時標注沿岸的江河、州縣、山巒、島嶼、沙洲等地物，在圖中空白處謄寫有大量文字，經比照，基本源自《海國聞見錄》書中記載。之後則是《臺灣圖》《臺灣後圖》《澎湖圖》《瓊州圖》。最後則謄錄有大量文字，分別爲《東洋記》《東南洋記》《南洋記》《小西洋記》《大西洋記》《崑崙》《南澳氣》，均出自於《海國聞見錄》。

該圖與中國文化遺產研究院藏《海疆形勢全圖》在繪製技法、文字注記、繪製內容等方面存在較爲明顯的差異，經研究，筆者將之命名爲《天下總圖》系列，爲《海國聞見錄》系列海圖的子圖系之一。目前僅發現中科院藏有一幅此系列海圖（如圖十二）。

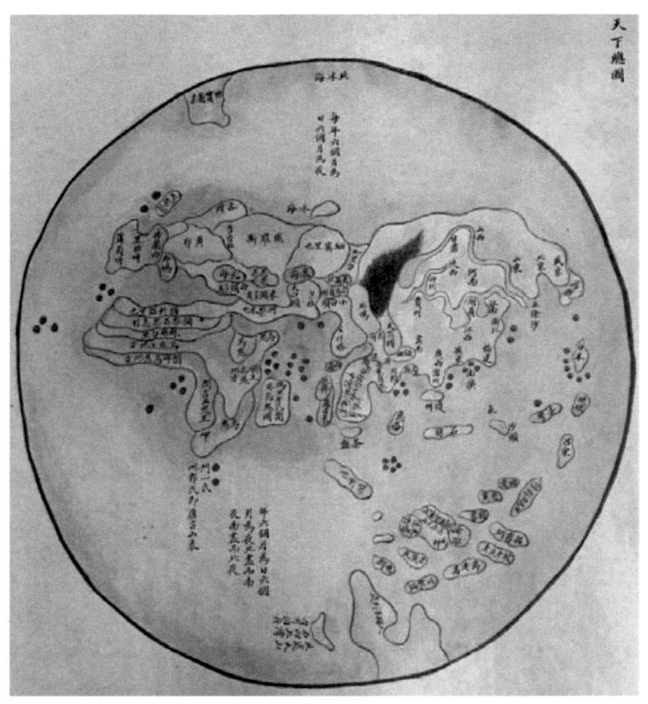

圖十一：中國文化遺產研究院藏《沿海疆域圖》之《天下總圖》圖影

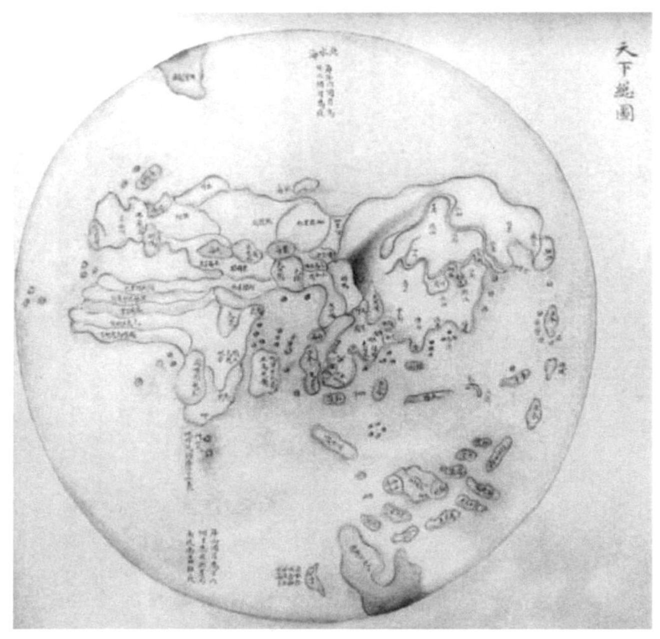

圖十二：中科院圖書館藏《中國沿海七省八千五百餘海里地圖》之《天下總圖》圖影

（二）年代判讀與圖幅價值

地圖中出現了「海寧州」，出現了「諸羅縣」而無「嘉義縣」，因此推斷該圖表現的主要是乾隆三十八年至乾隆五十三年間的沿海狀況。

該圖表現年代要早於《海疆形勢全圖》等海圖，繪製技法等方面也具有特色，同時披露的《天下總圖》系列海圖存世較少，因此，該圖不僅具有較高學術價值，而且具有一定收藏價值。

五、廣東新會博物館藏圖與廣東虎門海戰博物館藏圖

廣東新會及虎門分別藏有《海國聞見錄》系列海圖，茲介紹如下：

（一）廣東新會博物館藏《沿海全圖》〔註5〕

卷軸裝，紙本彩繪，圖幅有殘缺，缺少《瓊州圖》，《沿海全圖》部分缺少「詔安縣」至「南澳」一段。該圖圖序爲：《四海總圖》《沿海全圖》《臺灣圖》《臺灣後山圖》《澎湖圖》。圖中無圖序，最後附有圖說，摘錄自《海國聞見錄》。

圖十三：廣東新會博物館藏《沿海全圖》之《四海總圖》

〔註5〕參見王耀《清雍正〈沿海全圖〉釋讀》，《史志學刊》2016年第6期，第62～65頁。

根據圖中地名，推斷該圖主要反映的是雍正二年至雍正八年的區劃狀況，其中並未出現乾隆年間地名。該圖與中科院圖書館藏《沿海全圖》、天津博物館藏《沿海全圖》、南京博物院藏《沿海全圖》等基本一致，同屬於《四海總圖》系列海圖，區別於中國文化遺產研究院所藏的兩幅海圖。

（二）廣東虎門博物館藏圖

卷軸裝，紙本彩繪，該圖殘缺較多，缺少東半球圖、《臺灣圖》《臺灣後山圖》《澎湖圖》《瓊州圖》，僅餘沿海全圖一幅，並且沿海全圖也有缺失，保存狀況較差（如圖十四）。

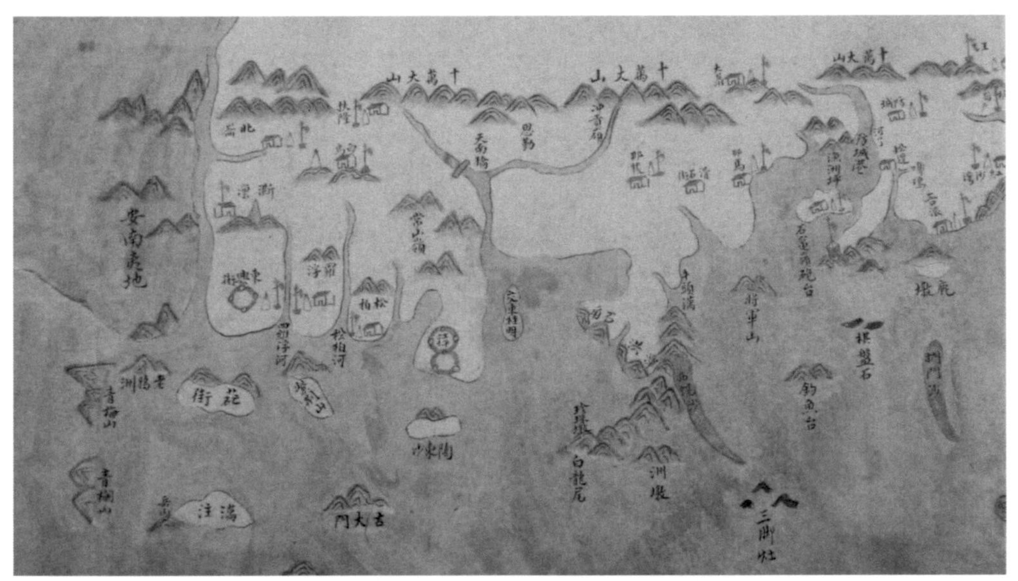

圖十四：廣東虎門博物館藏圖之沿海圖部分

圖中信息不足，難以準確斷定年代。目前來看，初步推斷該圖表現的爲乾隆末年沿海狀況，同樣屬於《海國聞見錄》系列海圖。

（原載《水下考古研究》，上海古籍出版社，2018 年）

十一、《江海全圖》與道光朝海運航路研究

摘要：《江海全圖》是美國國會圖書館收藏的一幅中文古地圖。本文通過圖中隱約可見的海運航路，結合道光朝海運初興及運道梗阻等史實，推斷該圖反映了道光六年漕糧海運航路。並且，比對發現該圖與陶澍《海運圖》雖然主題相同，但卻是各自獨立繪製的地圖，可相互印證並復原道光朝漕糧海運航路。在《江海全圖》中可見三條航路，其中上海至天津的航路應與道光六年海運有關；上海至牛莊、上海至洋河的兩條航路，它圖未繪且未見前人著墨，經研究發現其繪製背景當與清中期關東地區黃豆、豆餅南運上海密切相關。

關鍵詞：清代　《江海全圖》　海運　漕運　《海運圖》

《江海全圖》現藏於美國國會圖書館，李孝聰先生曾就該圖繪製內容、繪製技法、文字注記、圖幅年代等進行闡述，指出：「從注記內容分析，此圖專爲指導沿海行船，躲避暗礁、河口攔門沙之用」，並將該圖表現年代定爲「19世紀中葉」〔註1〕。「數位方輿」網站的注記中則將年代定爲嘉慶十七年至道光二十三年（1812～1843）〔註2〕。

筆者查閱該圖及相關材料發現，其繪製內容和繪製背景均與道光朝海運有關。目前研究中並未注意到這一背景，因此對於該圖的解讀還停留在圖幅描述層面。本文將在解讀《江海全圖》繪製內容基礎上，分析道光六年漕糧

〔註1〕李孝聰：《美國國會圖書館藏中文古地圖敘錄》，文物出版社，2004年，第169頁。
〔註2〕參見網址：http://digitalatlas.asdc.sinica.edu.tw/map_detail.jsp 跡 id=A103000136，2016年12月19日。

海運及清中期黃豆海運等繪製背景，並比對相同繪製主題的陶澍《海運圖》，最終圖繪道光年間存在的運送漕糧、黃豆的三條海上航路，以期展示該圖的史料價值並對清中期海運研究有所補益。

一、《江海全圖》及其中海運航路

《江海全圖》（如圖一）由恒慕義（A.W.Hummel）在 1934 年購入美國國會圖書館，紙本彩繪，未注比例，長卷裱裝，84cm×134cm。

該圖採用中國傳統形象畫法繪製，圖幅方位是以東爲上，圖幅中陸地在下、海洋在上。如圖一所示，地圖右邊起自寧波、鎮海、定海一帶，沿海北上繪製上海、常熟、松江、崇明等長江入海口，再往北注重表現黃河入海口及南北密佈的沙洲，至山東半島則詳細標注沿海島礁、河口等，再北至渤海灣及遼東半島則同樣以標注沿海島礁、河口爲主。

這幅地圖詳於畫海、略於畫地。在陸地上主要示意性標注沿海府州建置，並選擇性地繪製了洪澤湖及黃河、運河交匯的清口地區河工狀況（圖一中部下方、圖四）；使用牆形符號並標注「山海關」來表示長城（圖一左下方、圖七）。陸地上的繪製內容基本上是示意作用，最有價值的繪製內容在沿海區域。可以直觀的看到，圖幅中海洋及島礁、沙洲等大致佔據整幅地圖的一半，這符合《江海全圖》之名稱及李孝聰先生做出的該圖用於沿海航行的判斷。

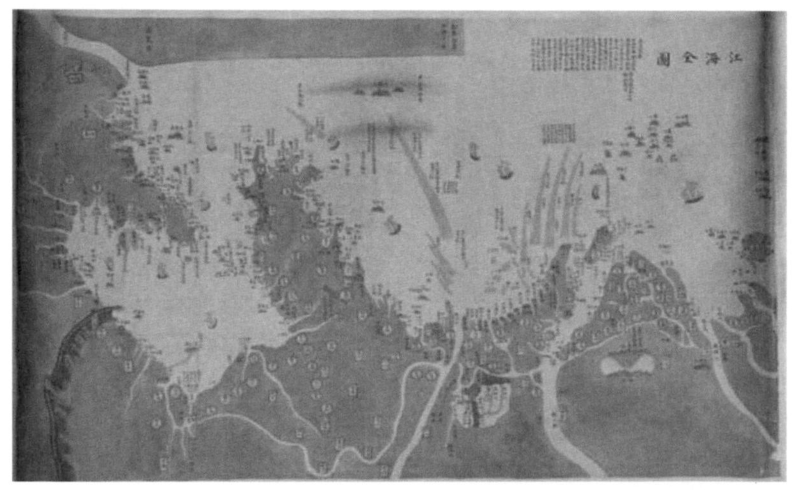

圖一：美國國會圖書館藏《江海全圖》〔註 3〕

〔註 3〕圖像來源自「數位方輿」，參見網址：http://digitalatlas.asdc.sinica.edu.tw/map_detail.jsp 跡 id=A103000136，2016 年 12 月 19 日。

關於《江海全圖》所繪製的海運航路，在《江海全圖》圖名左側有「水道里數」文字注記，現將謄錄於下：

> 上海至吳淞口五十里，吳淞口至崇明新開河（崇明頭二條士河即新開河）一百十里，又七十里至十滧，又一百八十里至佘山，又一千五、六百里至鷹遊門，之直東又六百餘里至石島，又一百四十里至成山，又五、六百里至廟島，又九百餘里至天津八口，灣曲甚多，一百八十里至府城東關。
>
> 自成山至鐵山七百餘里，又五百餘里至牛莊。自成山至深洋河九百餘里。
>
> 總共計之，自上海至關東不〔註 4〕約在四千里之內外，自上海至寧波約五、六百里。

從文字注記可知，這主要是記錄了一條從上海至天津的海運航路，同時記錄了成山至牛莊的航路以及成山至深洋河的航路。質之於圖幅，雖然其中並未使用線條等繪製航路，但是根據兩個不太明顯的線索，大致能夠看到航路所經之地。

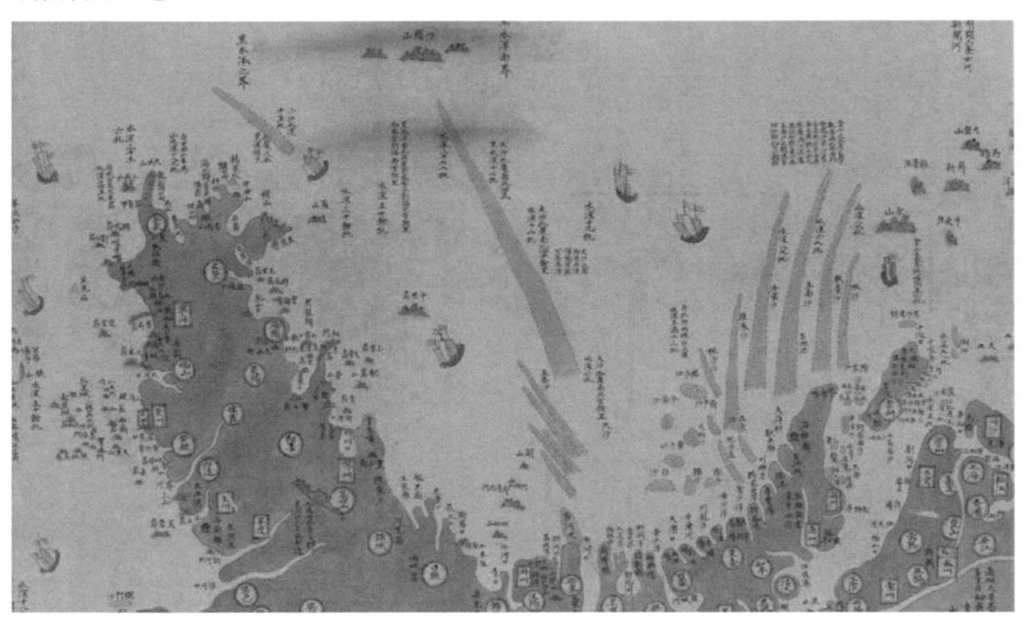

圖二：《江海全圖》（山東半島至長江入海口）

〔註 4〕結合上下文內容，「不」當爲「大」，爲圖中注記錯誤。

一是圖中好像不經意間繪製的帆船。筆者發現這些帆船並不是爲了點綴圖幅而隨意繪畫，結合圖二及「水道里數」來看，圖中帆船正好位於從上海至天津航路的節點上。圖二最右邊的小帆船正好位於崇明「十滧」至「佘山」的航路上；從右邊數第二、第三條帆船及山東半島南邊的帆船則位於佘山至成山的航路上；圖幅最左邊三條帆船則是航行在成山——廟島——天津的航路上。因此，幾條小帆船恰恰與文字注記相對應，圖繪出了整條航路。

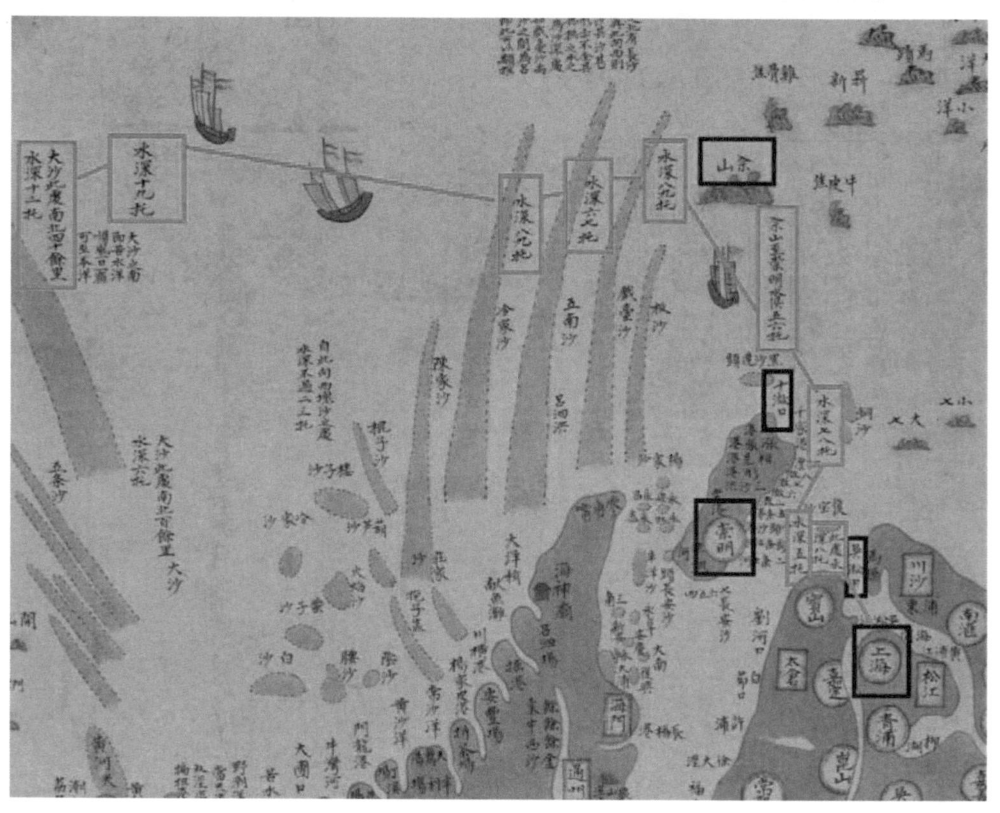

圖三：《江海全圖》（長江入海口）

二是帆船沿途注記的水深數據。如圖三標注「水深八、九托」。「托」是古人測量水深時的用語，托是方言，雙手展開爲一托，測量水深是爲了躲避沿途礁石淺灘，避免觸礁或擱淺〔註5〕。又有記載「水托者，以鉛爲墜，用繩繫之，探水取則也。每五尺爲一托」〔註6〕。關於「托」的記載，兩者並不矛

〔註 5〕參見章巽：《〈古航海圖考釋〉序》，載《章巽文集》，海洋出版社，1986 年，第 130 頁。

〔註 6〕（清）陶澍：《敬陳海運圖說摺子》，《陶文毅公全集》卷八《奏疏》，第 18a

盾。以清代 1 尺等於量地尺 34.5 釐米計算，一托（五尺）等於 1.725 米，與成人兩手展開距離相若。如圖三所示，筆者用紅色方框框注的是航線上的地名，由下往上依次爲：上海、吳淞口、崇明、十滧口、佘山，這是從上海至佘山的航路。航路上沿途標注了水深數據，筆者使用藍色框注，依次爲「此處水深八托」（吳淞口）、「水深五托」（崇明新開河）、「水深七、八托」（十滧口）、「佘山至崇明水俱五、六托」，這些水深數據亦正好標注於航路之上，應該是航船途經測量得來。自「佘山」往北依次標注「水深八、九托」、「水深六、七托」、「水深八、九托」、「水深十九托」、「大沙此處南北四十餘里，水深十二托」，這些數據標注之處與圖三中帆船航路一致。

因此，結合文字注記「水道里數」以及地圖中帆船位置、水深數據標注位置，大致可還原一條由上海至天津的海運航路。那麼要問：地圖中表現的這條海上航路是什麼年代的？做何用途？爲什麼要繪製這幅海圖？

這裡先從圖幅表現年代入手。根據圖幅中繪製內容來看，地圖中黃河並未改道山東入海而是依舊奪淮入海，基本可以斷定爲咸豐五年（1855）銅瓦廂決口、黃河改道之前〔註 7〕。此外，地圖中標注「儀徵」，說明年代當在雍正元年（1723）「儀眞」因避諱胤禛名諱而改稱「儀徵」之後。這符合李孝聰先生做出的清中期的判斷。而「數位方輿」則根據定海縣尚未升爲定海直隸廳、寧海縣尚未改置金州廳以及川沙廳的出現等行政建置信息，將圖幅表現年代進一步縮短爲嘉慶十七年至道光二十三年間。關於圖幅表現年代的判斷有助於我們進一步判定該圖的繪製內容。

二、道光六年漕糧海運與《江海全圖》的繪製背景

史載：「海運始於元代，至明永樂間，會通河成，乃罷之」〔註 8〕。清初，沿襲明制，重漕運，經康熙、雍正、乾隆及歷代河臣通力籌劃，大運河承擔著財賦與漕糧的轉運重任。然而，有清一代，黃河、運河交匯的清口地區河患頻出，治河靡費無算。黃河善徙、多沙、易決且勢強，運河多爲人工河渠，

頁，載《續修四庫全書》《集部・別集類》，道光二十年兩淮淮北士民刻本影印，上海古籍出版社，2002 年，第 577 頁。

〔註 7〕參見《清史稿》志一百一《河渠一・黃河》，中華書局，1976 年，第 3741 頁，「（咸豐）五年六月，（黃河）決蘭陽銅瓦廂，奪流由長垣、東明至張秋，穿運注大清河入海，正河斷流」。

〔註 8〕《清史稿》志九十七《食貨三・漕運》，第 3593 頁。

水流孱弱，因此清口一隅，常發生黃河倒灌、淤塞運道之事，運道梗阻致妨礙漕糧北運。

漕運窒礙難行之時，清廷亦有海運之議。「自嘉慶之季，黃河屢決，致運河淤墊日甚，而歷年借黃濟運，議者亦知非計，於是有籌及海運者」〔註 9〕。嘉慶年間，「洪澤湖泄水過多，運河淺涸，令江、浙大吏兼籌海運」。兩江總督勒保等會奏不可行者十二事，「海運既興，河運仍不能廢，徒增海運之費。且大洋中沙礁叢雜，險阻難行，天庾正供，非可嘗試於不測之地。旗丁不諳海道，船戶又皆散漫無稽，設有延誤，關係匪細」。嘉慶皇帝以爲是，「自是終仁宗之世，無敢言海運者」〔註 10〕。

道光四年（1824），「南河黃水驟漲，高堰漫口，自高郵、寶應至清江浦，河道淺阻，輸挽維艱」〔註 11〕。協辦大學士、戶部尚書英和建言：「河道既阻，重運中停，河漕不能兼顧，惟有暫停河運以治河，雇募海船以利運」，道光皇帝最終採納漕糧海運北上之議，「上乃命設海運總局於上海，並設局天津」。道光「六年正月，各州縣剝運之米，以次抵上海受兌，分批開行。計海運水程四千餘里，逾旬而至」〔註 12〕。另據道光朝河臣麟慶記載：「道光四年，高堰失事，湖水泄枯」，「六年，將蘇松常鎮太四府一州之糧改由海運」〔註 13〕。

由上可知，道光六年（1826）曾將江南漕糧海運，路線即爲由上海至天津。這次海運是迫於運道梗阻的不得已之舉。道光七年，「蔣攸銛請新漕仍行海運。上以近年河湖漸臻順軌，軍船可以暢行，不許」。可見，之後仍舊墨守重漕運之成規。至道光二十六年，詔復行海運；道光二十七年，「議准蘇、松、太二府一州漕白糧米，自明歲始，改由海運」；道光三十年，「復令蘇、松、太二府一州白糧正耗米，援照成案，由海運津」〔註 14〕。因此，結合上節《江海全圖》表現年代爲嘉慶十七年至道光二十三年間的判斷，在此期間僅有道光六年這一次海運。這是判定《江海全圖》表現道光六年漕糧海運的重要依據。

〔註 9〕《清史稿》志一百二《河渠二・運河》，第 3786 頁。
〔註 10〕參見《清史稿》志九十七《食貨三・漕運》，第 3593 頁。
〔註 11〕《清史稿》志九十七《食貨三・漕運》，第 3593 頁。
〔註 12〕《清史稿》志九十七《食貨三・漕運》，第 3594 頁，第 3595 頁。
〔註 13〕麟慶：《黃運河口古今圖說》之《道光七年河口圖說》，中國國家圖書館藏道光二十年刻本，圖說廿二。
〔註 14〕《清史稿》志九十七《食貨三・漕運》，第 3596～3597 頁。

這一判斷從該圖略於畫陸卻翔實繪製黃河、運河交匯的清口地區，亦可見一斑。正是因爲清口地區黃河倒灌、運道梗阻，才會改漕運爲海運。

如圖四所示，圖幅以東爲上，圖幅中黃河過「徐州」「安東」東流入海，圖幅左邊「楊莊」「桃源」「宿遷」一線的運道爲中河，而「清河」「淮安」、「寶應」「高郵」一線爲裏運河。裏運河多藉洪澤湖之水行運，洪澤湖水自引河東流，注入黃河。道光四年十一月，「大風，（黃河）決高堰十三堡」，因此洪澤湖水枯涸，不足以濟運，造成黃河水倒灌入運道。對此，侍講學士潘錫恩言：「蓄清敵黃，相傳成法。大汛將至，則急堵御黃壩，使黃水全力東流」〔註15〕；道光五年兩江總督琦善奏言：「自御黃壩堵閉，運河淤墊不復增高」〔註16〕。可見，此次高堰失事後，採取了堵閉御黃壩的措施。這正與圖四中黃河南岸堵住裏運河的黃色長條「御黃壩」相一致。

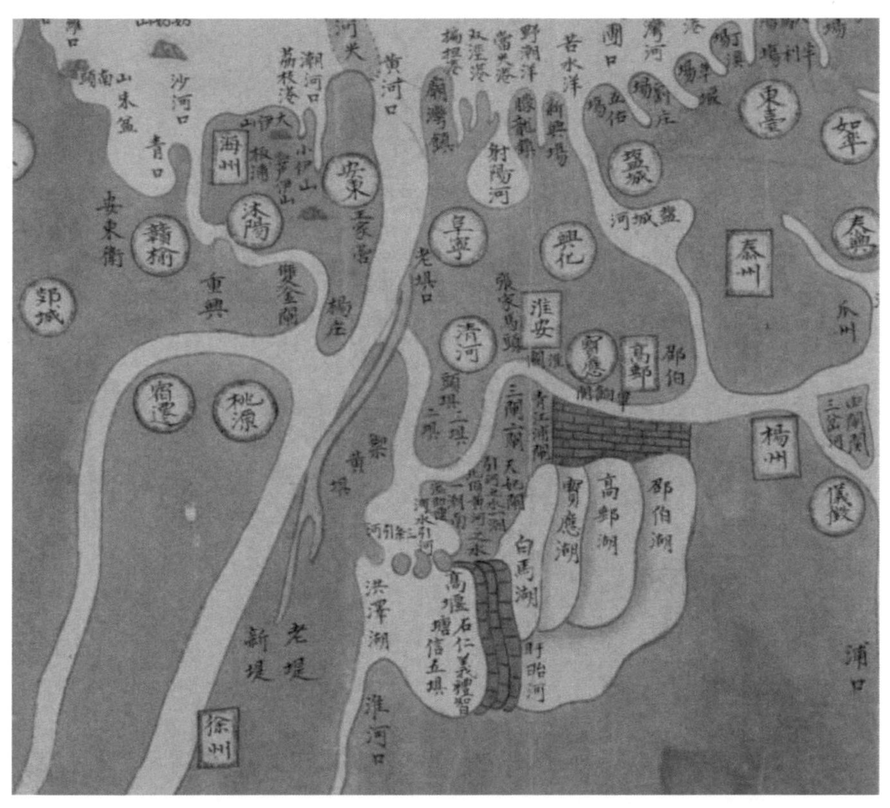

圖四：《江海全圖》（洪澤湖及清口地區）

〔註15〕《清史稿》志一百一《河渠一・黃河》，第3736～3737頁。
〔註16〕《清史稿》志一百二《河渠二・運河》，第3786頁。

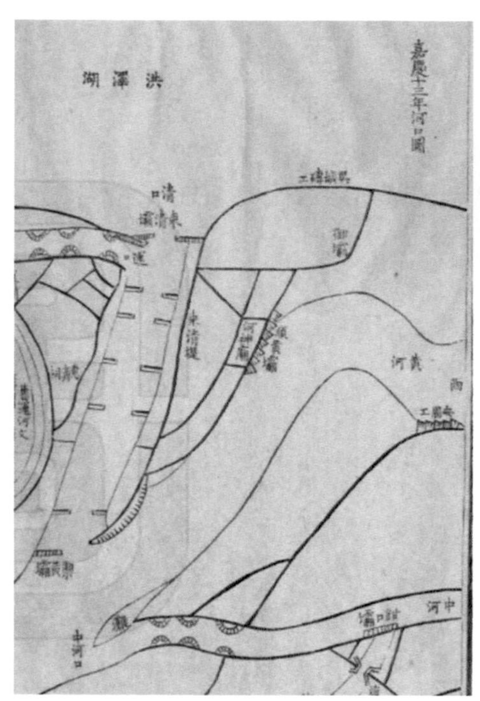

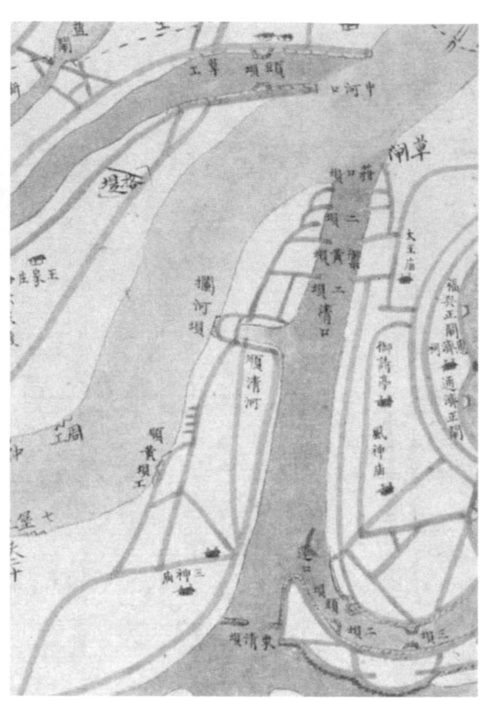

圖五：「嘉慶十三年河口圖」〔註21〕（左）與道光六年河口圖〔註22〕（右）

「御黃壩」始建於乾隆五十年（1785）〔註 17〕，至嘉慶九年（1804）築新御黃壩，「每年以時拆築，黃水過大，亦有時堵閉」〔註 18〕。如圖五左邊所示，該圖繪製的是嘉慶十三年（1808）清口狀況，在黃河、運河交匯處標注有「御黃壩」。道光六年，改行海運，趁機整治清口運道，創制灌塘法行運，「於新御黃壩外築東、西纖堤，就鉗口壩處建草閘一座以爲運口」〔註 19〕。如圖五右邊所示，該圖中出現了「鉗口壩」「草閘」且「御黃壩」業已縮入運道之中、並非直對黃河，反映的正是道光六年清口地區整治後的狀況〔註 20〕。

〔註 21〕《黃運河口古今圖說》之《嘉慶十三年河口圖》，圖說十九。

〔註 22〕美國國會圖書館藏《四省運河水利泉源河道總圖》，圖像見網址：http://digitalatlas.asdc.sinica.edu.tw/map_detail.jsp 跡 id=A103000087，2016 年 12 月 20 日。

〔註 17〕《黃運河口古今圖說》之「乾隆五十年河口圖說」，圖說十八，「五十年，清口竟爲黃流所奪，……於惠濟祠後福神庵前建築，名御黃壩，如遇黃水過大，將口門收窄」。

〔註 18〕《黃運河口古今圖說》之《嘉慶十三年河口圖說》，圖說廿。

〔註 19〕《黃運河口古今圖說》之《道光七年河口圖說》，圖說廿二。

〔註 20〕《四省運河水利泉源河道總圖》，紙本彩繪，未注比例，長卷 27cm×845cm。具體研究參見王耀《水道畫卷：清代京杭大運河輿圖研究》，中國社會科學出版社，2016 年，第 49～53 頁。

結合圖五中兩幅地圖及史料記載可知，御黃壩直對黃河是在嘉慶九年至道光六年間，也就是在這一時期內，遇到黃河水大，或行堵閉御黃壩之策。因此，圖四中「御黃壩」堵住運口，當在嘉慶九年至道光六年間。再綜合上文道光六年停漕運、行海運之史實，圖四中繪製了不成比例的長長的御黃壩，顯然是在強調運道梗阻的現實，這恰恰是行海運、繪製《江海全圖》的前因。這也更加肯定了《江海全圖》繪製內容正是道光六年漕糧海運之事。

三、陶澍《海運圖》與《江海全圖》之比較

道光五年，陶澍負責籌劃漕糧海運〔註 23〕。次年，上《敬陳海運圖說摺子》，「蘇、松、常、鎮、太五府州額漕，因運河阻滯，改由上海沙船運赴天津，現已辦有成局，依次開行」〔註 24〕，具陳海運航路並繪圖。所繪海圖「道光六年二月二十一日奉到」，「朱批：所奏均悉，圖留覽。欽此」〔註 25〕。該圖應藏於清宮之中。近代以來，清內閣大庫、內務府造辦處的清宮藏圖，現主要藏於中國第一歷史檔案館、臺北故宮博物院等機構，然而查閱相關圖錄後，並未找到陶澍上奏附圖。不過在《陶文毅公全集》中附有刻本《海運圖》（如圖六）一幅，詳繪道光六年漕糧海運航路。

《海運圖》與《江海全圖》雖然繪製主題相同，但又有極大差異。辨析兩者異同將有助於更好地認識《江海全圖》的繪製目的及史料價值。以下分述之。

其一、方位。如圖六所示，《海運圖》繪製的是長江入海口的上海、崇明區域，以西爲上，陸地在上、海洋在下。而如圖一、圖二所示，《江海全圖》則相反，以東爲上，陸地在下、海洋在上。

其二、水深數據。前文曾對《江海全圖》（如圖三）中上海、吳淞口至佘山的航路水深進行記錄，而如圖六所示，這段航程在《海運圖》中並未標注水深數據，直到佘山以北方標注「佘山至呂泗外洋宜遇南三面風，水深十丈，可寄椗」。在標繪的整條航路上基本並未說明水深數據，在佘山往北則書寫「大

〔註 23〕《清史稿》志九十七《食貨三・漕運》，第 3565 頁，「於是宣宗採英和、陶澍、賀長齡諸臣議覆海運，遴員集粟，由上海雇商轉船漕京師，民咸稱便」。

〔註 24〕陶澍：《敬陳海運圖說摺子》，《陶文毅公全集》卷八《奏疏》，第 15a 頁，載《續修四庫全書》《集部・別集類》，第 575 頁。

〔註 25〕陶澍：《敬陳海運圖說摺子》，《陶文毅公全集》卷八《奏疏》，第 20a 頁，載《續修四庫全書》「集部・別集類」，第 578 頁。

沙東有沙頭山，如舟行太東，見此山則在北必見高麗諸山，又須偏西方對成山」。可見，《海運圖》偏重於在航路上標注地名、針盤指示方向、風向等，而《江海全圖》則重在標繪水深，避免觸礁或擱淺。

其三、細部特徵。因爲刻本單色地圖的限制，《海運圖》圖幅表現力較差，在島礁繪製等方面存在繪製差異。如圖七所示，《江海全圖》繪製的長城更加立體、形象，但僅標注「山海關」，《海運圖》則使用簡單線條表現，標注了「山海關」「古北口」「喜峰口」三處關隘。《江海全圖》中的「高麗邊門」較《海運圖》，表現更爲清晰。

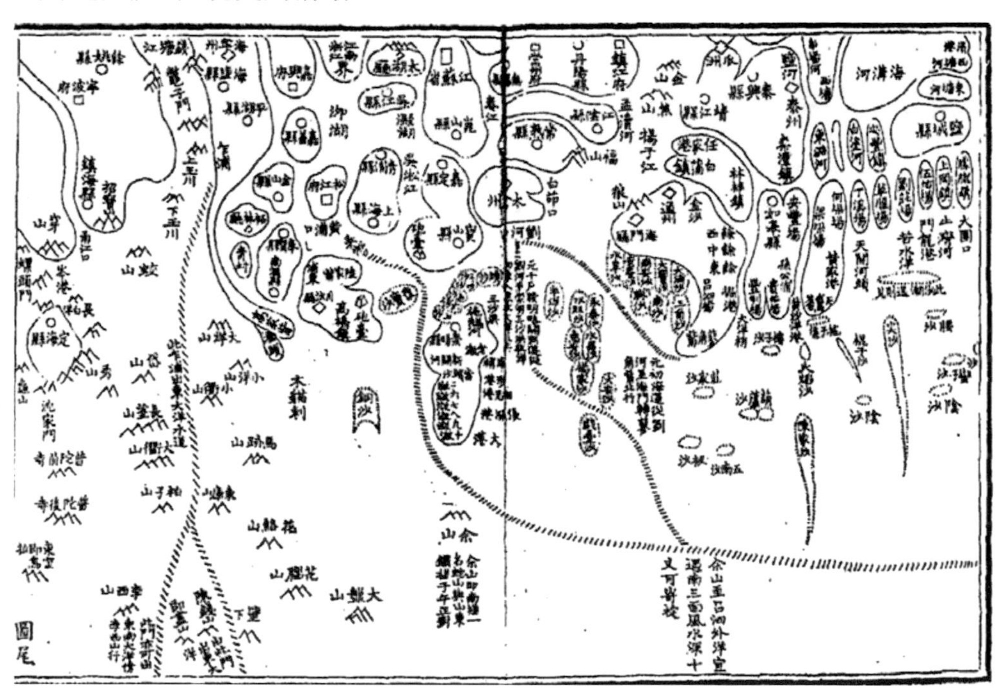

圖六：陶澍《海運圖》（長江入海口）〔註 26〕

其四、繪製區域。《江海全圖》所繪範圍北至「奉天」「廣寧」「義州」一線，南至「普陀後寺」「普陀前寺」「定海」「寧波」一線，東邊跨海繪至「高麗國」。《海運圖》的北、南、東的繪製區域，與之基本一致，兩者的主要區別在於西邊。《海運圖》基本上只標注沿海州縣，稍深入內陸則不繪；而《江海全圖》則在內陸部分，增繪了洪澤湖、寶應湖、高郵湖及高堰等五壩、運

〔註 26〕《海運圖》，《陶文毅公全集》卷八《奏疏》，載《續修四庫全書》「集部・別集類」，第 579 頁。

河的中河段、裏運河段及御黃壩（如圖四）以及太湖和山東內陸的一些州縣名稱。經比對發現，《江海全圖》中出現的地名訛誤基本出現在其增繪區域內，如「揚州」寫成「揚州」、「寶坻」寫成「寶抵」、「臨清」寫成「臨青」，並將「京師」錯寫爲「京都」（京都不在增繪區域）。

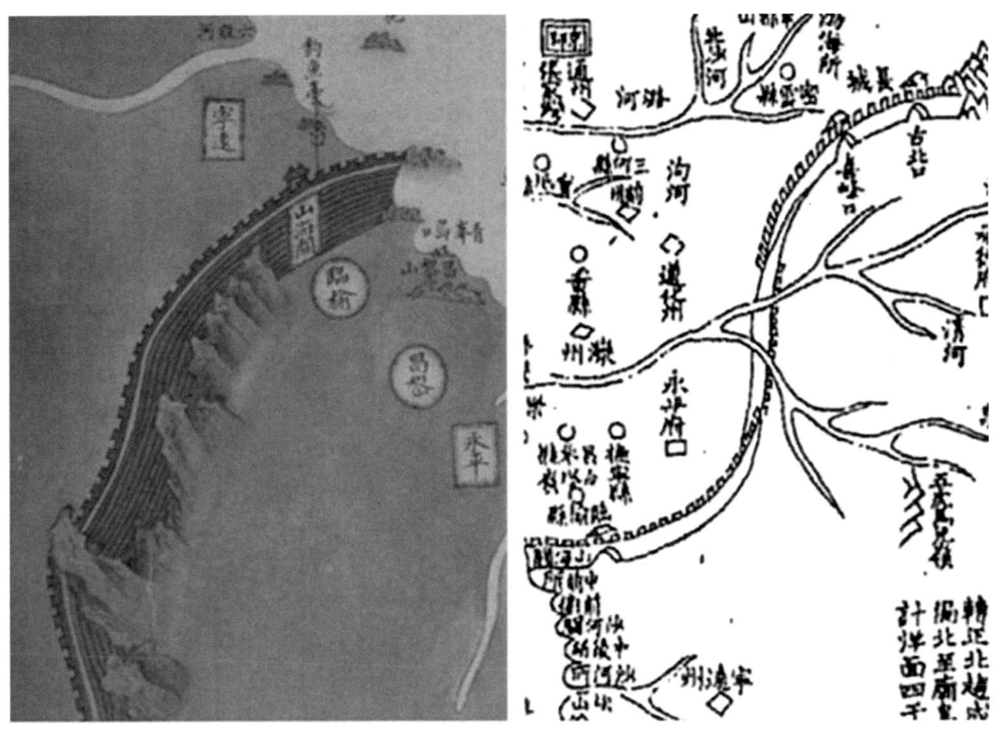

圖七：《江海全圖》之長城（左）、《海運圖》之長城（右）、

其五、航路標繪。圖六《海運圖》中使用連續斷點直接繪製出了海運航路，而如前文所述，《江海全圖》則未標明航路，僅能借助帆船與水深數據的位置大致還原。除此之外，前文已述《江海全圖》中大致有三條航路：上海至天津、成山至牛莊、成山至深洋河。而《海運圖》中則不同，除同樣標繪上海至天津航路外，由成山出發的兩條航路則未標繪，但標繪出了其他幾條航路，如圖六所示，由南至北分別爲從錢塘江口乍浦出發往東的「此乍浦出東大洋水道」、由「劉河口」出發往東北的航路及由劉河口出發往北過「廖角嘴」的航路。還有從安東縣附近出發至山東半島南部「南膠河」的航路。

綜合分析上述差異可知，《江海全圖》與《海運圖》雖然同爲表現道光六年漕糧海運之事，但是兩者差異明顯，基本可以認定這是兩幅各自獨立表現道光六年漕糧海運的地圖。

就方位而言，兩者完全相反。在明清海圖中這兩種繪製方式都有體現，陸地在下、海洋在上的表現方式，一般被解讀爲看圖者從陸地看海洋，有陸地本位之意，有些重視陸地防禦的海防圖如明代彩繪《萬里海防圖說》〔註 27〕如此繪製；而海洋在下、陸地在上的表現方式，則多認爲是看圖者從海洋看陸地，便於用圖人沿海航行、避免觸礁擱淺等，有些重視稽海盜、利航行的海圖如雍正八年（1730）《海國聞見錄》中刻本圖「沿海全圖」〔註 28〕及由其衍生出的彩繪圖《海洋疆界形勢圖》〔註 29〕等如此表現。單從繪製來說，如果將方位顛倒後改繪，難度極大，因此兩圖之間不太可能存在直接摹繪關係。

就水深數據而言，兩圖之間也是兩種注記方式。《海運圖》之底本爲上呈皇帝御覽之圖，詳細描述地名、航向、風向等，似更便於皇帝圖文對照；而《江海全圖》直接標注航路上的水深，應更利於航行。這裡似乎體現出兩圖因繪製功用不同而導致的標注方式差異。

就繪製區域而言，《江海全圖》較《海運圖》，增繪了部分湖泊、運道及內陸地名。如前文分析，《江海全圖》中增繪洪澤湖、清口一帶是爲了表現運道梗阻的狀況。而值得關注的是，錯訛地名基本位於增繪區域，更離譜的是連帝都「京師」都書寫錯誤。據此推測，《江海全圖》有一定可能參照過《海運圖》或其他類似底本海圖，在此基礎上增繪；或者有一定可能是《海運圖》參閱過《江海全圖》或類似圖幅，進行了縮繪和校正。對此，也只是一種推測。此外，從地圖中多處地名錯訛等低級錯誤來看，《江海全圖》的繪製者有可能文化水平不高，但就航路水深標繪來看，又極其熟諳航海。陶澍組織此

〔註 27〕《萬里海防圖說》現藏於美國國會圖書館，彩繪本一冊，錦緞套封，30cm×20cm，該圖大致表現的是嘉靖年間明朝海防形勢，極有可能是清前期摹繪本。具體研究參見《美國國會圖書館藏中文古地圖敘錄》，第 164 頁；該圖圖像見網址：http://digitalatlas.asdc.sinica.edu.tw/map_detail.jsp?id=A103000121，2016 年 12 月 21 日。

〔註 28〕參見孫靖國《開眼看世界的先驅：陳倫炯及其〈沿海全圖〉》，《地圖》2012 年第 4 期，第 130～131 頁。圖像見陳倫炯《海國聞見錄》，乾隆五十八年刻本，中國南海諸群島文獻彙編之三，臺灣學生書局，1984 年，第 165～198 頁。

〔註 29〕《海洋疆界形勢圖》現藏於美國國會圖書館，紙本彩繪，長卷 32cm×894cm，該圖以《海國聞見錄》附圖爲祖本改繪而成，大致反映乾隆後期的沿海狀況。具體研究參見王耀《清代〈海國聞見錄〉系列海圖圖系初探》，《社會科學戰線》2017 年第 4 期。

次航運時，雇傭商船北上〔註 30〕，因此推測《江海全圖》有可能是民間商船航行所用，有可能是熟悉海道的上海一帶商船或商幫〔註 31〕等繪製。

就航路標繪而言，《江海全圖》中主要標注上海至天津航路，另標繪成山至遼東半島的兩條海道。《海運圖》除標注上海至天津航路外，其他航路皆爲元、明舊道。如安東縣附近出發至「南膠河」之航路，即爲明代海運航道，陶澍奏稱：「明則由膠萊內河轉搬登州，實爲勞費」。由「劉河口」出發的兩條航路，「查元、明入海之道，或由瀏河轉廖角沙或由灌河口至鷹遊門，今俱壅塞」〔註 32〕。可見，《海運圖》中繪製的元、明舊海道，有古爲今用之意，爲說明海道航路變遷。圖中主海道仍爲上海至天津，其他幾條皆爲示意，基本「今俱壅塞」，至道光年間已不具實際航行價值。

四、道光朝海運航路

關於歷代海運研究，前人成果較多。與本文最爲相關且價值最高者有章巽研究元、明海運航路的文章〔註 33〕及丁一研究清代海運航路的文章〔註 34〕，因爲陶澍選定上海至天津的航路時，曾借鑒元、明故道，且最終選定的航路與元代至元三十年（1293）後航路相仿，因此需要參閱章巽與丁一的研究。丁一研究中已經涉及陶澍《海運圖》海道並指出「道光陶澍海運海道同時受到過『元至元三十年後海道』以及『盡山至成山道』的影響」〔註 35〕。丁一研究中復原陶澍海道圖，僅參閱了《海運圖》及相關記載且不是其文撰寫重點，本文偏重於利用新發現的《江海全圖》與《海運圖》，更爲詳盡的復

〔註 30〕參見陶澍《會同江督漕督籌議海運陸續應辦事宜摺子》：「上諭琦善等奏會籌海運應辦各事宜一摺，江蘇現届新漕啓徵，商船陸續歸次，來年二、三月間即可次第兑運開行」，《陶文毅公全集》卷八《奏疏》，第 12a 頁，載《續修四庫全書》《集部・別集類》，第 574 頁。

〔註 31〕關於清代上海船商會館、商幫興替等參見范金民《清代前期上海的航業船商》，《安徽史學》2011 年第 2 期，第 43～47 頁。

〔註 32〕參見陶澍《敬陳海運圖說摺子》，《陶文毅公全集》卷八《奏疏》，第 15a 頁，第 15b 頁，載《續修四庫全書》《集部・別集類》，第 575 頁。

〔註 33〕元代海運航路研究見《元「海運」航路考》（載《章巽文集》，海洋出版社，1986 年，第 73～85 頁）與《〈大元海運記〉之「漕運水程」及「記標指淺」》（載《章巽文集》，第 86～94 頁）；明代海運航路研究見《論〈海道經〉》（載《章巽文集》，第 95～106 頁）。

〔註 34〕丁一：《耶魯藏清代航海圖北洋部分考釋及其航線研究》，《歷史地理》第二十五輯，第 431～455 頁。

〔註 35〕《耶魯藏清代航海圖北洋部分考釋及其航線研究》，第 449 頁。

原和校正上海至天津的航路，並且《江海全圖》中增繪的成山至遼東半島的兩條航路，《海運圖》中未繪且前人未著筆墨，但卻也是道光朝乃至清中期一直沿用的重要海運航路。

陶澍探尋航路及繪製《海運圖》的方法有二：

一爲稽古，借鑒元、明故道。結果之一是明代山東半島的膠萊運河不可行。奏摺記載「明則由膠萊內河轉搬登州，實爲勞費」，《海運圖》注記「明代曾議開膠萊運河，因疏濬難深、重運未便，不能行漕」；《江海全圖》中亦有注記，「此處山脈甚多，膠萊河以此不能開通」。結果之二是元初及明代近海航路亦不可行，如圖六中由「劉河口」出發轉「廖角沙」的航路，「今俱壅塞」，由圖三可見，蘇北地區黃河入海口一帶，沙洲密佈，元代稱之爲「萬里長灘」、「扁擔沙」等〔註 36〕，陶澍指出「明人沿嶼求道，非礁即淺，無怪其難」。最終，陶澍上奏：「自不若元代所開生道，即今沙船所行，爲最善」。這條航路即爲元代至元三十年後所用的黑水洋道，路線爲從崇明州出發一直往東，避開蘇北沙洲，直接進入黑水大洋，借助夏季黑潮暖流北航，經山東半島東部成山，進入渤海灣至天津〔註 37〕。

二爲徵今，探訪漁民。「每遇熟習海洋之人，詳加詢問，證以紀載，得其徑道」〔註 38〕。實際上，這條航路民間商船一直在使用，如陶澍奏摺所言：「伏查我朝自康熙年間開海禁以來，商船往還關東、天津等處，習以爲常。凡駕駛之技、趨向之方，靡不漸推漸準，愈久愈精。是海運雖屬試行，海船實所習慣」〔註 39〕。

陶澍在《敬陳海運圖說摺子》中將航路分爲六段，分述各段沿途地名、航程、風向、島礁、方位等，最後總結：「以上海運水程，自吳淞口出十滧東向大洋，至佘山北向鐵槎山，歷成山西轉之罘島稍北，抵天津，總計水程四千餘里」。《海運圖》中注記：「海運水程係從上海至寶山出吳淞口，由崇明十滧出外洋，正東遇佘山向北偏東行，過大沙轉正北趨成山，又轉西偏北至廟島達天津，共計洋面四千餘里」。陶澍繪圖及記載可與《江海全圖》

〔註 36〕蘇北沿海沙洲研究參見賀曉昶《江蘇海岸外沙洲地名的歷史變遷》，《中國歷史地理論叢》1991 年第 4 期，第 215～224 頁。

〔註 37〕參見《元「海運」航路考》，第 79 頁。沿海洋流及黑潮暖流狀況見圖幅「中國海中的海流（夏季）」（《元「海運」航路考》，第 81 頁。）

〔註 38〕參見陶澍：《敬陳海運圖說摺子》，《陶文毅公全集》卷八《奏疏》，第 15b 頁，載《續修四庫全書》《集部・別集類》，第 575 頁。

〔註 39〕參見陶澍：《敬陳海運圖說摺子》，《陶文毅公全集》卷八《奏疏》，第 19b～20a 頁，載《續修四庫全書》《集部・別集類》，第 577～578 頁。

中航路〔註40〕（如圖八）相對照。

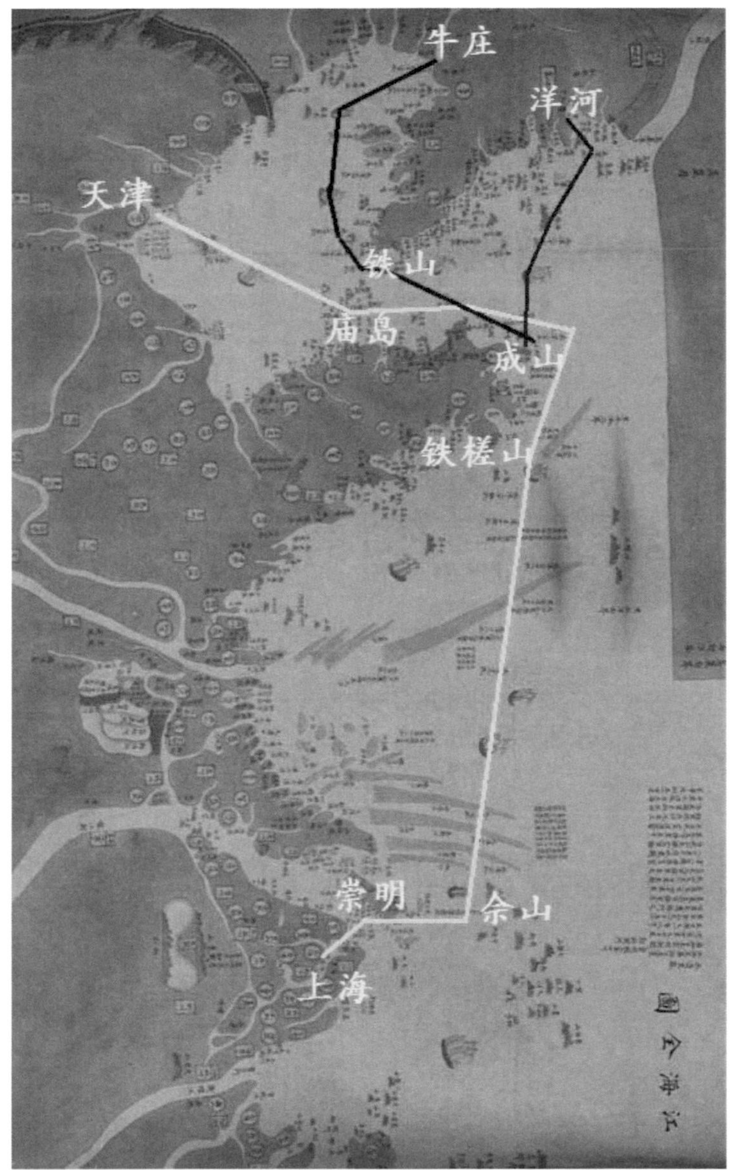

圖八：《江海全圖》之道光朝海運航路示意圖

〔註40〕《江海全圖》文字注記「水道里數」中雖然提及航路經過「鷹遊門」，但是結合圖中水深數據位置及帆船位置推斷，實際航行中並未至黃河入海口北邊的鷹遊門。並且，結合陶澍《海運圖》中繪製的航路及章巽復原的元代至元三十年後海運航路來看，這條航路並未經過鷹遊門。因此在圖八中並未完全根據「水道里數」進行復原，航路是綜合各方面記載和研究而得出的。

圖八是將《江海全圖》原圖向右旋轉 90 度後標繪而成，方位爲上北下南，航路是將文字記載、帆船位置、水深數據位置相結合繪製出來的。其中上海至天津的漕糧海運航路，與陶澍《海運圖》標繪之航路一致，也與章巽復原的元代至元三十年後海運航路基本一致〔註 41〕。

而成山至牛莊、成山至洋河〔註 42〕的兩條航路，在陶澍《海運圖》中雖未標繪，但在陶澍奏摺中有線索。漕糧海運，商船滿載北上，如空船南返，則不免勞費。陶澍注意到該問題，因此同意商船在天津卸載漕糧後，可赴奉天裝載豆類南下。道光六年商船海運共分兩批次，第一批到達天津後，陶澍上奏建議天津官員「總令沙船卸米前往奉天買豆，迅速回南，以便趕辦二運」〔註 43〕。陶澍奏摺雖未明言買豆航路等，但提示存在自奉天販賣豆類往江南的海運航路。

康熙年間東北地區的豆類產物以黑豆爲主，至乾隆年間，隨著土地開發以及江南地區認識到黃豆具有固氮肥田的功用，因此導致黃豆及豆餅大量南運，直接促進了黃豆在奉天地區的大規模擴種〔註 44〕。黃豆貿易的繁榮，從乾隆三十八年（1773）在奉天開徵黃豆豆餅稅銀可見一斑〔註 45〕。而處於貿易另一端的上海，自乾隆末年劉河河道淤塞後，膠東和關東豆船紛紛改泊上海，豆業字號多數遷往上海。至嘉慶年間，上海迅速取代太倉成爲江南乃至全國最大的餅豆市場〔註 46〕。其繁盛狀況，據參與道光六年漕糧海運的英和記載：「聞上海沙船有三千餘號，大船可載三千石，小船可載千五百石，多係通州、海門土著富民所造，立有會館、保載牙行」〔註 47〕。

〔註 41〕參見《元「海運」航路考》之圖幅「元朝『海運』的主要航路圖」，第 80 頁。

〔註 42〕《江海全圖》文字注記「水道里數」中爲「深洋河」，但是圖幅中並沒有相應標注。經查對帆船及水深數據標繪位置，有一條從成山往北的航路，到達地點爲「洋河」；陶澍《海運圖》中標注「小洋河」；《中國歷史地圖集》（清時期）（中國地圖出版社，1996 年，第 10～11 頁）中標注「大洋河」。因此，推測文字注記之「深洋河」即指靠近鴨綠江口的「洋河」。

〔註 43〕參見陶澍《請收買沙船餘米附片》，《陶文毅公全集》卷八《奏疏》，第 26a 頁，載《續修四庫全書》《集部・別集類》，第 581 頁。

〔註 44〕參見李令福《清代東北糧食作物的地域分佈》，《中國歷史地理論叢》1998 年第 4 期，第 180 頁。

〔註 45〕參見許檀：《清代前期的山海關與東北沿海港口》，《中國經濟史研究》2001 年第 4 期，第 57～70 頁。

〔註 46〕參見范金民《清代前期上海的航業船商》，《安徽史學》2011 年第 2 期，第 51 頁。

〔註 47〕英和：《籌漕運變通全域疏》，載《清經世文編》卷四八《户政二三》，中華書局，1992 年，第 1163 頁。

乾隆、嘉慶、道光年間，眾多商船參與到上海至關東的黃豆海運中。如陶澍所言，自康熙朝開海禁以後，「商船往還關東、天津等處，習以爲常」。另載：「自康熙廿四年開海禁，關東豆麥每年至上海者千餘萬石，而布、茶各南貨至山東、直隸、關東者亦由沙船載而北行」〔註48〕。相關事例頗多，比如乾隆十四年蘇州府常熟縣船戶陶壽及客商蔡立三等一船17人「在江南裝載生薑到天津衛發賣」，然後「轉往關東大莊河口」購買黃豆返回〔註49〕。乾隆三十九年太倉州崇明縣商人「持錢三千弔自本縣發船，十月初一日到關東海州地換買黃豆」，該船裝載黃豆 200 石十月十四日返航。嘉慶十二年十月蘇州府鎮洋縣商船前往關東金州貿易，裝載黃豆360石、秫米10石以及海參400斤於十一月初七日返航〔註50〕。道光三年九月，「又有一船，已達牛莊銷貨，又置辦豆餅、羊皮、水梨等物，回過成山角，遭颶風倒拖太平籃」〔註51〕。

因爲貿易繁榮，至嘉慶年間，在遼東半島的錦州、牛莊、蓋州、岫岩、復州、金州等處海口設置稅關。《江海全圖》中由成山出發的兩條航路，分抵牛莊及岫岩的洋河（如圖九）。

據嘉慶初年的稅收資料，遼東半島各海口中以錦州和牛莊徵稅最多〔註52〕。牛莊爲遼河入海口，其經濟腹地沿遼河流域可以輻射至整個東北地區。據中國第一歷史檔案館藏關稅檔案記載，嘉慶三年，「牛莊設沒溝營、耿隆屯二海口，出入沙、鳥、衛船七百二十八隻，徵稅銀二萬一千八百九十九兩五錢八分八釐」〔註53〕。其中沙船是指江南海船，「江南海船，名曰沙船，以其船底平闊，沙面可行可泊，稍擱無礙」〔註54〕。可見，江南商船來此之多。

〔註48〕齊學裘：《見聞續筆》卷二《海運南漕議》，載《續修四庫全書》第1181冊，上海古籍出版社，2002年，第405頁。

〔註49〕《歷代寶案》第二集，卷三一，臺灣大學影印本（第五冊），第2589頁，第2601頁。轉引自《清代前期的山海關與東北沿海港口》，第69頁。

〔註50〕參見（日）松浦章《李朝漂著中國帆船の問情別單について》（上、下），《關西大學東方學術研究所紀要》，1984年，第17輯；1985年，第18輯。轉引自許檀《清代前中期東北的沿海貿易與營口的興起》，《福建師範大學學報》（哲學社會科學版），2004年第1期，第7頁。

〔註51〕鄭光祖：《一斑錄·雜述一》「漂泊異域」條，中國書店，1990年，第17頁。

〔註52〕《清代前期的山海關與東北沿海港口》，第70頁。

〔註53〕轉引自《清代前期的山海關與東北沿海港口》，第61頁。

〔註54〕謝占壬：《古今海運異宜》，載賀長齡《清經世文編》卷48《漕運下》。關於沙船航行、載運量、尺寸等可參見鄧亦兵《清代前期沿海運輸業的興盛》，《中國社會經濟史研究》1996年第3期，第41頁。

而洋河位於遼東半島以東，屬岫岩管轄，圖九標注「洋河」處有「紅旗溝」。紅旗溝海口是乾隆三十三年增設的徵稅口岸，江南商人亦常來此購置黃豆〔註 55〕。

由此推測，《江海全圖》中所繪成山至牛莊及成山至洋河的兩條航路，實際上是上海至牛莊和上海至洋河的海運航路，成山僅是中轉站。這兩條航路連接的正是清中期黃豆、豆餅的產地（關東）與消費地（江南地區）。《江海全圖》中這兩條航路的繪製背景正是基於清中期的海運貿易，這也更加印證了該圖極有可能是上海一帶的商船或商幫繪製的推斷。

圖九：《江海全圖》之遼東半島

總之，《江海全圖》中隱約可見的三條海運航路，其中由上海至天津的航路應與道光六年漕糧海運有關，其背景一是運道梗阻、漕糧北運受阻，二是民間海運貿易暢行海上，可資利用。《江海全圖》與陶澍《海運圖》各自獨立表現該繪製主題，可相互印證。另外兩條由上海至牛莊、上海至洋河的航路，則與清中期關東與上海間的黃豆、豆餅海運貿易密切相關。

（原載《故宮博物院院刊》2018 年第 5 期）

〔註 55〕參見《清代前期的山海關與東北沿海港口》，第 69 頁。

十二、中國社科院民族所藏中文古地圖述論

摘要：中國社科院民族所藏有若干明、清兩代及民國時期的古地圖，目前該部分藏圖基本上束之高閣，少人問津，缺乏專題性的整理和研究。本文以館藏卡片登記信息爲基礎，利用古地圖的專業知識，參照原圖，對圖名、著者、版本源流、繪製內容和出版年代等逐一進行了核對、考證，補充了缺項，改正了部分著錄錯誤，並對典型圖幅增補了考證文字。本文首次圖文並茂地展現了民族所藏圖面貌，爲進一步利用和研究藏圖提供了便利。

關鍵詞：中國社科院、古地圖、清代

近年來，古地圖因爲其形象化地表達各類歷史信息，所以日益受到研究者重視。國內外諸多藏圖機構的古地圖目錄已經做了整理和刊布，中國國家圖書館的《輿圖要錄》、中國科學院圖書館的《輿圖指要：中國科學院圖書館藏中國古地圖敘錄》以及《歐洲收藏部分中文古地圖敘錄》、《美國國會圖書館藏中文古地圖敘錄》等，爲研究者提供了極大便利，功莫大焉。中國社會科學院民族所圖書館藏有若干明、清時期或是民國時期的中文古地圖，目前該部分古地圖基本束之高閣，少人問津，尚缺乏專題性的整理和研究。在此，筆者借助圖書館卡片登記信息，專題整理出館藏古地圖目錄（見正文後附錄），並就過目的較有價值的中文古地圖的淵源、圖幅信息等做一考訂，希望藉此展示民族所圖書館藏中文古地圖的整體面貌，並探究部分藏圖的價值等〔註 1〕。

〔註 1〕在此對中國社科院民族所圖書館烏雲格日勒、周新亞兩位老師表達真摯的謝意，感謝她們在查閱和拍攝地圖方面予以的便利和幫助。

本文所謂中文古地圖，通常是指運用中國傳統形象畫法繪製的輿圖，而不是依據測繪資料編製的現代投影地圖。以下大致以時間爲序，分述之。

一、《禹貢山川地理圖》

（宋）程大昌撰，淳熙八年（1181）刊本，中華書局 1985 年影印。

本書係《古逸叢書三編》之十三，包括《禹貢論》和《後論》兩冊，《禹貢山川地理圖》兩冊。《禹貢》爲《尚書》中之一篇，乃中國最早的地理著述，所記內容涉及國內山河湖海、山脈土壤，事繁文簡，後世闡述注解之作甚多。《禹貢山川地理圖》主要就宋以前諸家注釋禹貢舊說繪圖，從而辯證其誤，再作圖綴於其後，各圖以圖解形式表示山川湖海的大致位置，並附敘說。原圖印製雖然較粗，卻是中國現存最早的木版印地圖。

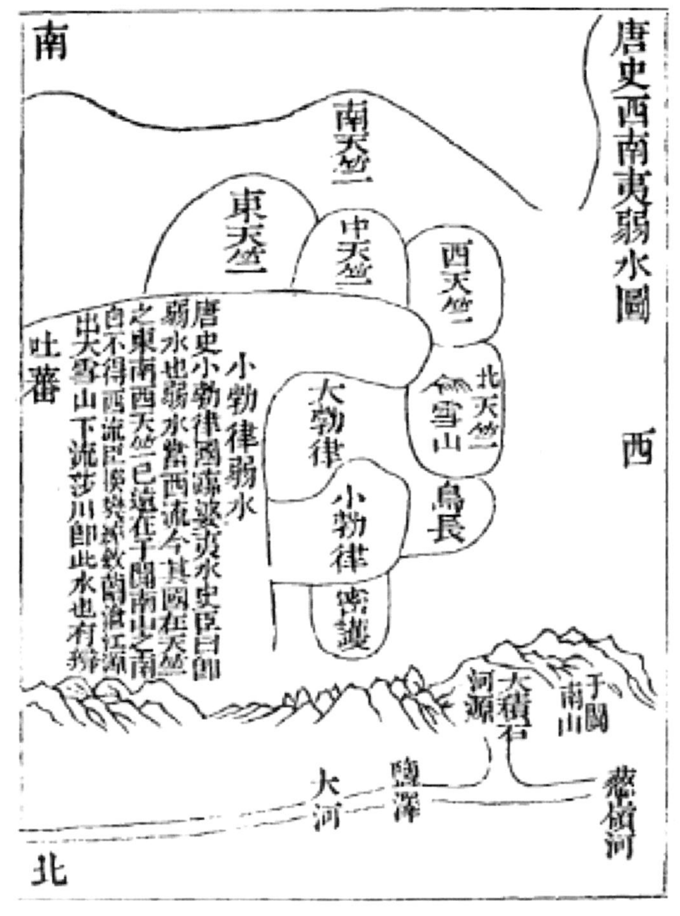

圖一：《禹貢山川地理圖》之《唐史西南夷弱水圖》局部

二、《輿圖備考》與《廣輿記》

元人朱思本繪製了大尺幅的《輿地圖》，明朝人羅洪先在其基礎上，增補分幅而製成著名的《廣輿圖》。《廣輿圖》因爲精確、便攜，在明代流傳甚廣，影響到明中後期以至清代的眾多地理圖籍。比如明代的《三才圖會》、《圖書編》、《皇明職方地圖》等圖籍中的部分地圖，直接轉抄或者間接借鑒自《廣輿圖》。民族所藏的《輿圖備考》和《廣輿記》在地圖繪製上，基本轉承自《廣輿圖》。

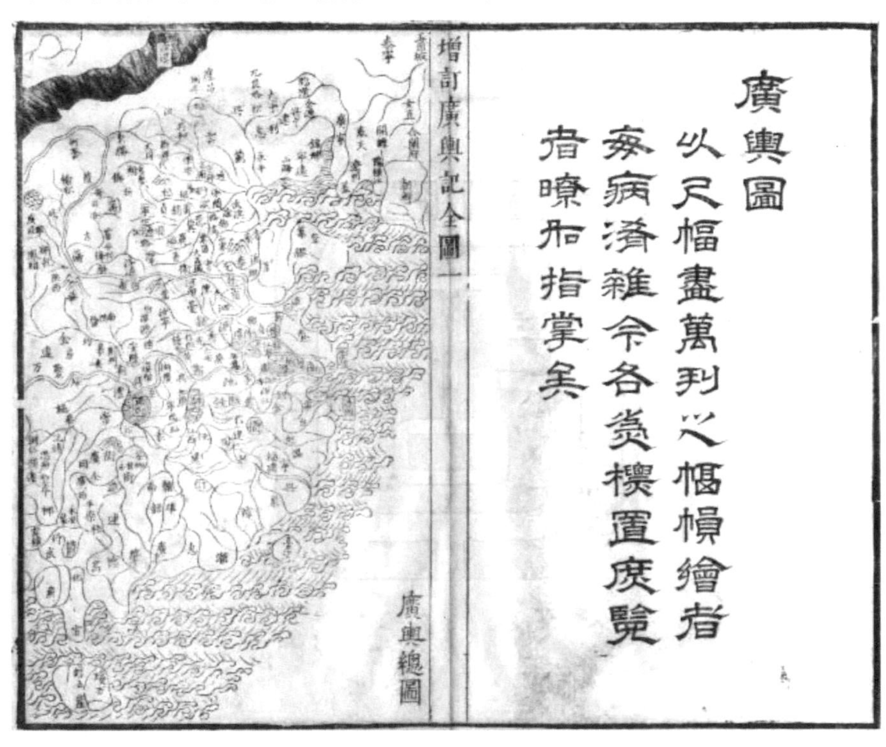

圖二：清代蔡方炳《廣輿記》之《廣輿總圖》局部

《輿圖備考》爲明代潘海虞匯輯，成書於明崇禎年間、初次刊行於清順治年間。第一卷爲輿圖，凡三十幅，除天下總圖一幅、兩京十三省圖十六幅、黃河源圖三幅、大禹治水總圖一幅、漕運圖三幅、海防圖三幅、九邊總圖一幅外，還冠以天文纏度和四大部州圖（即兩半球圖）各一幅。第二卷爲總考說，第三卷至第十七卷爲南、北直隸及十三省志，末卷爲四夷記。據王庸研究，該圖「雖均不畫方，但其形式與《廣輿圖》無大差異，故不敢斷爲與羅圖毫無間接關係也」〔註 2〕。

〔註 2〕王庸：《中國地理圖籍叢考》，商務印書館，1957 年，第 21 頁。

民族所藏有兩部《廣輿記》，分別爲明代陸應陽的《廣輿記》和清代蔡方炳的《廣輿記》，兩者具有前後啓承的關係。據《四庫全書總目提要》記載：「國朝蔡方炳撰。方炳字九霞，號息關，崑山人。明山西巡撫懋德之子也。是編因明陸應暘《廣輿記》而稍刪補之」〔註 3〕。據研究，兩版本中「廣輿圖」皆來源自明代羅洪先的《廣輿圖》〔註 4〕，只是其中內容略作修改，比如將瀋陽標注爲「盛京」等。蔡方炳的《增訂廣輿記》，兩函二十四卷，附圖有廣輿總圖（如圖二），分省圖包括直隸、江南省、浙江省、江西省、福建省、湖廣省、河南省、山東省、山西省、陝西省、廣東省、廣西省、雲南省、四川省、貴州省。各幅地圖均採用傳統形象畫法繪製，無計里畫方，無比例尺。

三、《大清一統輿圖》（《皇朝中外一統輿圖》）

（清）胡林翼、嚴樹森主持，鄒世詒、晏啓鎮編繪，李廷蕭、汪士鐸校，同治二年（1863）木刊本。

該圖卷口題名《大清一統輿圖》，中國國家圖書館著錄爲《皇朝中外一統輿圖》。清朝湖北巡撫胡林翼，因鑒於李兆洛圖「僅志郡邑，無它地名」，乃延請鄒世詒、晏啓鎮根據清康熙《皇輿全覽圖》、乾隆《內府輿圖》精心編繪新圖，圖未成而胡氏身故。嚴樹森繼任後，又請李廷蕭、汪士鐸詳加核校，於同治二年完成此圖。

該圖繪製範圍東至日本琉球、西至裏海、南達越南、北至俄羅斯北海。採用計里畫方與經緯線並繪之法編繪，每方百里，以緯度 1°爲二百里，而以南北斜向之虛線爲經線。圖中除繪出府廳州縣位置外，凡重要山川、城邑、關寨、鎮堡等均詳盡表示，並改爲書本形式刻印。以緯差 2°爲一卷，以京師附近 38°至 40°爲中卷。首冠以總圖和兩半球圖。黃河口已畫在山東省北部，注作「新黃河，即大清河」，並畫出廢黃河河道，在江蘇舊河口注記「淤黃河」。

該圖在清代地圖史上具有重要地位，如李孝聰教授所評價：「此圖集採用書本形式，使清康熙、乾隆時期的測繪地圖成果更便於應用，並且較道光時期李兆洛的輿圖增補許多地名，成爲晚清編製中國全國輿圖的基礎」〔註 5〕。

〔註 3〕（清）永瑢等撰：《四庫全書總目》志七十二《史部・地理類存目一》，中華書局，2013 年第 9 次，第 637 頁。

〔註 4〕盧良志：《清代民間編製的地圖》，《國土資源》2008 年 12 月號，第 58 頁。

〔註 5〕李孝聰：《美國國會圖書館藏中文古地圖敘錄》，文物出版社，2004 年，第 26 頁。

四、《皇清地理圖》

據圖中跋文「道光十二年太歲元黓，執徐孟陬之月陽湖李氏辨志書塾鋟版陽湖董氏地圖，流佈海內廿餘年，板漸模糊，且其紙幅頗大，但可裝爲卷冊，今覆刻之，改爲書板之式，庶流傳彌永矣。董氏圖有李氏辨志書塾附識數條，今並錄於右，以識緣起。咸豐六年三月長沙胡錫燕伯薊識於廣州寓舍」。由上可見，該圖刊刻於咸豐六年（1856），由胡錫燕編製。

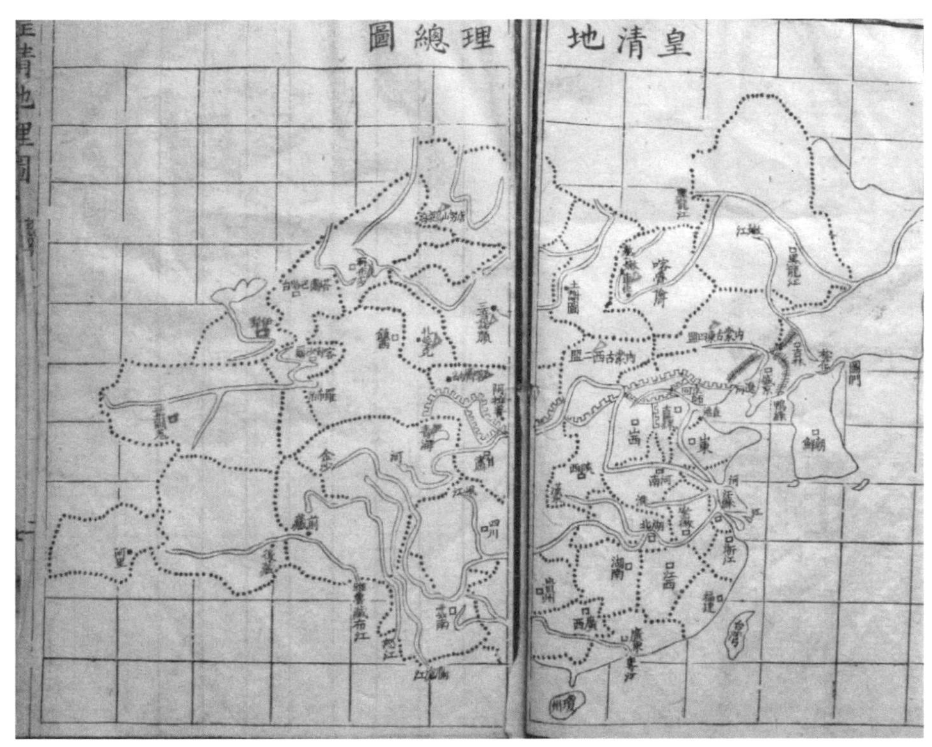

圖三：《皇清地理圖》之《皇清地理總圖》

道光十二年（1832）李兆洛辨志書塾鋟版董方立《皇朝一統輿地全圖》，《皇清地理圖》復以李兆洛圖爲基礎，改卷軸爲書板式，書口有圖名，但是不分幅。首爲總圖，縱十一格，橫十二格，每格相當分圖一頁。該圖採用經過北京子午線爲零度經線的經緯網（虛線）和計里畫方網格（實線）並用的方法編製，每方百里。圖幅內容表現清中後期的疆域、山川、湖泊、行政區劃和府廳州縣等，用三角山形符號表示山川。

該圖中地名仍以道光二年（1822）爲斷限，咸豐五年（1855）黃河已改道山東入海，但該圖中仍標示黃河自江蘇入海，說明該圖完全依據道光年間的李兆洛圖摹刻。民族所卡片注記該圖爲道光十二年刊本、編繪者爲徐孟，著錄信息有誤。

五、《歷代地理沿革圖》

（清）馬徵麟編繪，日本林醜人校定訓點、酒井舍彥製圖，日本明治十三年（1879）奎文堂刊本。民族所藏圖著錄圖名爲《李氏歷代地理沿革圖》，六嚴撰、馬徵麟增輯，圖名與繪者信息有誤。

在編繪者馬徵麟題寫的序言中，提到「江陰六氏」與「儀徵厲伯符方伯」，即分別爲六嚴與厲雲官。六嚴在道光年間曾經編繪「《歷史地志沿革圖》……惜其未曾合刊，兵燹後，不可復得」，故而馬徵麟編繪《歷代地理沿革圖》，並未參閱六氏所繪地圖。雖然未找到六氏地圖原本，但卻找到了厲雲官所繪《歷代沿革圖》，厲圖是在六嚴《歷史地志沿革圖》基礎上增補編繪的，「爲補禹貢、爾雅、職方及五代各圖刊之」。馬徵麟《歷代地理沿革圖》又是在厲圖基礎上增補而成，因此，該圖編繪者爲馬徵麟，非爲「六嚴撰、馬徵麟增輯」。

《歷代地理沿革圖》問世之初，與李兆洛的《歷代地理志韻編今釋》等合刊，合稱《李氏五種合刊》，簡稱《李氏五種》。辛德勇曾指出，因該圖編入《李氏五種》，所以後來多誤以爲該圖作者爲李兆洛，清人惲毓嘉、惲毓鼎撰著專書考訂該圖疏誤，即誤題作「李氏《歷代輿地沿革圖》校勘記」〔註 6〕。基於同樣的原因，受到《李氏五種》書名的影響，民族所藏圖著錄爲《李氏歷代地理沿革圖》。該圖眞正編繪者係馬徵麟，圖名實爲《歷代地理沿革圖》。

該圖爲朱墨二色套印，古墨今朱，底圖繪有經緯網而不畫方，以經過北京的經線爲零度經線。在圖幅中，自「漢地理志圖」起，大都注記正史地理志中各級行政區劃的數字，比如「漢地理志圖」上標注：「漢書地理志，郡國一百零三，侯國二百四十一，道三十二，縣邑一千三百十四」，而圖中僅標注郡國名一百零三處。圖幅共包括：禹貢九州圖、殷九有圖、職方九州圖、爾雅釋地圖、春秋列國圖、戰國七雄圖、秦三十六郡圖、漢地理志圖、東漢郡國志圖、三國疆域圖（如圖四）、晉地理志圖、南宋州郡志圖、南齊州郡志圖、北魏地形志圖、隋地理志圖、唐地理志圖、五代職方考圖、宋地理志圖、遼地理志圖、金地理志圖、元地理志圖、明地理志圖、清地理志圖。

〔註 6〕辛德勇：《19 世紀後半期以來清朝學者編繪歷史地圖的主要成就》，《社會科學戰線》，2008 年第 9 期，第 130 頁。

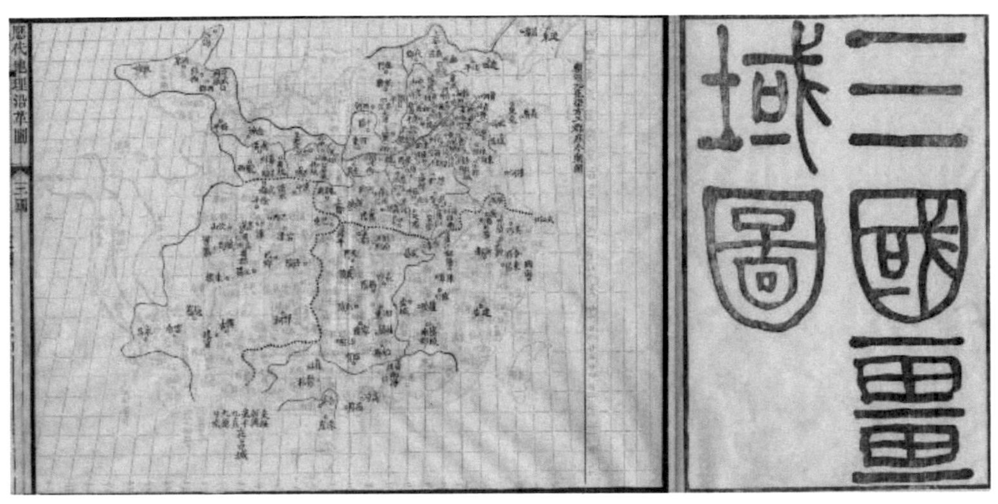

圖四：《歷代地理沿革圖》之《三國疆域圖》

六、《歷代輿地沿革險要圖》

清末楊守敬在編繪中國歷史地圖集方面成績卓越。同治五年（1866），楊守敬與鄧承修共同完成該圖初稿，但未刊行。光緒四年（1878）饒敦秩出於讀史需要，曾試圖繪製歷史沿革地圖，並與楊守敬論及此事，楊氏出初稿以示之，饒氏認爲圖中「自正史而外，有歷代割據及十六國等圖，較江陰六氏沿革圖爲詳實，而梁、陳、周、齊四代仍缺焉」，遂與楊守敬共同增補，「又推廣於東晉、東西魏、五代、宋南渡及歷代四裔諸圖，合之前稿，共得六十七篇」，於光緒五年（1879）刊行。後來，楊守敬看到此圖謬誤較多，「乃囑門人熊君會貞重校之，亦間補其缺略」〔註 7〕，於光緒三十二年（1906）刊行。

民族所藏有光緒五年與光緒三十二年兩種版本的《歷代輿地沿革險要圖》。光緒五年刊本，顯示從春秋戰國至明代的歷代疆域政區沿革和山川形勢。據饒氏跋文，該圖曾參考了江陰六氏（六嚴）「沿革圖」及同治八年（1869）與鄧承修合撰的「歷代割據圖」舊稿。光緒三十二年刊本圖幅內容包括：歷代輿地沿革總圖、春秋列國圖（如圖五）、戰國疆域圖、嬴秦郡縣圖、前漢地理圖、續漢郡國圖、三國疆域圖、西晉地理圖、東晉疆域圖、二趙疆域圖、

〔註 7〕《歷代輿地沿革險要圖》，光緒丙午（1906）九月重校本，「楊守敬題記」；轉引自曹婉如：《論清人編繪的中國歷史地圖集》，載《中國古代地圖集》（清代），文物出版社，1997 年，第 142～143 頁。

四燕疆域圖、三秦疆域圖、五涼疆域圖、後蜀夏疆域圖、劉宋州郡圖、南齊州郡圖、蕭梁疆域圖、陳疆域圖、北魏地形志圖、北齊疆域圖、西魏疆域圖、北周疆域圖、隋地理志圖、唐地理志圖、後梁並十國圖、後唐並七國圖、後晉並七國圖、後漢並六國圖、後周並七國圖、宋地理志圖、遼地理志圖、金地理志圖、元地理志圖、明地理志圖。該圖集載圖三十四組，分訂三十四冊。第一冊爲總圖，以清李兆洛「皇朝一統輿地全圖」六嚴縮摹本爲底圖編繪，但較光緒五年饒氏刻本《歷代輿地沿革險要圖》新增了「楚漢之際形勢圖」、「晉宋齊梁陳形勢圖」、「東西魏齊周形勢圖」、「方輿紀要名山大川重險圖」等四幅，共計總圖七十一幅；其餘三十三冊爲各代分圖，以胡林翼《大清一統輿圖》爲底本編繪。各圖朱墨套印，古墨今朱，朱色表示清代地名及經緯線，墨色表示古地名。圖集內容比前人編纂的歷史地圖翔實、準確，被認爲是中國古代最完整的一部歷史沿革圖集〔註 8〕。

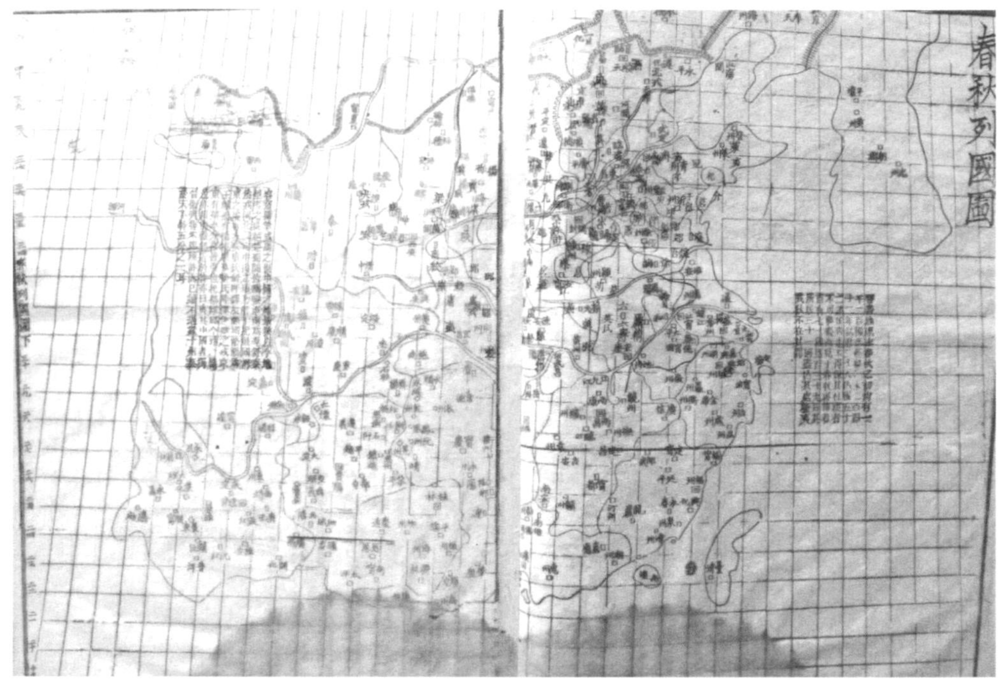

圖五：《歷代輿地沿革險要圖》之《春秋列國圖》

〔註 8〕北京圖書館善本特藏部輿圖組：《輿圖要錄》，北京圖書館出版社，1997 年，第 88 頁。

七、《漢西域圖考》

（清）李光廷撰，同治七年（1868）刻印本。

卷首爲「漢西域圖」（如圖六），分上四圖和下四圖，範圍東起嘉峪關附近，西至歐洲大西洋沿岸。以今地名爲主，漢地名加「古」字，唐地名加「唐」字，圖後附「地球全圖」。卷一爲圖說，卷二至卷六爲天山南、北諸國沿革考，?嶺及其以西諸國沿革考，新疆軍臺道里表。卷七爲附錄，節錄晉法顯《佛國記》、唐玄奘《大唐西域記》和元劉郁《西使記》等。該書被認爲是清人研究西域歷史地理的重要代表作〔註 9〕。

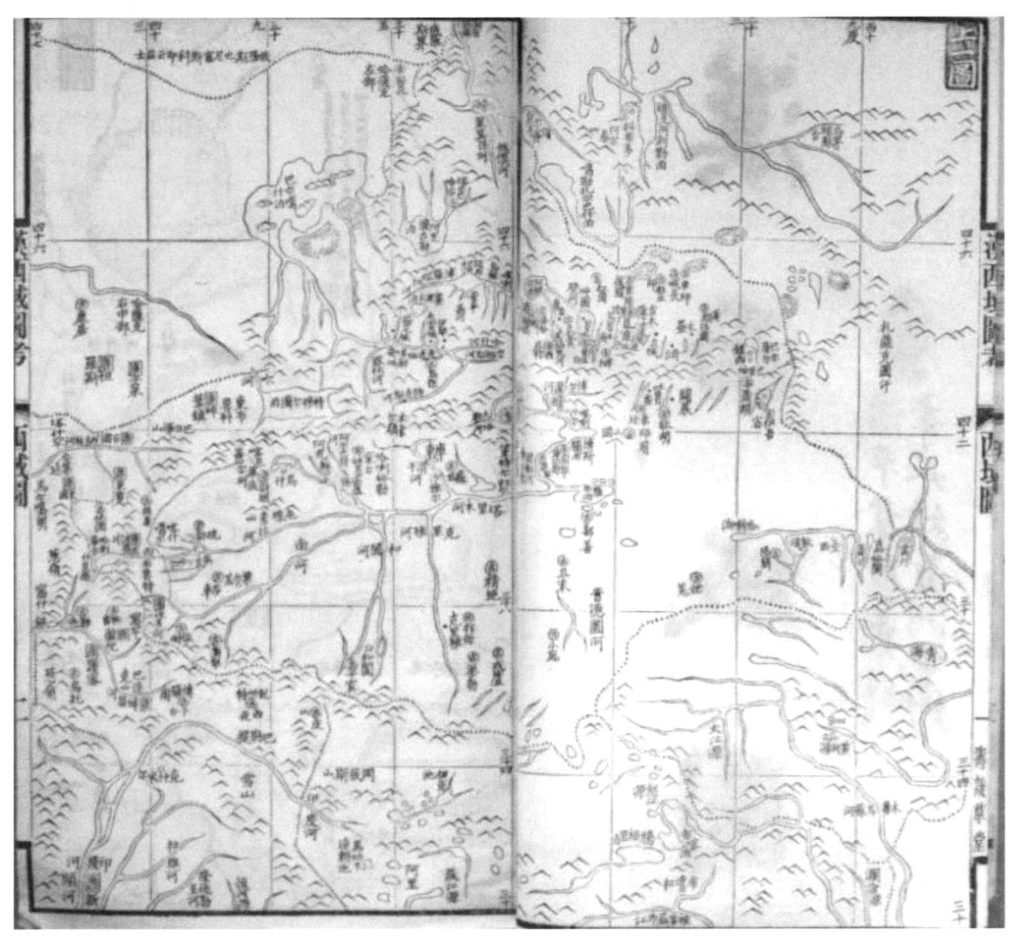

圖六：《漢西域圖考》之《漢西域圖》局部

〔註 9〕參閱《輿圖要錄》，第 91 頁。

八、《天下全圖》

清後期刊本，未注繪者，彩繪本地圖冊，摺頁裝，共二十幅，無比例尺，亦無畫方，無圖例，各圖幅均上北下南。圖集包括天下總圖以及直隸、江南、江西、浙江、福建、湖北、湖南、四川、河南、山東、山西、陝西、甘肅（如圖七）、廣東、廣西、雲南、貴州十七省與外藩、新疆輿圖。

該圖是民族所藏圖中少有的幾幅彩繪地圖，採用傳統的形象畫法繪製，針對河流、山脈等自然地物和府廳州縣等行政建置，用不同顏色填充表現。就圖幅整體而言，線條簡單，著色隨意浮豔。卷首的天下輿圖用黑色帶狀描繪沙漠，繪有遼東邊牆，但未繪製新疆。圖集的最後一幅新疆圖在繪製手法上異於其他各幅，各城之間繪出交通道路，且在各城下標注與鄰近地區的里程，數字精確到十里等。與其他各圖相比，該圖可能具有不同來源。

就各幅地圖的繪製內容和手法來看，圖幅繪製簡略，失真較大，字跡稚拙，不似該時期精美的官方繪本地圖，應該是坊間爲謀利出售而刻印編繪。根據該圖的圖幅和著色來看，該圖的製作流程應該是先有墨刻本，後施以不同顏色〔註 10〕。

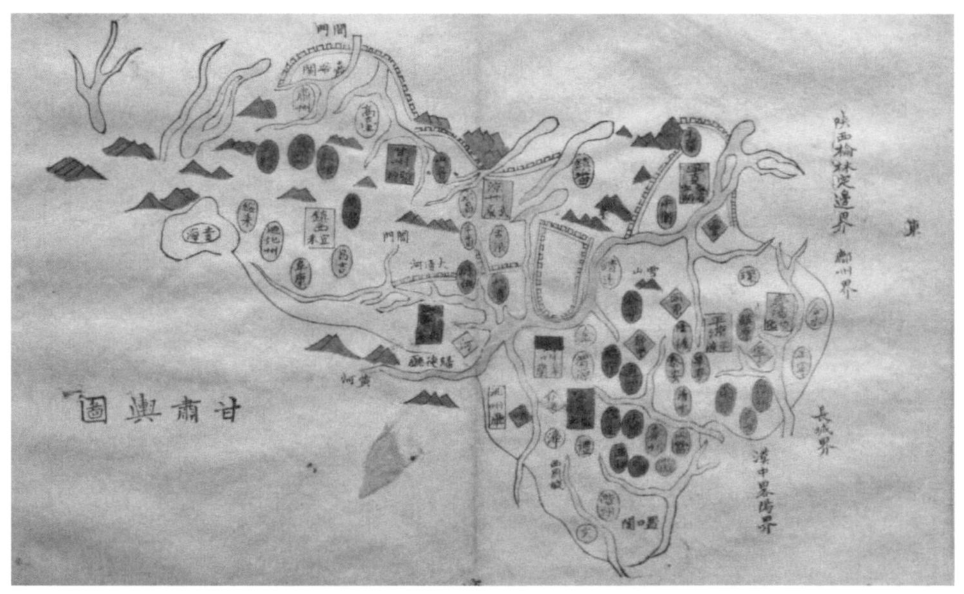

圖七：《天下全圖》之《甘肅輿圖》

〔註 10〕具體研究參見王耀：《清代彩繪〈天下全圖〉文本考述——兼釋海內外具有淵源關係的若干地圖》，《中國國家博物館館刊》2016 年第 10 期，第 121～133 頁。

九、《臺灣輿圖》

（清）夏獻綸編繪，光緒六年（1880）刊本。圖凡十二幅，內有前後山總圖、臺灣縣圖、鳳山縣圖、嘉義縣圖、彰化縣圖（如圖八）、新竹縣圖、淡水縣圖、宜蘭縣圖、恒春縣圖、澎湖廳圖、埔里社圖、後山總圖。圖幅採用傳統的形象畫法繪製，每圖後附說略。圖幅中出現經緯度和羅盤方向這兩種要素，體現出清末地圖受西方影響的印跡。在使用經緯度時，同時使用傳統的計里畫方，每方爲十里。圖幅中使用統一的圖例，衙署從「回」，營哨從「◎」，隘寮從「○」等。

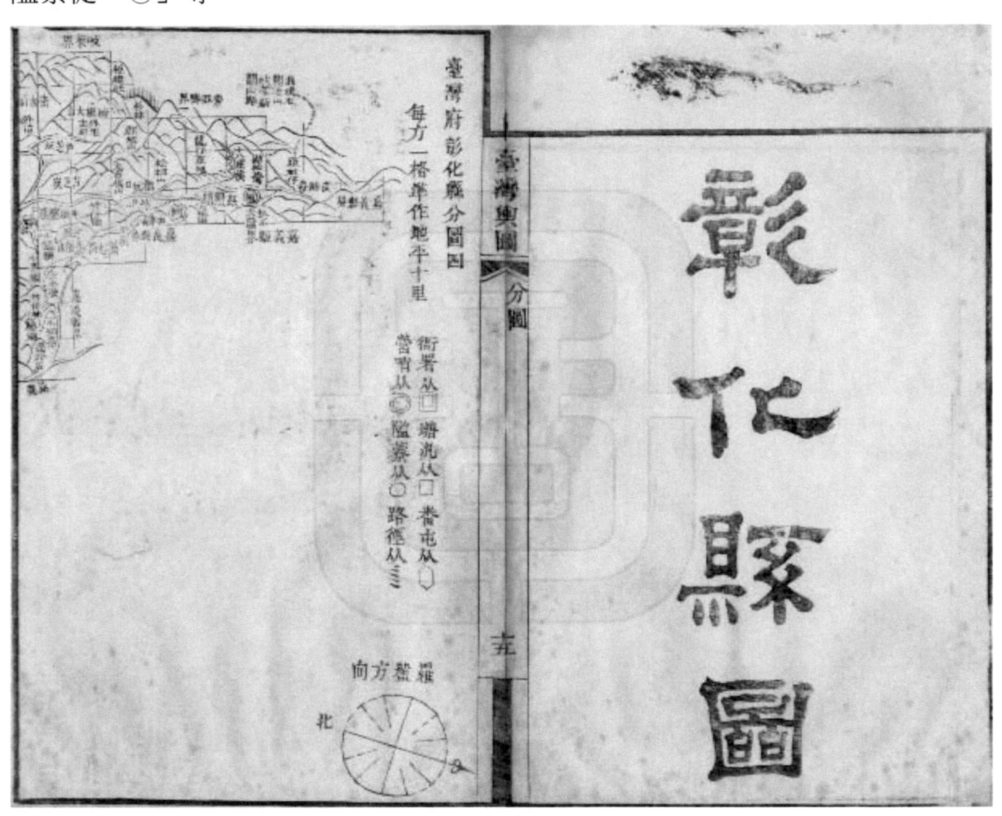

圖八：《臺灣輿圖》之《彰化縣圖》局部

十、《越南地輿圖說》

（清）盛慶紱纂輯，光緒九年（1883）刊本。卷首爲「越南全圖」（如圖九），分六排四行，繪製出河流、山脈和主要道路，注記省、府、州、鎮及要地名稱，並用不同符號表示。卷一至卷四爲圖說，詳敘國都、省、府領屬、四至和沿革及山川、江河形勢等。卷五至卷六分別爲世系錄和道里錄。

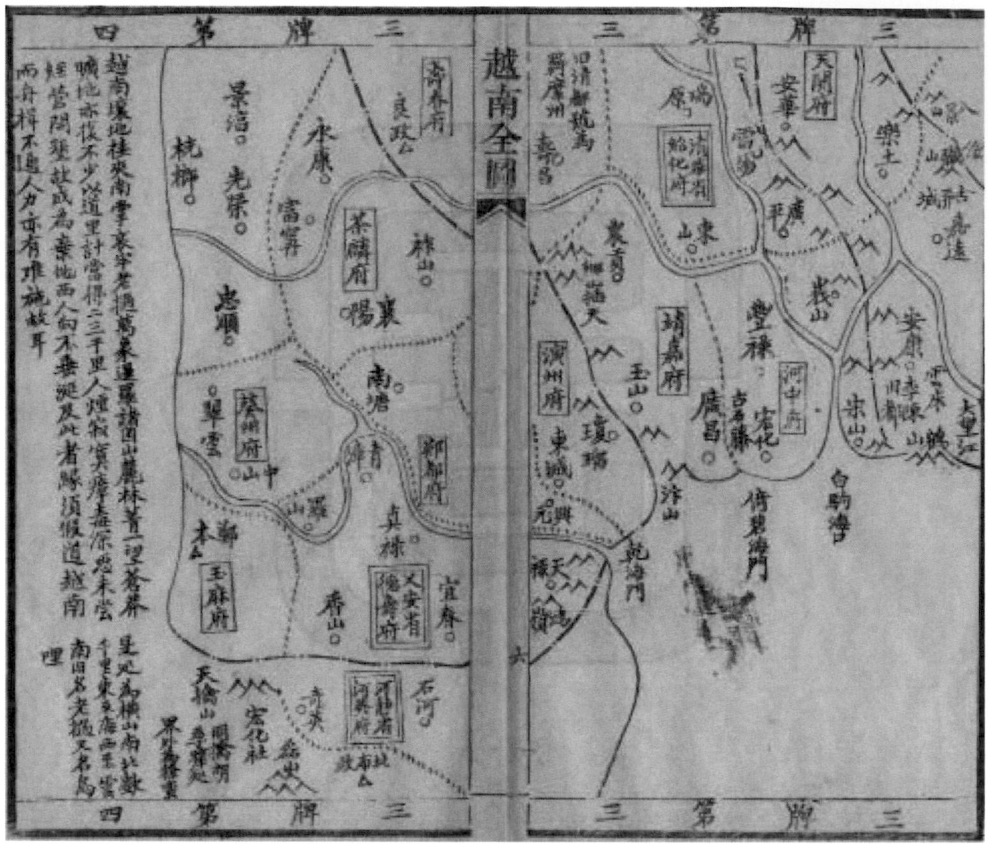

圖九：《越南地輿圖說》之《越南全圖》局部

十一、《江蘇全省輿圖》

（清）鄧華熙纂、諸可寶編繪，光緒二十一年（1895）刻本。該圖集根據光緒十五年（1889）會典館頒佈各省編纂《大清會典輿圖》所規定的章程格式編製。江蘇省總圖，以子午線經過京師的經緯網和計里畫方並用，每方百里；分幅圖只有畫方，蘇州、江寧兩布政司圖，每方七十里，府圖，每方五十里，州廳縣圖，每方十里。描繪江蘇全省各級政區內的山川、城鎮和水陸道路，增繪紅線標示電話線。每圖附有圖說，按照統一的門類描述沿革、疆域、天度、山鎮、水道、鄉鎮和官職。清光緒年間會典地圖的編繪，一定程度上來說，反映了中國傳統輿圖向近代地圖的轉變。

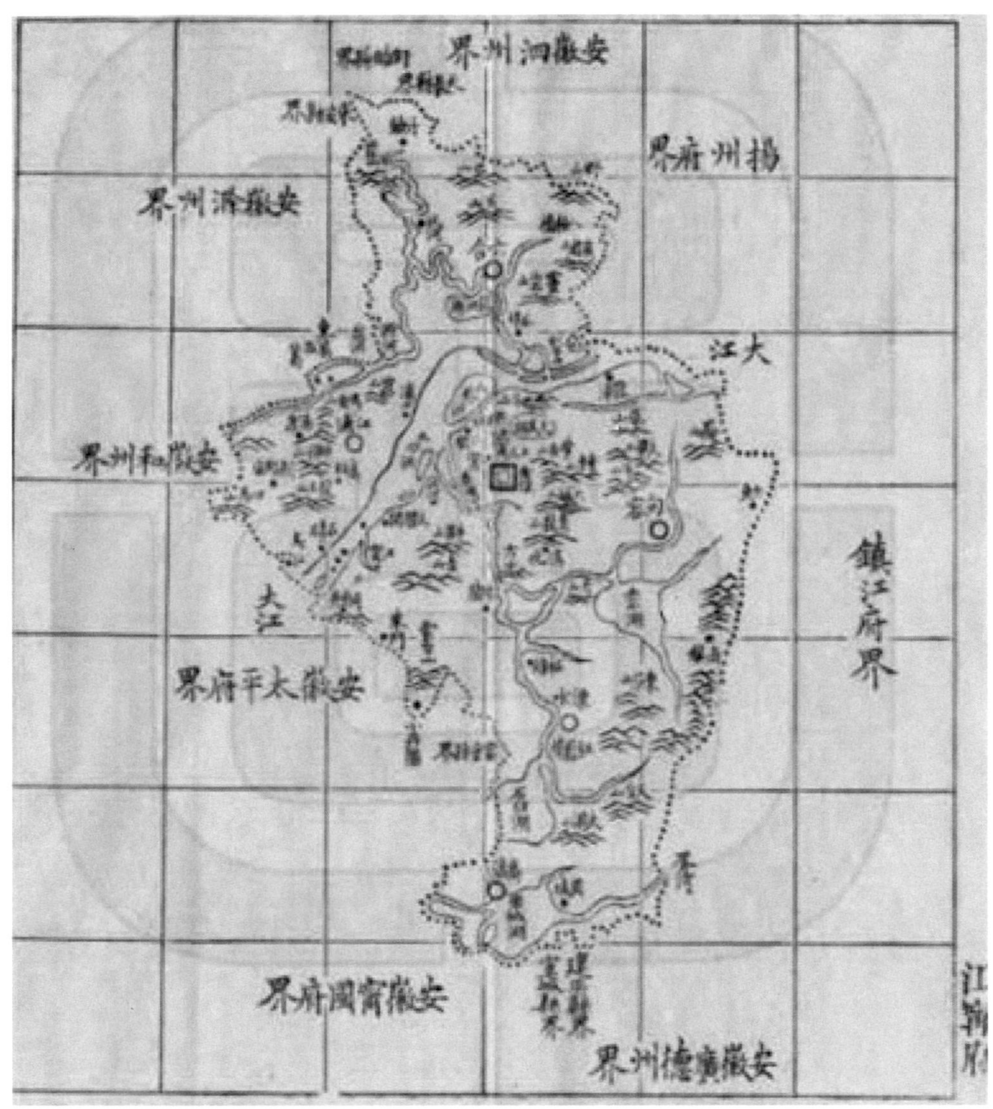

圖十：《江蘇全省輿圖》之《江寧府》

十二、《廣西輿地全圖》

北洋機器總局圖英學堂重繪，清光緒二十一年（1895）石印本。本圖集係根據清會典館規定圖式，經實測編製而成，如該圖集的凡例所言：「省城經緯度分，康熙庚寅、辛卯間曾經臺官實測，所得眞確不誤，今亦復測無殊，其餘府廳州縣治所均以省城度分推算之」。圖集分上、下兩卷，圖凡 104 幅，內有省、府、州、廳總圖及縣分圖。省總圖前冠「廣西全省經緯度圖」，總圖皆附圖說，分圖皆附表解。

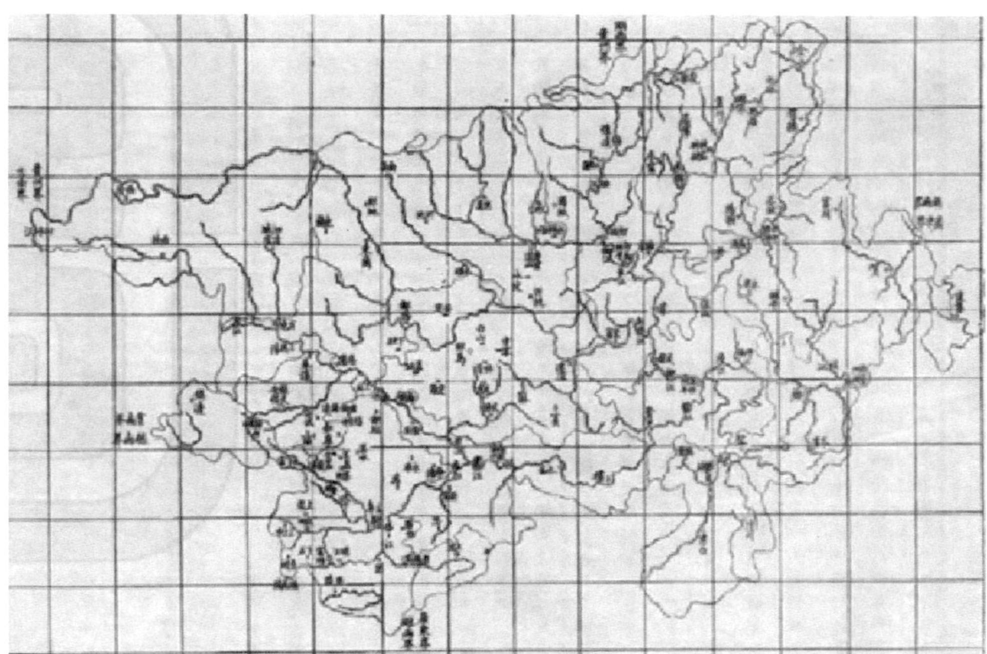

圖十一：《廣西輿地全圖》之《廣西全省圖》

十三、《廣東輿地全圖》

廣州石經堂印，張方伯署，清光緒二十三年（1897）石印本，線裝二冊。該圖以經過北京的經線爲零度經線，採用經緯網與計里畫方並用的形式繪製，省圖每方百里，府、直隸州圖每方五十里，廳縣圖每方十里。比例尺爲省圖 1：2400000，府圖 1：1200000，縣圖 1：510000。

光緒十五年（1889）敕令編纂《大清會典輿圖》，該圖集屬於各省進呈的會典輿圖集系列中的一種，在測繪資料基礎上按統一的技術規定和統一的圖式符號編製。用符號法和傳統形象畫法相結合的方式，描繪廣東全省各級行政建置區域內的山川形勢、道路、城鎮和村落。每圖附說，按統一的門類記載沿革、疆域、天度、山鎮、水道、鄉鎮和職官。

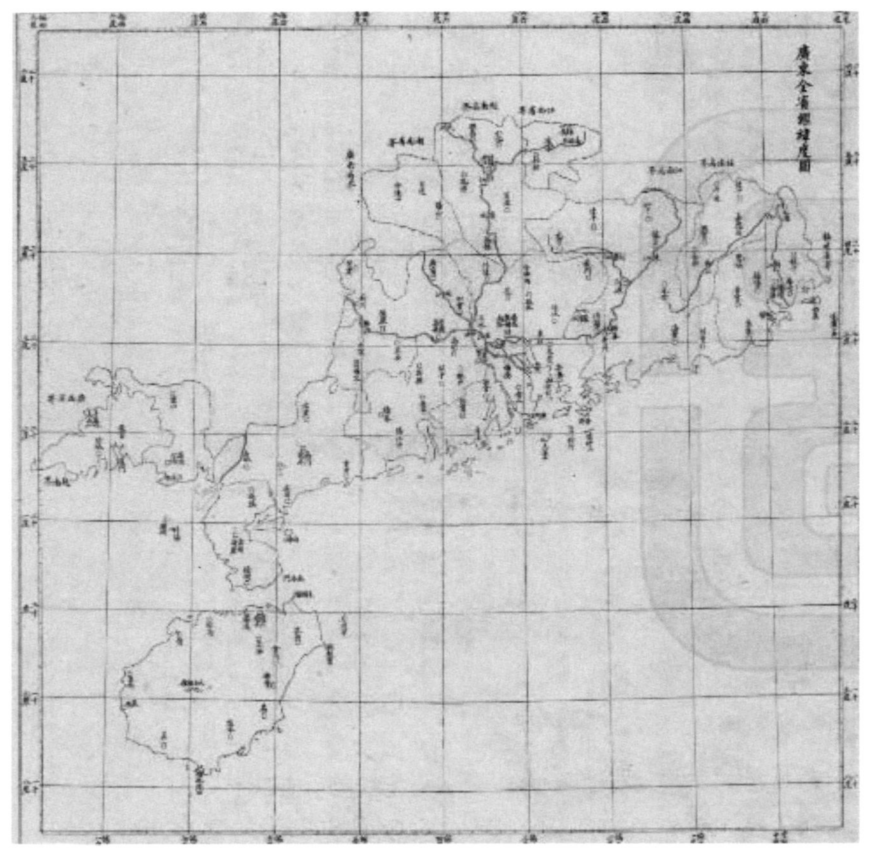

圖十二：《廣東輿地全圖》之《廣東全省經緯度圖》

十四、《江西全省輿圖》

（清）朱兆麟等編，光緒二十二年（1896）石印本。本圖系根據清會典章程，採用規定的製圖符號和比例尺繪製而成。內有省圖一幅，府圖十三幅，州圖一幅，廳縣 圖七十九幅，鎮圖四幅，鄱陽湖圖一幅。圖中繪有經緯網和方格網，總圖爲百里方，府圖爲五十里方，鎮圖爲一里方。各圖附說或圖表。

十五、《大清帝國全圖》

清光緒後期刊本，一幅，繪製經緯網，比例尺 1：5000000。圖幅中運用統一圖例，標示鐵路、海底電纜等，山脈採用暈滃法繪製，圖中未注明繪製年代、繪製者等信息。圖幅中中國各省用不同底色表現，東北地區已經設置黑龍江、吉林等，邊界已經以黑龍江與俄國爲界；北部外蒙古以至於唐努烏梁海地區仍舊繪入中國版圖；西部邊界已內縮至騰格里山一線；東南沿海的臺灣島在國界線之外，地圖上標示已經爲日本所呑併。從圖幅內容推測，該圖大致是清光緒後期的全國地圖。

十六、《皇朝一統輿地全圖》

上海順成書局，清光緒戊戌年（1898）石印本。該書落款爲乃軒主人，據其序曰：「道光間江陰六氏德只有輿地略之刻，惜其圖惟十八省而已。同治初，南海馮卓儒觀察倩趙君子韶繪東三省、青海、西藏、伊犁、科布多、內外蒙古諸圖，又以督撫將軍鎭道所駐，皆要地，條列圖後，以便觀。省取六氏原本而增減之，美矣備矣，蔑以加已。然時至今日，時易勢殊，如福建之臺灣、甘肅之新疆，分設省會，府廳州縣新設良多，撫司鎭道加增不一。今就縉紳所載，一一增入，補輿地略之所未備，更其名曰皇朝一統輿地全圖」。從序言可知，該圖系據六嚴《輿地略》增補而成，並更之爲是名。

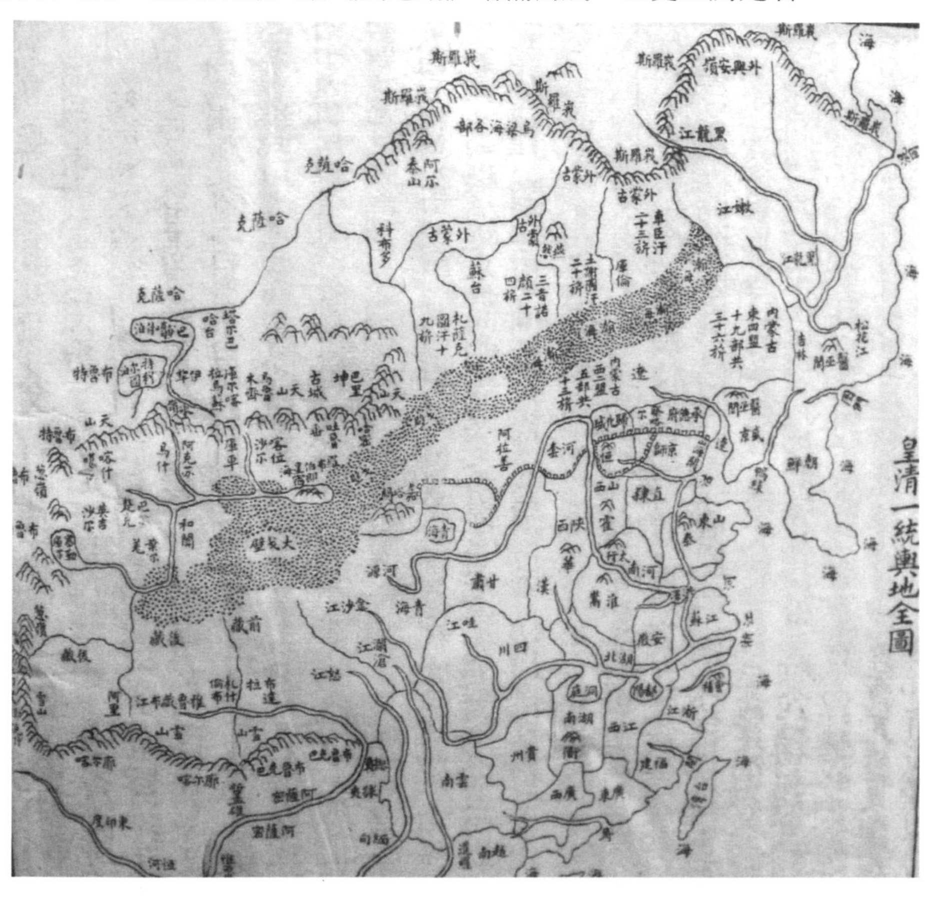

圖十三：《皇朝一統輿地全圖》之《皇清一統輿地全圖》

該圖採用傳統形象畫法，一圖一說，首冠以「皇朝一統輿地總圖」、「五洲各國全圖」、「皇清一統輿地全圖」（如圖十三）、「亞細亞圖」；次爲盛京、直隸等分省圖。

十七、《皇朝直省全圖》

清光緒二十六年（1900），一幅，紙本彩印，繪製方格網，未出現經緯度。題爲「大清一統全圖」。圖幅內容如《皇朝直省全圖》所言，全圖中基本上北以長城爲界，出現了盛京、直隸、陝西、山西、甘肅、四川、雲南、貴州、廣西、廣東、海南、臺灣、福建、江西、湖南、湖北、河南、山東、江蘇、浙江這些內地省份，其他邊疆地區，諸如東北黑龍江將軍、吉林將軍等、新疆地區伊犁將軍以及蒙古、西藏、青海等藩部地區，均未繪入地圖。

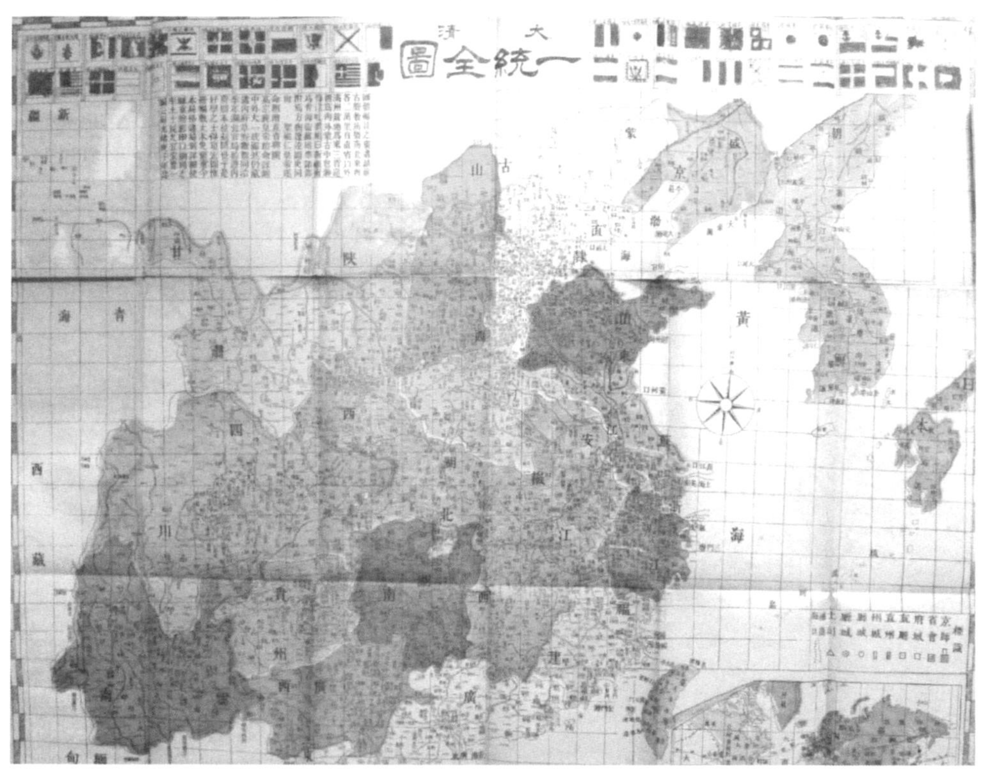

圖十四：《皇朝直省全圖》

該圖圖說謄錄如下：「國朝幅員之廣，邁越前古，聲教所及，南北東西各二萬里。自直省以外，滿洲故地，爲東三省，以西爲內、外蒙古，中包瀚海及吐蕃，地曰新疆，南爲青海、衛藏，回準諸部附焉，方輿遼遠，圖史同尚。聖祖仁皇帝遂命測繪直省輿圖，高宗純皇帝始命詳測中外大一統圖。然仍藏諸內府，草野難觀。同治季年，湖北官局始遵內府圖本校刻問世，於是好學之士得窺宏圖，惟冊幅數丈，未免繁重。今本局恪遵局刻，詳細校對，重繪影印以餉同志，率土士民，允宜家置一編云爾」。據其圖說可約略探知清末全國地圖的重要發展脈絡，即清康熙命人繪製《皇輿全覽圖》，乾隆增補編繪《內府輿圖》（或稱爲《乾隆十三排圖》），該圖一直深藏內廷，不爲外人所知。後至同治二年，湖北巡撫胡林翼根據《皇輿全覽圖》和乾隆《內府輿圖》，刊印《大清一統輿圖》，至此，康熙、乾隆年間的測繪成果才在民間普及，該幅地圖即爲一例。

十八、《皇輿全圖》

未注繪者，紙本，一幅，繪製有經緯網，以北京所在爲中經線，繪製內容詳於內地，略於東北、蒙古、新疆、西藏等地區。從圖幅繪製技法和繪製內容來看，該圖應該參閱自康熙《皇輿全覽圖》。

十九、《江浙太湖全圖》

（清）徐傳隆編繪，光緒三十一年（1905），一幅，紙本，繪製方格網，每方十里。

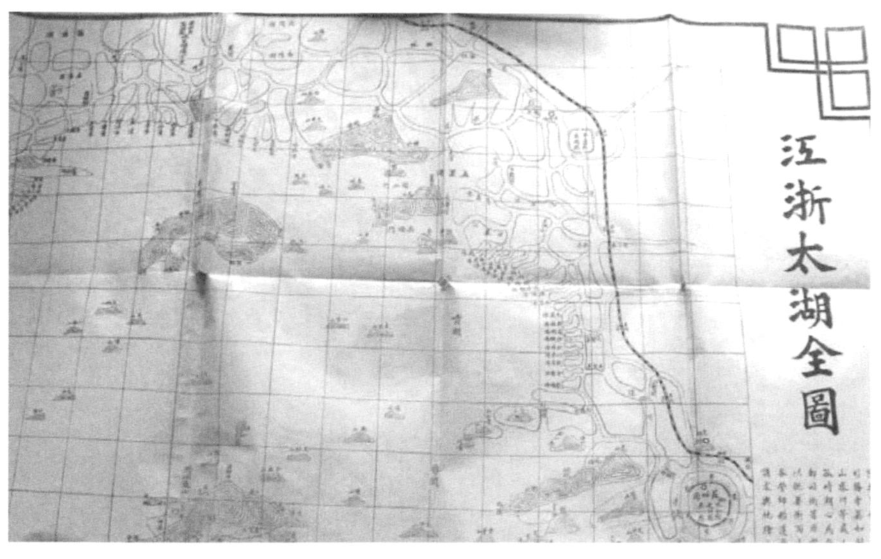

圖十五：《江浙太湖全圖》局部

該圖以太湖爲中心，採用傳統形象畫法，繪製了太湖沿岸的蘇州府、湖州府、宜興縣、吳江縣及湖中島嶼等，尤其詳於繪製沿岸的港、灣等水道。根據注記可知，該圖由光緒年間江南提督徐傳隆編繪，繪圖的主要著眼點在於軍事佈防，如注記「太湖右營都司衛署原設近湖陸地之周鐵鎮，嗣以西北空虛，遂移駐於烏溪關，以扼要衝。西山爲浙省轄境，北關設游擊一員，並歸太湖協副將節制，各營師船，遵章分段輪流巡緝，總期聲勢聯絡呼應靈通，治兵者必先講求輿地，繪之以備參考焉」。

二十、《滿洲里擬開商埠圖》

（清）程德全編繪，光緒三十二年（1906）石印本，一幅。該圖爲黑龍江將軍程德全編繪，圖幅中標注京都、將軍駐紮城、副都統駐紮城、府廳州縣城、臺站、長城、邊牆、鐵路等，各有圖例；山脈用暈滃法繪製，圖幅左上方有大段文字。

圖十六：《滿洲里擬開商埠圖》局部

二十一、《新測雲南全省詳細地圖》

天津河北中國地學會事務所發行，清宣統三年（1911），一幅，題名「雲南全省輿圖」，繪有經緯網，有圖例。右下角標注「天津中東石印局石印」，左下角標注「宣統二年秋雲南防團兵備處繪印，宣統三年春中國地學會駐滇會員鍾建堂持贈本會複印」。該圖標注了清末雲南的府廳州縣、寨、險要、土司以及鐵路等狀況。

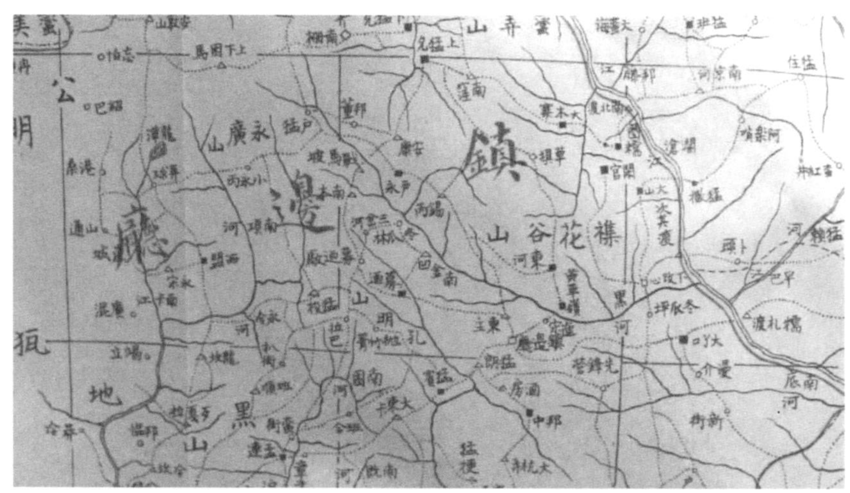

圖十七：《新測雲南全省詳細地圖》局部

二十二、《唐努烏梁海圖》

恩華編繪，民國八年（1919），比例尺爲 1：2000000，圖中畫方。圖幅主要繪製了唐努烏梁海的山川、河流、臺站、邊界等狀況。該圖以同治八年（1869）肯木次克旗圖爲底圖，並以民國八年孟則先等赴烏梁海調查所得資料編繪而成，所有名稱均由蒙文直譯。如圖說所言「唐努烏梁海，向無詳圖，國人徒震其名，末由一究其實，況是圖以肯木次克旗清同治八年之圖爲底本，益以孟君則先等客歲赴烏梁海調查所得，遂成是圖，其一切名稱均由蒙文蒙語直譯，後附簡單說明」。

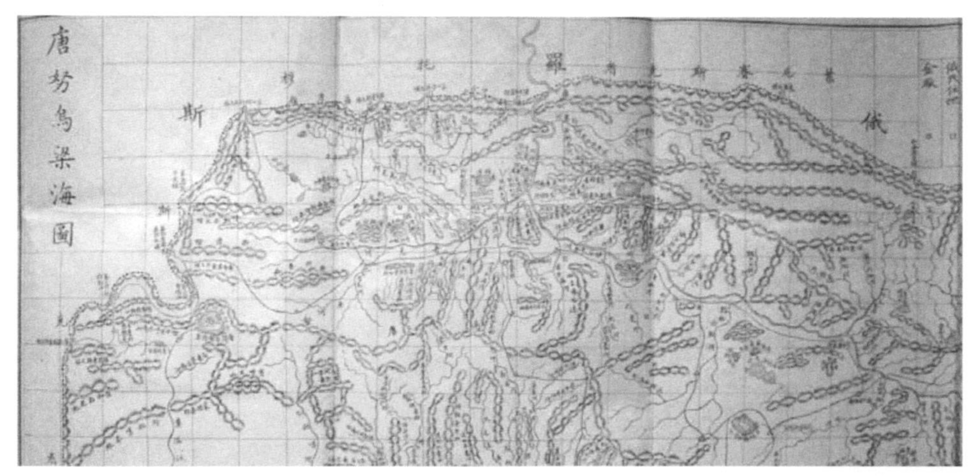

圖十八：《唐努烏梁海圖》局部

二十三、《宜昌街市圖》

民國年間，一幅，比例尺 1：5000，標注方位，有圖例。該圖表現了位於長江東岸的宜昌城的平面格局，用城牆符號標注出老城所在的位置及其中的街巷名稱、寺廟和衙署分佈等，是瞭解宜昌城的外部形態和內部格局的重要圖像資料。從該圖繪製內容來看，推測爲民國年間繪製。

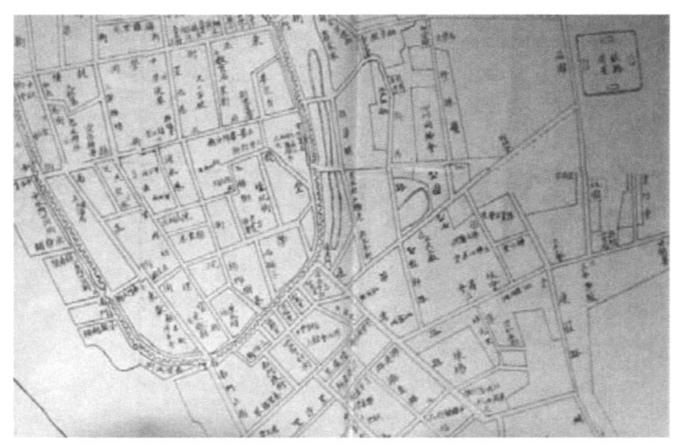

圖十九：《宜昌街市圖》局部

二十四、《新疆道路里程詳圖》

中國鐵路崇實學社編輯部製作，民國年間曬印本，一幅。該圖詳細繪製了新疆地區的道路狀況，東起嘉峪關，往西延伸至哈密、巴里坤、奇臺、烏魯木齊、塔城等，南線自巴里坤至吐魯番、焉耆再至南疆地區。該圖詳盡標注了新疆各城市、臺站之間的道路狀況，並逐段標注里程數據，是瞭解民國時期新疆道路狀況的重要圖像史料。

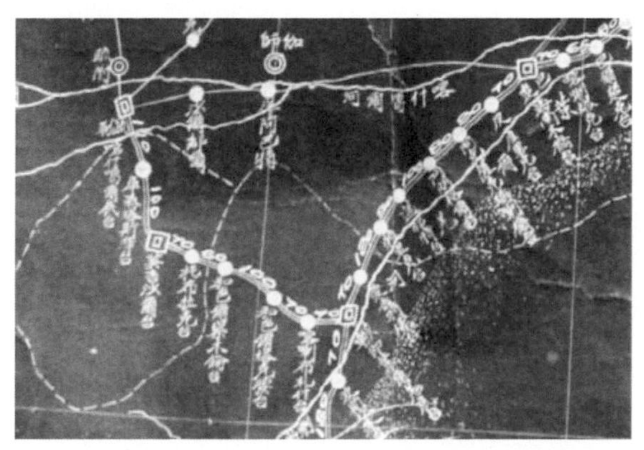

圖二十：《新疆道路里程詳圖》局部

二十五、《（實測）京師四郊地圖》

內務部職方司測繪室製，民國四年（1915），比例尺 1：36200。本圖繪出了北京東、西、南、北四郊及其轄境內的村鎮、寺廟、工廠、農田、植被以及墳墓等，內容翔實，反映了民國初年北京郊區的地理概貌。

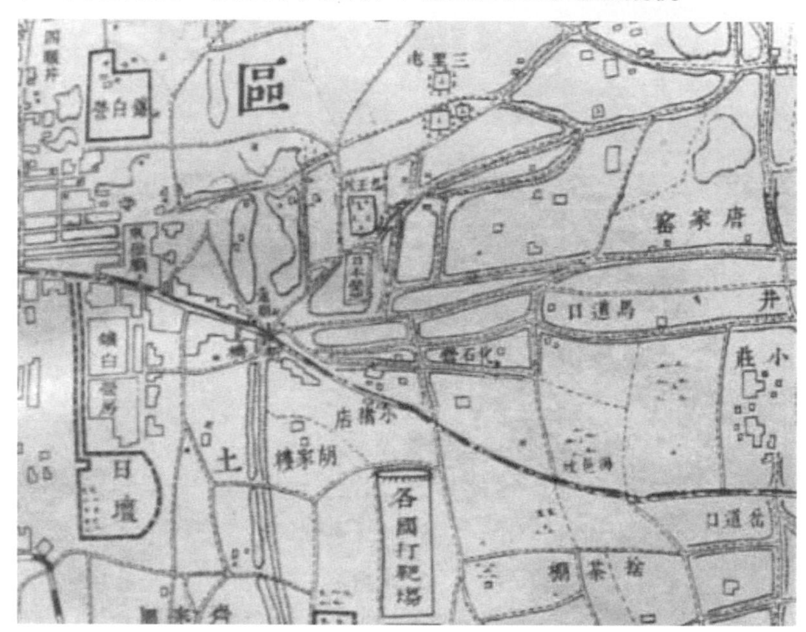

圖二十一：《（實測）京師四郊地圖》局部

二十六、《武漢市縣實測詳圖》

亞新地學社編製，民國年間，附湖北形勢圖、武漢市街圖。本圖範圍東至鄂城縣、西至沔陽縣、南至咸寧縣、北至孝感縣。地名注記較詳細，公路標注里程。山形用暈滃法表示，加注高程。

二十七、《右營大坪汛輿圖》

未注年代與繪者，紙本彩繪，一幅，有蛀眼。該圖採用傳統形象畫法繪製，以大坪汛署爲中心，繪製周圍山脈，以淺藍色、黃色或淺棕色著之，利用紅點連線表示道路，所寫地名多以壩、營、坪等爲主，並標注各處的里程數值。該圖表現的區域，根據文字注記，大坪汛署「南至湖北利川縣一百六十里，西至萬縣城二百四十里，東至雲陽縣城一百八十里，北至奉節縣城三百六十里」，大致應該在今湖北一帶。

圖二十二：《右營大坪汛輿圖》局部

二十八、《內府地圖》

北平民社，民國二十三年（1934）石印本，兩冊一函。據景耀月序稱：「此圖頃獲諸清某王府，無刊梓年月。顧其制繪之精密，位置之準確，殊在內府銅版諸圖以上」。但從此圖的內容及繪圖風格看，實屬清康熙《皇輿全覽圖》分省分府小葉本系列，內有中國全圖（僅繪出東部各省及東北和朝鮮）一幅，直隸、盛京、熱河、山東、山西、河南、陝西、四川、江南、湖廣、浙江、江西、福建、廣東、廣西、貴州、雲南等分省圖和各省分府分州圖 221 幅。其中各省圖與康熙圖中的分省圖完全一致，僅省略了經緯網。

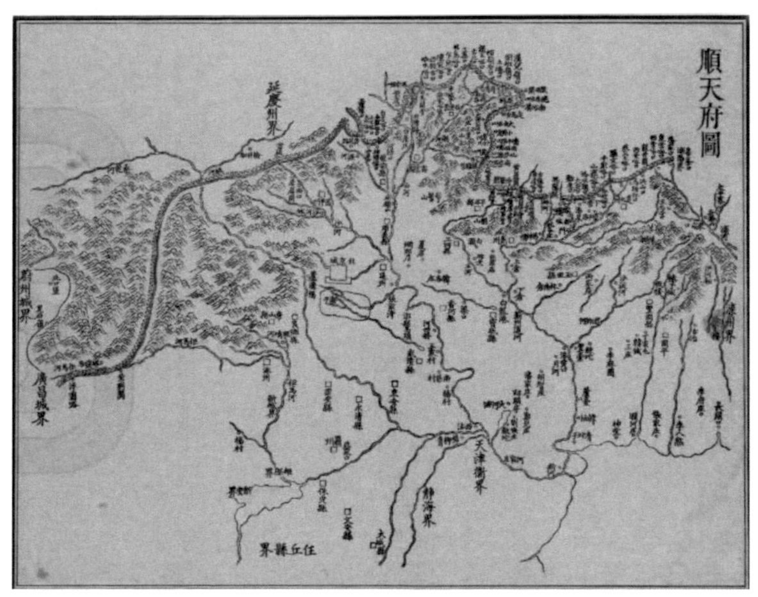

圖二十三：《內府地圖》之《順天府圖》

總體來看，民族所藏中文古地圖以清朝中後期的爲主，有少量明代或民國年間的地圖。就製作方式而言，有少量繪本地圖，大部分爲刻本地圖。就版本價值而言，基本上屬於清中後期或民國時期印製的較爲常見的版本，未發現稀見版本。但是值得注意的是，地圖無疑是清代地圖學發展成就的體現，通過梳理這些館藏地圖，可以勾勒出清代古地圖的某些發展脈絡和重要成就，有益於加深對清代地圖學發展的認識。

其一、清康熙皇帝在西方傳教士幫助下，在大地測量基礎上繪製了《皇輿全覽圖》。該圖在中國地圖發展史上具有重要意義，其測繪範圍之廣、內容之精確，遠超以往歷代地圖。乾隆皇帝在《皇輿全覽圖》基礎上，測量增補了新疆等地信息，是爲乾隆《內府輿圖》，或稱爲《乾隆十三排圖》。英國人李約瑟對該圖予以了很高評價，「清初採用經緯度法測繪的各種地圖是當時中國和世界上比較科學的中國地圖，直至 1933 年申報館《中國分省新圖》出版的二百多年來，一直是中國各種地圖的藍本。在測繪技術上，也是中國第一次大規模引進西方測繪技術，同時，也是中國地圖繪製走向科學化的開端」〔註11〕。康熙、乾隆圖雖然爲清中後期所宗奉，成爲之後眾多地圖的藍本，但是其影響力並非始於康乾時期。因爲無論是康熙圖還是乾隆圖，在製成後均深藏內宮，並未公開刊布，這一地圖成就並不爲人所知。直至同治二年，在湖北巡撫胡林翼主持下，以康熙、乾隆圖爲基礎而製成《大清一統輿圖》，這一地圖成就方才爲世人所見，爲世人所摹刻刊行。民族所藏同治年間《大清一統輿圖》、光緒年間《皇朝直省全圖》、清末《皇輿全圖》以及民國年間的《內府地圖》均是這一傳承系統下的輿圖成果，清末楊守敬編製的著名歷史地圖（《歷代輿地沿革險要圖》）中的各省圖，亦是以胡氏《大清一統輿圖》爲底本編繪，可以說，上述藏圖均爲直接或間接地承接自康熙《皇輿全覽圖》或乾隆《內府輿圖》。

其二、清末光緒年間爲編製《大清會典輿圖》，組織進行了全國性的測繪工作，在京師設置專門機構會典館負責其事，於光緒十五年（1889）由會典館頒佈詔令各省測繪省、府、州、縣地圖，報送會典館〔註12〕，最後由會典

〔註11〕（英）李約瑟：《中國科學技術史：地學卷》，唐錫仁、楊文衡主編，科學出版社，2000 年，第 442 頁。

〔註12〕據《箚北藩司等籌議開辦輿圖局》（光緒十六年七月初十日）：「今將圖式、附圖說式刊刻頒發，行文貴省，遵照奏定限期於一年內，測繪省圖、府直隸州圖、廳州縣圖各一份，附以圖說，解送到館」，載苑書義、孫華鋒、李秉新編：《張之洞全集》卷九十八，河北人民出版社，1998 年，第 2687 頁。

館根據報送的地方地圖，繪製出全國輿圖。在繪製技法上，這次測繪採用西方的經緯度測量和傳統的計里畫方並用的方式，同時運用暈滃法表現山脈，這是清末中國傳統輿圖向近代地圖轉變的重要體現。民族所藏光緒年間《江蘇全省輿圖》、《廣西輿地全圖》、《廣東輿地全圖》以及《江西全省輿圖》，就是各省為編製《大清會典輿圖》而測繪的具有近代意義的地圖。

其三、有清一代，編繪了大量歷史地圖（集），這與清代考據學盛行、地理考據成果豐富有一定關係。清道光年間，六嚴曾編繪中國歷代地理沿革圖；同治年間，厲雲官在六嚴地圖基礎上改繪製成《歷代沿革圖》，同時期的馬徵麟在繪製歷史地圖時，因為六嚴地圖毀於戰亂，無從查找，所以在厲雲官地圖基礎上繪製了《歷代地理沿革圖》。至清末同治、光緒年間，楊守敬以胡林翼《大清一統輿圖》為底圖，在參閱六嚴地圖基礎上，編繪了《歷代輿地沿革地圖》，該圖被認為是中國古代最為準確、完整的歷史地圖集。民族所藏馬徵麟《歷代地理沿革圖》和楊守敬《歷代輿地沿革地圖》正是上述清代歷史地圖（集）傳承中的最為重要的成就之一。

附錄：中國社科院民族所圖書館藏中文古地圖目錄

序號	名稱	作者	版本、裝訂、卷次	索取號
1	《中外地輿圖說集成》	同康廬編輯	光緒 20 年順成書局石印，上下函 24 冊，一百三十卷	21.16 524
2	《圖書集成邊裔典圖》	佚名	清抄繪本，1 函 1 冊，線裝	21.19 349
3	《廣西輿地全圖》	北洋機器總局圖英學堂 重繪	光緒 21 年，石印，二冊，線裝	A22.573 191：1-2
4	《天下全圖》	佚名	清彩繪本，1 冊，線裝	22.6 131
5	《內府地圖》	佚名，李炳衛鑒定	民國 23 年，北平民社出版，石印，二冊，線裝	A22.6 145：1-2
6	《內府地圖》		民國 23 年，北平民社，石印本，2 冊 1 函，線裝	667 145：1-2
7	《輿圖摘要》	李日華纂輯	全函五冊，線裝，十五卷	22.6 271
8	《廣輿記》	陸應陽纂	全函八冊，線裝，廿四卷	22.6 278
9	《廣輿記》	陸應陽纂，蔡方炳增輯	乾隆九年刊本，16 冊 2 函，線裝	661 278：1-16

10	《歷代輿地沿革險要圖》	楊守敬等撰	光緒 5 年，木刻，全函 1 冊（大書），線裝	A222.6 681
11	《歷代輿地沿革險要圖》	楊守敬	光緒 32 年重刊本，1 冊 1 函，繪圖	669.1 681
12	《（重訂）廣輿記》	蔡方炳輯	光緒 4 年重鐫，綠蔭晉記藏版，上下函十六冊，線裝，廿四卷	22.6 721
13	《輿圖備考》	（明）潘海虞匯輯	明崇禎六年刊本，32 冊 6 函，十八卷	22.61 747：1-32
14	《內蒙古地形圖》	（僞）內政府地政科厚知分室	張家口 蒙疆新聞社，成吉思汗紀年 737 年 12 月，圖片	A22.6271 145
15	《新疆全省輿地圖》	東方學會編印	宣統元年，全函 1 冊，線裝	A22.635 164
16	《漢西域圖考》	李光廷撰	同治庚午八月，全函四冊，線裝，七卷	22.635 271
17	《新疆圖》	趙應澄	新疆學務公所印刷局版，全函一冊，線裝	A22.635 377
18	《東三省輿地圖說》	曹廷傑	全函一冊，線裝	志 500 5514
19	《全臺輿圖》	夏獻綸	福建臺灣道庫存版，全函 2 冊，線裝	22.672 468
20	《臺灣輿圖》	夏獻綸	光緒五年刊本，一函二冊，線裝	A22.6721 468：1-2
21	《臺灣輿圖》	夏獻綸	光緒 6 年刊本，二冊一函，線裝	673.21 468：1-2
22	《廣東輿地全圖》	張方伯	光緒 23 年 3 月，廣州石經堂印，全函二冊，線裝，上下卷	A22.674 548
23	《大清一統輿圖》	嚴樹森	同治二年，木刊本，1 冊 32 函，線裝	A22.716 258：1-32
24	《皇清地理圖》	徐孟	道光 12 年刊本，3 冊 1 函，三卷	22.7166 497：1-3
25	《國界圖》	欽差大臣升泰會同俄使巴布潤富撇斐索富、斐里德勘	清石印本，20 頁，紙袋	22.7335 150
26	《滇西兵要界務圖》	李根源	昆明雲南陸軍講武堂，宣統三年石印本，一函一冊	A22.7364 269

27	《滇緬劃界圖說》	薛福成	光緒壬寅年，無錫刊本，60頁，紙袋	22.7364 795
28	《禹貢山川地理圖》	（宋）程大昌	淳熙八年刊本，1985年中華書局影印，一函四冊	22.75 643：1-4
29	《輿圖備考》	（明）潘光祖輯	明崇禎六年刊本，15冊1函，線裝	666.8 749：1-15
30	《李氏歷代地理沿革圖》	六嚴撰，馬徵麟增輯	明治13年（1870）東京奎文堂刊本，1函1冊，線裝	669.1 121
31	《皇帝疆域圖》	黃鎔編輯	民國四年，四川成都存古書局刊本，2冊1函，線裝	669.1 543：1-2
32	《歷代疆域圖》	段長基輯	嘉慶20年刊本，6冊1函，線裝	669.2 413：1-6
33	《（實測）京師四郊地圖》	內務部職方司測繪室製	民國四年石印本，1幅，又名「北京四郊地圖」	671.11 145
34	《畿輔輿地全圖》		清石印本，1冊1函，線裝	671.11 782
35	《安陽全縣分區地圖》		民國年間，石印本，1幅	671.33 189
36	《江蘇全省輿圖》	鄧華熙	光緒二十一年刊本，三冊一函，線裝	672.11 141：1-3
37	《江蘇省輿圖》	曾國藩、丁日昌輯	石印本，23冊1函，線裝	672.11 597：1-23
38	《（新）上海全圖》	章志雲繪製	民國年間彩套本，1幅	672.19 513
39	《（最新）南京市街詳圖》	（日）森芳雄繪製	昭和15年2月南京華中洋行支店彩印本，1幅	672.19 619
40	《安徽輿圖表說》	不著撰人	清光緒22年石印本，1冊，線裝，十卷	672.23 189
41	《江浙太湖全圖》	徐傳隆	石印本，1幅	672.36 499
42	《江西全省輿圖》		光緒22年刊本，15冊1函，線裝，附鄱陽湖圖說	672.41 186：1-15
43	《湖北輿圖》		光緒27年刊本，4冊1函，線裝，四卷	672.51 579：1-4
44	《武漢市縣實測詳圖》	亞新地學社製	民國年間，彩印本，1幅	672.59 208
45	《湖南全省輿地圖表》		光緒22年，石印本，16冊1函，線裝	672.61 579：1-16
46	《廣東圖》		石印本，3冊1函，線裝	673.31 107：1-3

47	《廣東圖說》	廖廷相	光緒 15 年重修會典館原本，宣統元年重刊本，1 函 1 冊，線裝，十四卷	673.31 711
48	《九邊圖說》	許綸	清刻本，1 冊 1 函，線裝	681.5 517
49	《禹貢山川地理圖》	佚名	清繪本	682.8 415
50	《皇朝中外一統輿圖》	嚴樹森	24 冊 1 函，線裝	716 258：1-24
51	《(欽定）皇輿全圖》		清石印本，1 幅，線裝	716 415
52	《越南地輿圖說》	盛慶紱	光緒九年求忠堂藏板，二冊一函，線裝，六卷	738.36 569：1-2
53	《越南圖說》	盛慶紱纂輯	光緒十九年刊本，三冊一函，線裝	738.36 569：1-3
54	《滿洲里擬開商埠圖》	程德全	光緒三十二年，曬印本，一幅	926.352 791 1
55	《大清帝國全圖》	佚名	一幅	
56	《新疆道路里程詳圖》	中國鐵路崇實學社編輯部	一幅，曬印本	926.3544 454 1
57	《新測雲南全省詳細地圖》	天津河北中國地學會事務所	宣統三年，一幅	
58	《宜昌街市圖》		一幅	
59	《皇朝直省全圖》		光緒二十六年，一幅	
60	《右營大坪汎輿圖》			
61	《安陽全縣分地區地圖》		一幅，紙本墨印	
62	《海南島全圖》			
63	《法庫廳所屬輿圖》		一幅，紙本	
64	《江浙太湖全圖》	徐傳隆	光緒年間，紙本，一幅	
65	《唐努烏梁海圖》	恩華	民國八年	

（原載《歷史檔案》2017 年第 3 期）

參考文獻

一、古籍

1.（明）張廷玉等撰《明史》，中華書局，1974 年。

2.（明）王瓊撰，姚漢源、譚徐明點校：《漕河圖志》，水利電力出版社，1990 年。

3.（明）沈應元、張元芳：《順天府志》，北京圖書館藏明萬曆刻本，《四庫全書存目叢書》史部 208 冊，齊魯書社，1996 年。

4.（明）胡瓚：《泉河史》，《四庫全書存目叢書》史部，第 222 冊，齊魯出版社，1996 年。

5.（明）王圻、王思義編輯《三才圖會》，萬曆刊本，上海古籍出版社，1988 年。

6.（明）章潢：《圖書編》，天啓癸亥序刻本，北京大學圖書館善本部藏圖，索書號：SB/031.86/0034。

7.（清）趙爾巽等撰《清史稿》，中華書局，1976 年。

8.（清）永瑢等撰《四庫全書總目》，中華書局，1965 年（2013 年第 9 次印刷）。

9.（清）陳倫炯：《海國聞見錄》，乾隆五十八年刻本，中國南海諸群島文獻彙編之三，臺灣學生書局，1984 年。

10.（清）《陶文毅公全集》，《續修四庫全書》《集部・別集類》，道光二十年兩淮淮北士民刻本影印，上海古籍出版社，2002 年。

11.（清）英和：《籌漕運變通全域疏》，《清經世文編》，中華書局，1992 年。

12.（清）齊學裘：《見聞續筆》，《續修四庫全書》第 1181 冊，上海古籍出版社，2002 年。

13.（清）鄭光祖：《一斑錄・雜述一》，中國書店，1990 年。
14.（清）《劄北藩司等籌議開辦輿圖局》（光緒十六年七月初十日），載苑書義、孫華鋒、李秉新編：《張之洞全集》卷九十八，河北人民出版社，1998 年。
15. 鍾興麒、王豪、韓慧校注《西域圖志校注》，新疆人民出版社，2002 年。
16. 周魁一等注釋《二十五史河渠志注釋》，中國書店，1990 年。
17.（明）羅洪先編繪《廣輿圖》，中國國家圖書館藏錢岱刊本，索書號：/06375。
18.（清）國家基礎地理信息中心、中國地圖出版社聯合編製《清代京杭運河全圖》，中國地圖出版社，2004 年。
19.（清）張鵬翮：《運河全圖》，中國地圖出版社，2011 年。
20.（清）杭州檔案館編：《大運河全圖》，浙江古籍出版社，2013 年。
21.（清）中國社會科學院民族所圖書館藏《天下全圖》，索書號：22.6.131。
22.（清）美國國會圖書館藏《大清分省輿圖》，索書號：G2305.D351760。
23.（清）麟慶：《黃運河口古今圖說》，中國國家圖書館藏道光二十一年雲蔭堂刻本。

二、著作

1. 北平故宮博物院文獻館編：《清內務府造辦處輿圖房圖目初編》，故宮博物院文獻館，1936 年。
2. 王庸：《中國地理圖籍叢考》，商務印書館，1956 年。
3.（臺北）國立中央圖書館編：《國立中央圖書館善本書目》史部輿圖類，（臺北）國立中央圖書館，1985 年。
4. 曹婉如主編《中國古代地圖集》（清代），文物出版社，1990 年。
5. 李孝聰：《歐洲收藏部分中文古地圖敍錄》，國際文化出版公司，1996 年。
6. 北圖善本特藏部輿圖組：《輿圖要錄》，北京圖書館出版社，1997 年。
7. 李孝聰：《美國國會圖書館藏中文古地圖敍錄》，文物出版社，2004 年。
8. 余定國：《中國地圖學史》，北京大學出版社，2006 年。
9. 孫靖國：《輿圖指要：中國科學院圖書館藏中國古地圖敍錄》，中國地圖出版社，2012 年。
10. 王耀：《水道畫卷：清代京杭大運河輿圖研究》，中國社會科學出版社，2016 年。
11. 史念海：《中國的運河》，陝西人民出版社，1988 年。
12. 奚椿年：《中國書源流》，江蘇古籍出版社，2003 年。
13. 陳壁顯：《中國大運河史》，中華書局，2001 年。

14. 安作璋：《中國運河文化史》（下冊），山東教育出版社，2001 年。
15. 牛平漢：《清代政區沿革綜表》，中國地圖出版社，1990 年。
16. 楊正泰：《明代驛站考》，上海古籍出版社，2006 年。
17. 黃時鑒、龔纓晏：《利瑪竇世界地圖研究》，上海古籍出版社，2004 年。
18. 《水到渠成：院藏清代河工檔案輿圖特展》，臺北故宮博物院，2011 年。
19. 中國第一歷史檔案館：《澳門歷史地圖精選》，華文出版社，2000 年。
20. （英）李約瑟：《中國科學技術史：地學卷》，科學出版社，2000 年。
21. 郭毅生主編《太平天國歷史地圖集》，中國地圖出版社，1989 年。
22. 羅爾綱：《太平天國史》，中華書局，1991 年。
23. 羅爾綱、羅文起：《太平天國散佚文獻勾沉錄》，貴州人民出版社，1993 年。
24. 王慶成：《太平天國的文獻和歷史——海外新文獻刊布和文獻史事研究》，社會科學文獻出版社，1993 年。
25. 盛巽昌：《太平天國文化大觀》，廣西民族出版社，2000 年。
26. 焦潔：《洪秀全與天王府》，南京出版社，2001 年。
27. 章巽：《章巽文集》，海洋出版社，1986 年。

三、論文

1. 任金城：《〈廣輿圖〉的學術價值及其不同的版本》，《文獻》1991 年第 1 期。
2. 聶伯純：《天朝宮殿考》，載郭毅生主編《太平天國歷史與地理》，中國地圖出版社，1989 年。
3. （日）小島晉治：《太平天國對外觀念的演變——從變相的華夷思想（中華思想）到萌芽的民族主義》，載《太平天國學刊》第五輯，中華書局，1987 年。
4. 李孝聰：《黃淮運的河工輿圖及其科學價值》，《水利學報》2008 年第 8 期。
5. 李孝聰：《國立故宮博物院圖書文獻處藏清代輿圖的初步整理與認識》，《故宮學術季刊》第二十五卷第一期，2007 年。
6. 王庸：《國立北平圖書館藏清內閣大庫輿圖目錄》，《國立北平圖書館館刊》第 6 卷第 4 號，1932 年。
7. 任金城：《關於清代的京杭運河地圖》，載曹婉如主編《中國古代地圖集》（清代），文物出版社，1990 年。
8. 王耀：《清代京杭大運河全圖初探》，《故宮博物院院刊》2008 年第 2 期。
9. 王耀：《清代〈海國聞見錄〉海圖圖系初探》，《社會科學戰線》2017 年第 4 期。

10. 王耀：《清雍正〈沿海全圖〉釋讀》，《史志學刊》2016 年第 6 期。
11. 朱鑒秋：《中國古代繪製的運河圖》，《海洋測繪》1997 年第 3 期。
12. 侯仁之：《明清北京城》，載《侯仁之文集》，北京大學出版社，1998 年。
13. 張德澤：《清內閣大庫檔案分散與變遷的情況》，《檔案工作》1957 年第 3 期。
14. 李鵬年：《內閣大庫——清代最重要的檔案庫》，《故宮博物院院刊》1980 年第 2 期。
15. 任金城：《〈廣輿圖〉的學術價值及其不同的版本》，《文獻》1991 年第 1 期（總第 47 期）。
16. 席會東：《海外藏康熙〈黃運兩河全圖〉研究》，《中國國家博物館館刊》2013 年第 10 期。
17. 孫靖國：《開眼看世界的先驅：陳倫炯及其〈沿海全圖〉》，《地圖》2012 年第 4 期。
18. 奚可楨、盧衛新：《南京博物院藏清雍正時期〈沿海全圖〉考略》，《紫禁城》2011 年第 11 期。
19. 劉冰：《清彩繪〈中國沿海全圖〉》，《圖書館學刊》2013 年第 6 期。
20. 王秋華：《清代乾隆時期〈七省沿海圖〉考》，《中國邊疆史地研究》2008 年第 3 期。
21. 姚暘：《萬國形勢藏軸卷 海疆坤輿匯圖說 記天津博物館藏〈沿海全圖〉》，《收藏家》2011 年第 10 期。
22. 李新貴《明萬里海防圖初刻系研究》，《社會科學戰線》2017 年第 1 期。
23. 范金民《清代前期上海的航業船商》，《安徽史學》2011 年第 2 期。
24. 丁一：《耶魯藏清代航海圖北洋部分考釋及其航線研究》，《歷史地理》第二十五輯。
25. 賀曉昶《江蘇海岸外沙洲地名的歷史變遷》，《中國歷史地理論叢》1991 年第 4 期。
26. 李令福《清代東北糧食作物的地域分佈》，《中國歷史地理論叢》1998 年第 4 期。
27. 許檀：《清代前期的山海關與東北沿海港口》，《中國經濟史研究》2001 年第 4 期。
28. 鄧亦兵《清代前期沿海運輸業的興盛》，《中國社會經濟史研究》1996 年第 3 期。
29. 盧良志：《清代民間編製的地圖》，《國土資源》2008 年 12 月。
30. 辛德勇：《19 世紀後半期以來清朝學者編繪歷史地圖的主要成就》，《社會科學戰線》2008 年第 9 期。